FUZZY-TECHIE

ファジー・テッキー

イノベーションを生み出す最強タッグ

スコット・ハートリー
SCOTT HARTLEY
鈴木立哉 訳

TOYOKAN BOOKS

文系はファジー　理系はテッキー

読者の皆さんは「ファジー」とか「テッキー」という言葉を聞いたことがあるだろうか。スタンフォード大学では人文科学や社会科学を学ぶ学生は「文系《ファジー》」、工学や自然科学を学ぶ学生は「理系《テッキー》」と呼ばれている。

この一見のんきな呼び名の裏側には、学部間の相対的な価値観、職業への直結度、そもそも教育の果たすべき役割は何か、といったことなどへの感情的な意見が見え隠れしている。そしてこうした見方が、ヤシに囲まれた中庭や黄金色の山腹が広がるスタンフォードのキャンパスから飛び出して、今日のアメリカ経済を牽引しているシリコンバレーへと広がっているのもある意味当然かもしれない。

文系と理系という区別は、物理学者で小説家でもあったチャールズ・パーシー・スノーが、その著名なエッセー『二つの文化と科学革命』（みすず書房）の中で人文科学と自然科学の間に形成されたと嘆いていた「溝」の現代版といえるだろう。スノーは、リベラルアーツ（基礎教養）教育を受けた学生とテクノロジーや自然科学の教育を受けた学生は、お互いに多くの価値観を共有していると強調し、だからこそ両者の間に橋を架けるべきだと訴えた。

従来のリベラルアーツ、つまり文系科目に浸りきった人々には、明日のハイテク主導経済で成功する準備ができていない、なぜなら彼らはＳＴＥＭ（科学、技術、工学、数学）分野で求められる職能を持っていないからだ、という主張が今日広く信じられている。しかしそれは逆だ。彼らこそ、めまぐるしく進化する経済の中で成功するために必要不可欠な知識とスキルを持っているのだ――私はそう論じようと思う。

本書で、私はＳＴＥＭ教育対リベラルアーツ教育に関する論争に新たな光を当てようと試みている。理系科目の専攻学生がますます必要になることを十分に分かった上で、この論争がＳＴＥＭ教育とリベラルアーツ教育との間に見せかけの対立を生んでしまった事実に焦点を当てる。実のところ、テクノロジーが人々にとって身近で大衆的なものへと進化し、いたるところで目にするようになるとともに、リベラルアーツの意味合いを問い続け、人の欲求と欲望について深く考察することが、技術ツールを開発する上で必要不可欠の要件になってきたのだ。

私は文系でありながら、理系の世界に育ってきた。子どもの頃をカリフォルニア州パロアルトで過ごしてスタンフォード大学に入学し、グーグルとフェイスブックに勤め、その後はサンドヒル・ロードのベンチャーキャピタリストになって、文系と理系の協力がいかに必要かをこの目で見てきた。最も偉大なテクノロジーの秘密を後ろ側からのぞくと、実はそこに人間性がにじみ出ていることに誰もが気が付くだろう。

数千人もの社員がいる企業の創業者と出会ってきた私が実感するのは、人はそれまで何を学んできたとしても、どんな経歴をたどってきたとしても、彼あるいは彼女には明日のテクノロジー経済で活躍できる、真の意味で重要な役割が必ずある、ということだ。「ソフトウェアが世界を席巻する」[1]につれて、テクノロジーは社会のありとあらゆる所からのインプットと専門性を求めるようになる。政府のような伝統的に文系的な組織には理系人間がもっと必要で、ハイテク企業をつくるには文系人間がもっと必要なのだ。テクノロジーは仕事を奪うのではなく機会を増やし、我々に大きな不安ではなく大きな希望を提供するものでなければならない。

この世の中で最も深刻な諸問題の解決策を見つけるには、コンピューターのコードだけでなく、人と人との関係性を理解する必要がある。倫理もデータも、深く思考する人々も深層学習する人工知能（ＡＩ）も、つまり人と機械の両方が求められているのだ。

我々は自らのアルゴリズム（問題解決手順）に潜む先入観《バイアス》に疑問を抱き、単にどう構築したいのかだけでなく、なぜそうしたいのか、何を改善しようとしているのかを深く追究する必要がある。新しい技術ツールを開発し続けるには、文系人間と理系人間が一堂に会し、リベラルアーツの本当の価値を受け入れなければならないのだ。

スコット・ハートリー

目　次

第1章 理系《テッキー》社会における文系《ファジー》人間の役割

The Fuzzy and The Techie

The Role of the Fuzzy in a Techie World

ある時は『じゃじゃ馬ならし』のケイト、またあるときはミュージカル・コメディ『ガイズ・アンド・ドールズ』の主役アデレイドを演じたこともある。けれども自分自身の舞台、つまり人生では、ケイトリン・グリーソンの役職は革新的なヘルスケアIT企業「エリジブル」の創業者兼CEOだ。

ロングアイランドのニューヨーク州立大学ストーニーブルック校で舞台芸術を専攻したケイトリンは、まさか自分が起業家に、ましてやハイテク企業の創業者になろうとは夢にも思っていなかった。ところが二六歳の時に自分の会社を創業し、アメリカ実業界で最も成功した何人かのベンチャーキャピタリストから二五〇〇万ドルの資金提供を受けると(1)、役者経験のおかげでソーシャルスキルと自信、セールスの才能が大きく開花し、エリジブルを立ち上げることができた。

彼女がヘルステック企業の創業者になったのはまったくの偶然だった。ケイトリンは、ここ数年のリベラルアーツ教育に反対する議論——一般教養は世の中が必要としている仕事の役に立たないじゃないか――を展開するのにピッタリのモデルになっていても不思議ではなかった。実のところ、役者としての自分に見切りをつけて、他の仕事を探そうと決意したとき、どんな仕事を探せば良いのかをよく分かっていなかった。自分が営業にかなり向いていることには気付いていた。学生時代に、商工名鑑を発行する出版社の営業責任者として生活費を稼いでいたからだ。

役者を経験していたおかげで自分のセールストークに説得力を持たせる方法を会得できたし、何度「要らない」「結構です」と言われても感情をうまくコントロールできた。自信喪失に陥りそうな自分をなだめ、拒絶を乗り越えて突き進む勇気を与えてくれたのも役者経験だった。セールスのセンスが抜群だったので、二〇歳になる頃には四〇人の部下を持つまでになっていた。

就職活動を本格的に始めると、巨大求人サイト「クレイグズリスト」に掲載されたある広告に引きつけられた。ウェブベースで健康管理サービスを提供する「ドクタークロノ」というスタートアップ企業が営業社員を募集していた。この会社は臨床試験と処方箋のスケジュール作成、請求、発注管理を手がけていた。ヘルスケア業界については何も知らなかったが、セールスのことはよくわかっていたので、仕事をこなすために必要な知識を学べるはずだ、自分はこの仕事をできると自信満々だった。

契約担当の営業社員としてドクタークロノに採用され、ヘルスケアとビジネスの組み立て方を学び始めた。するとビジネスに革新を起こすプロセスに強く引かれている自分に気付き、起業家精神にあふれた小さなチームの一員であることをこの上なく幸福に思った。創業者も彼女を大いに気に入り、その抜群の営業力を見込んで、シリコンバレーのスタートアップ支援企業「Yコンビネーター」（YC）が毎年開催している、スタートアップ企業向けのコンテストで一緒に会社を売り込んでくれないかと彼女を誘った。競争が非常に厳しいそのコンテストに勝つと三カ月の過酷なプログラムへの参加が認められ、その間にYCの創業者のポール・グレアムや、成功した起業家や投資家のチームからビジネスを伸ばす方法について指導を受けられることになっていた。

ドクタークロノは熱望していた順位を獲得し、ケイトリンにかなり感銘を受けたグレアムは、彼女がドクタークロノを辞めようと決めたとき、ヘルステックのスタートアップ企業を立ち上げるべきだとアドバイスした。アイビーリーグから夢のような学位を得たわけでも、同僚たちのようにまばゆいばかりの人的コネクションがあるわけでもない彼女に対して。

ケイトリンはテクノロジーのことをまだよく知らなかったが、ビジネスについては明確なアイデアを持っていた。どこの診療所も医療保険の確認が、唖然とするほど非効率だったからだ。確認作業はたいていてい電話で行われ、書類作成には多大な時間がかかったので、処理の大幅な遅れやミスもたびたび起きた。医師が医療保険の対象と思っていたのに実際には保険が利かず、医師がそのコストを負担せざるを得ないケースも非常に多かった。患者が突然請求書を押し付けてくることもあった。

ケイトリンは回想する。「私は、本社で受付と請求処理を担当したことがありました。ヘルスケア業界では、エムデオンという会社のシステムがもっぱら使われていました」。ところが同社のシステムを支えていたテクノロジーは古く、診療所からすると、自分たちのデータ・システムをエムデオンのシステムにつなげるのに費用も時間も相当かかっていた。

ある日、YCが支援している別の企業にストライプという会社があると耳にした。同社はベスト・バイからサックス・フィフス・アベニュー、アディダスなど一〇万社が、インターネットで支払いを受けるときの複雑な業務を簡単に処理する際の方法を提供していた。そこで医療機関向けにも同じようなシステムができるはずだと考え、エムデオンよりも速く、使い勝手の良いシステムをつくろうと思い切って決心した。どんなプログラムが必要なのかは見当も付かなかったが、エンジニアを雇って必要な仕事をさせるには何をしなければならないかは自分で学べるはずだと考えた。

シリコンバレーの中心部、カリフォルニア州マウンテンビューのアパートに引きこもって、システムに必要なテクノロジーについての参考書を読みふけった。さまざまな大学から提供されている無料のオンライン講座でプログラミングを学び、来る日も来る日も図書館に通って読書に没頭した。アップルのソフトウェア開発用キットを最初から最後まで読み切るというノルマを自分に課して実行し、プログラム開発者向けのコラボレーションウェブサイト「スタック・オーバーフロー」で質問をぶつけた。基礎知識を身に付けると、二人のフリーランスのソフトウェアエンジニアを雇い、彼らの手で試作品ができあがると、エンジェル投資家を探し始めた。

「女性で、しかもテクノロジーのバックグラウンドがなかったので、ずいぶんうさんくさい目にさらされたものです。それでも、何度も断られながらも何とか頑張れたのは演技の経験があったからです」と彼女は回想する。自分の会社について魅力的な物語をつくり出すことは、投資家を説得して支援を得るために必要不可欠の要素だ。役者経験がここでも生きた。

二〇一六年に彼女が私にしてくれた説明によると「劇場では、脚本家から芝居を渡されると、役者はそれを演じなければなりません。あとはどう演じるべきかを考えれば良い、そう思っていたのです。ところが、リハーサルが始まると、訳が分からなくなってしまいます。演じるべき人物がまるでみえないのです。製品をつくり始め、会社を立ち上げても、自社の製品がどのようなものになるのかさえ知らないと、まったく同じ気持ちになるはずです。完全に自分を見失うのです。私はリハーサルを通じて、もし自分が懸命に頑張れば、自分がどこでロケットのように離陸できることを自分なりにハッキリとつかめるのだ、ということを学びました[2]」

二〇一二年の夏頃にはＹＣに戻り、ポール・グレアムとそのチームに自分を売り込んでいた。ただし今度は、スタートアップ企業の創業者として彼らの支援を見事に勝ち取ると、すぐに一六〇万ドルの調達に成功して自社製品の製作にとりかかることができた。販売を始めると会社はすぐに軌道に乗り、毎週六〇%ずつ成長率を伸ばした。二〇一三年には、『ファスト・カンパニー』誌から最も創造的な一〇〇人の一人に選ばれ、[3] 二〇一五年には、『フォーブス』誌がヘルスケア業界で三〇歳未満の若手三〇組のイノベーターを集めた「30アンダー30」リストに名前を連ねた。[4]

ケイトリンは現在、企業のCEOとして舞台の真ん中でスポットライトを浴びている。直すには手遅れだと思われていた問題を解決しようと理系人間《テッキー》たちの仲間入りした文系人間《ファジー》で、自分の会社が毎月一〇〇〇万件以上の保険資格請求の処理に貢献し、[5] 改善の時期を迎えている業界に効率と節約をもたらしていることを知ってこの上なく喜びを感じている。

ケイトリンは、まさか大学時代の経験が自分の会社をつくる際にこれほど役立つ——テクノロジーについて何を掘り下げ、学ぶべきかを思い知らせてくれるほど価値の高いものだった——とは決して予想できなかったし、自信に満ちた、実に説得力のあるコミュニケーターになろうと学んできたスキルが、起業家になるためにいかに使えるか、なんて想像すらできなかった。リベラルアーツの学位の役立たなさを象徴するイメージキャラクターになるどころか、リベラルアーツで培った文系《ファジー》のスキルがどれほど使えるか、そして技術的専門性を補う要素としてそれがいかに重要かを証明する代表者になったのだ。

技術中心の革新的な企業を立ち上げて成功した他の起業家の中にも、自分が学んだリベラルアーツ教育のおかげで新しい方法を切り開き、技術力を高めることができたと指摘する人は多い。

企業向けのコミュニケーション・ツール用プラットフォーム、Slack の創業者、スチュワート・バターフィールドは、論理的な結論を求めて考え続けた結果、成功する製品を開発する能力が養われたと考えている。ヴィクトリア大学とケンブリッジ大学で哲学を学んだことは大正解だったが、[6]彼だけがこの道をたどったわけではない。リンクトインの創業者、リード・ホフマンは哲学の修士号をオクスフォード大学で得ているし、億万長者のベンチャーキャピタリストでペイパルの共同創業者、ピーター・ティールは哲学と法律を、そしてティールとともにデータ分析ソフトウェア企業パランティアを立ち上げて同社CEOを務めるアレックス・カープは法律の学位と、新古典社会理論で博士号を取得している。[7]

写真共有サイトの Pinterest を創業して大成功したベン・シルバーマンは、イェール大学で政治学を専攻していたし、Airbnb の創業者のジョー・ゲビアとブライアン・チェスキーはロードアイランド・スクール・オブ・デザインで美術の学士号を獲得した。リレートIQの創業者スティーブ・ローリンが学生時代に専攻したのは公共政策だった。なお、ローリンが創業した三年後に同社を三億九〇〇〇万ドルで買収したセールスフォース社の共同創業者、[8]パーカー・ハリスはミドルベリー大学で英文学を専攻した。ヒューレット・パッカードでCEOを務めたカーリー・フィオリーナの専攻は中世史と哲学で、YouTube のCEO、スーザン・ウォシッキーはハーバード大学で歴史と文学を学んだ(9)。

シリコンバレーを見渡すと、いかにも「理系」人間の代表選手ともいえる多くの起業家たちが、実は尋問の方法や、厳密な思考方法に関する教育をかつて受けたことや、多くのハイテク企業が一般教養、すなわちリベラルアーツ教育で学んだ哲学を基礎に築かれていることがわかる。ただし、この点はアメリカ企業の専売特許ではない。電子商取引の巨人アリババの創業者でアジア一の資産家ジャック・マーは英文学を専攻していた。

理系人間にも成功する機会が豊富にあって、彼らへの需要は相当大きい。しかし、技術の発達でかつてないほど使いやすいツールボックスが手に入るようになって、まさにリベラルアーツで学んだことが我々の強みに、つまり競争優位になっているのだ。だが残念なことに今日のハイテク主導経済では、この点がほとんど理解されていない。

1　文系《ファジー》／理系《テッキー》の語源

私が「ファジー」「テッキー」という言葉を最初に耳にしたのは、スタンフォード大学の学部生の時だった。人文科学や社会科学を専攻すると文系《ファジー》で、工学やコンピューター・サイエンスを専攻していれば理系《テッキー》と呼ばれた。「世界に誇る技術革新の中心」という伝統を誇るスタンフォードで、教養科目を専攻する学生たちに「曖昧な奴ら《ファジー》」を意味するあだ名を付けているからといって、この大学の学生たちが一般教養科目を軽視することは決してない。そもそも大学は全人教育を推進しており、教授たちも、幅広い分野に触れてこそ成功できると固く信じているからだ。

私は文系人間になることを選び、政治学を専攻した。「国家安全保障におけるテクノロジー」とか「起業家的ソート・リーダーシップ」セミナーといった最近の技術発展に触れるような魅力的な科目をいくつか取った。セミナーにはトップクラスのＩＴ企業の創業者や投資家が講義に来てくれた。しかし私が知的好奇心を膨らませたのは、古代の歴史、政治理論、ロシア文学といった就職には役立ちそうにないコースばかりだった。大学時代の二年間は「生命倫理学センター」で最先端の応用哲学を研究した。

テクノロジーに足を踏み入れたのはグーグルに就職してからで、その後フェイスブック、ハーバードのバークマン・センターとキャリアを重ねた。結局ベンチャーキャピタリストになり、ハイテクのスタートアップ企業と面談して各社を評価し、彼らと協力して製品やサービスの発売と成長を支援する仕事をして今日に至っている。私は、キャンパス中の理系人間たちが学んでいたよりも一段劣る二流のスキルではなく、今日のハイテク主導経済でテクノロジーと同じくらい必要とされる補助的なスキルを学んでスタンフォードを卒業した。

卒業式のゲスト・スピーカーはスティーブ・ジョブズだった。「信じた道を、がむしゃらに行け《ステイ・ハングリー、ステイ・フーリッシュ》」というフレーズがよく知られる、あの卒業式だ。[10] ジョブズはかつて、偉大な製品を生み出す上で人文科学と社会科学がいかに重要かを語ったことがある。「テクノロジーだけでは十分ではない。リベラルアーツや人文科学と結び付いて初めて、心がうきうきするような結果が生まれるのだ」と[11]。

技術革新の結果、自動運転車やホームアシスタントロボットを代表とする自動化の世界がとてつもない勢いで進歩し、その大きな波で人々の仕事が奪われていくのではないか、という技術革新脅威論がマスコミで派手に取り上げられ、その動きを警告する書籍も多い。現在は、マサチューセッツ工科大学（MIT）のエコノミスト、エリック・ブリニョルフソンとアンドリュー・マカフィーが「第二機械世代《ザ・セカンド・マシン・エイジ》」（二〇一四年に同タイトルの書籍『ザ・セカンド・マシン・エイジ』（日経BP社）を出して世界に大きな影響を与えた）と呼んだ時代の初期に当たる[12]。二人の論法に従うと、現在のような新しく生まれ変わろうとする時代に実入りのよい仕事を確保できるのは、STEM（科学、技術、工学、数学）分野の教育で身に付けたスキルだ、ということになる。リベラルアーツの学位を得ることは、将来の労働者がそんなものを身に付けている余裕がない、役に立たない贅沢品と特徴付けられている。

小説や詩を読んだり、古代哲学の討論を読み返したり、フランス革命史、あるいは離島のコミュニティーの文化を研究しても、今日のようなハイテク主導経済でまともな職にはつけそうにないし、将来も真っ暗だ、と同書は説く。マイクロソフトの創業者ビル・ゲイツは全米知事会のスピーチで、リベラルアーツ教育に対する州の財政支援を削減し、高給の仕事を得るのに必要なスキルを得られるSTEM分野の高等教育に予算をもっと配分すべきだとスピーチして物議を醸した(13)(14)。

サン・マイクロシステムズの共同創業者で、現在は技術《テクノロジー》関連のスタートアップ企業に投資するトップクラスのベンチャー・キャピタリストで億万長者のビノッド・コースラは、「リベラルアーツのプログラムで教えられている教材で将来につながるものはほとんどない」とまで言い切った(15)。シリコンバレーのベンチャー・キャピタリストで検索エンジンのネットスケープをつくったマーク・アンドリーセンは、リベラルアーツという「ソフトスキル」を学び、科学や技術といった「ハードスキル」を学んでいない者は、「将来は靴屋で働くことになるだろう」と揶揄した(16)。

2 心配せよ、でも恐れないこと

仕事の未来や文系学部を専攻した学生の将来性に対するこうした警告は、確かに純粋な懸念に基づくものだが、かなりの思い違いもある。その根拠はいくつも挙げられる。

まず、第八章で詳しく取り上げるが、機械が次第に「知的《スマート》」でしかも、機敏に動けるようになって、一部の労働者の仕事を奪う可能性が高いとはいえ、「機械はこのような仕事で人に取って代わる」と巷間言われている話はかなり誇張されている。確かに脅威が明らかで、危険にさらされている職業もある。実際、多くのメーカーでは工場の組み立てラインがすでに自動化されており、今後は完全に自動化された仕事がますます増え、ロボットがその役割を担っていくだろう。

しかし、完全自動化が可能な仕事の割合は予想されているほど高くない。多くの職種では、やることや段取りが決まっているか、大量のデータを一斉処理するとパフォーマンスが向上するなど、自動化できる作業が大量にあるので、そうした仕事は機械に取って代わられるかもしれない。ところが実際には、労働者から機械へと置き換えるわけにはいかないケースが多いのだ。むしろ、労働者は、人だからこそ生かせるスキルを求められるような仕事――機械では埒が明かず、いつまでたってもできるようにならないような、状況に応じて異なる対応を求められる作業や複雑な問題解決――に時間を割けるようになる。

どのような変化が起きているのかは法律関係の職業の変化をみるだけで分かる。二〇一五年、MITの労働経済学者フランク・レヴィは、ノースカロライナ大学のダナ・レムスと「ロボットは法律家になれるのか。コンピューター、法律家、法の実務」[17]と題する論文を共同執筆し、法曹の仕事が自動化の影響を受けるのか、法律家は間もなくコンピューターに取って代わられるのかという問いを検証した。論文のテーマは、開示プロセス中に法律文書を読んで分析するために設計されたソフトウェアが登場したことに触発されたものだった。

弁護士が行ったそれぞれの作業にどれだけの時間が費やされているかを幅広く分析した上

で、レヴィとレムスは、弁護士たちが時間の大半を文書の分析、顧客からの相談、裁判への出廷に費やされ、素早く決断できるとか、顧客とやりとりするといった、法曹の仕事を特に効果的にしているスキルの多くは人にしか備わっていないことを発見し、いつか自動化されるかもしれない法律業務は全体のおよそ一三％と予測した。これは無視できる割合ではないが、これだけの変化が実現するには何年もかかることを考えれば、それほど大きいともいえないだろう。自動化ソフトウェアは法律家から仕事を奪うのではなく、仕事の効率向上に役立つのだ。ルーティンワークを機械が担い、残りを法律家が片付ける、というわけだ。

この議論で皮肉なのは、アメリカで配置転換と自動化の影響を受けやすい仕事の多くが、現在は需要が高く高給取りだとされているコンピューター・プログラミングという職種であることだ。どうしてこんなことが起こるのか。まず、こうした仕事の多くは、インドや中国、ナイジェリアなど、極めて有能なプログラマー集団を育成するための訓練に大変な資金を投じている海外の発展途上国に移されるからだ。彼らはもはやウェブサイトをつくるという比較的単純な仕事をするだけに雇われた、単なる安価な労働力としてではなく、超一流になるべく鍛え上げられている。

アンデラ社は、今後一〇年でアフリカ人のプログラマーを一〇万人育てることを目標にしているスタートアップ企業だが[18]、入社希望者があまりに多く、晴れて入社できる割合は一％に満たないという。同社は最新のソフトウェア開発に向けて研究員一人当たり一万ドルも投資する。[19] オダジュモケ・オラディメジはその一人で、すでにラゴス州立大学からコンピューター・サイエンスと電子工学で学位を得ている若い女性研究員だ。同社で教育を受けた研究員はグローバル企業に就職する。

アメリカでは今、プログラマーたちが高い報酬を要求するので、かつて製造業を発展途上国に送っていたのと同じようにプログラミング業務の相当程度を海外に移すことが不可避の状況となっている。一九七〇年には、製造業で働くアメリカ人の割合は四人に一人だったが、現在は一〇人に一人にも満たない。[20] コンピューターを使った処理や計算、といったルーティンワークも同じようなパターンをたどるだろう。技術的スキルは重要だが、第二機械時代《ザ・セカンド・マシン・エイジ》では、技術教育自体が自動的に雇用を保障することはないはずだ。

とはいえ、高度なSTEM教育（コンピューター・プログラミングの言語を学ぶことに限らず、化学、物理学、生物学、天文学といったハードサイエンスや工学分野における地道な基礎教育）の価値に異論を差し挟む余地はないだろう。純粋な科学研究に加え、産業界でのR&D部門や、技術革新の最先端での仕事は常に確保されているはずだ。

コンピューター・プログラミングという仕事に関しては、今でこそ米国の労働力では需要をまかなえないほど人材が不足しているが、状況は急激に変化している。さらに、雇用市場での将来のニーズを分析すると、現在の労働力不足は今後数年間で大幅に悪化することが分かってきた。米労働統計局は、二〇二〇年までには、コンピューター科学関連の求人数が国内で調達できる有資格者の数を一〇〇万人以上上回ると予測している。STEM専攻者を求める声が急増している背景にはこうした事情があって、理系人間へのニーズが本当に根強いことは紛れもない事実だ。

確かに、求められるスキルの養成は必要で、小学一年生からプログラムのコードの履修が義務付けられているエストニアのような国もある。[21]しかし、こうしたスキル教育だけを強調すべきではない。スキルの差を手っ取り早く埋めようとする教育だけでは足りないからだ。STEMスキルを教わる人たちは、リベラルアーツ教育を受ける機会を与えられるべきだ。そうした科目で身に付けた知識や能力を備えて初めて、将来の戦力として活躍できる優秀な労働者ができあがるからだ。

たとえば、アイルランドのマイケル・ヒギンズ大統領は、二〇一六年一一月に「哲学は我々が子どもたちの自立を促す上で優れて効果的な教育手段だ」と述べた。[22]多数の人々を訓練して狭い範囲を厳密に定めた専門技術を習得させるのではなく、これをバランス良くリベラルアーツ教育と組み合わせて、もっと総合的なスキルと幅広い観点を養い、理系的能力と文系的能力の両方を強くする、ということだ。

STEM対リベラルアーツをめぐる論争のおかげで、生物学や化学、物理学、数学といったいわゆる純粋科学がリベラルアーツ教育の中心的な構成要素であることや、その多くの分野でコンピューター科学が関わるようになったという事実が曖昧になった。学生は、リベラルアーツとSTEMを同時に、しかも深く学ぶことができる。にもかかわらず両者間に誤った二項対立が築かれてしまった。

3　参入障壁は下がっている

それでは、リベラルアーツ教育の価値とはいったい何なのだろう。特に技術革新の新たな地平を自ら押し広げたい人にはどういう意味があるのか。文系学部で学ぶ学生たちは、将来ワクワクするような可能性から本当に締め出されてしまっているのだろうか。

この議論には多くの誤解が潜んでいる。まずは、ケイトリン・グリーソンのような事例だ。つまり、十分な教養を持ちながらSTEM分野の教育を受けてこなかった人間が、チームの中で中心的な役割さえ果たしながら新しいテクノロジーを革新的な製品やサービスに生かしてテクノロジーの飛躍的な発展をもたらしたにもかかわらず、こうした成功例が見過ごされている。彼女の物語が示すように、技術《テク》ツールに関する知識は確かに重要ではあるものの、今日のようなハイテク主導経済で多くの分野で成功するには、理系の学位はもはや必須ではない。

さまざまな技術ツールを使いこなすための参入障壁もかなり低くなってきたため、テクノロジーに関する専門知識を持たない人々もそのリテラシーを身に付けることが以前よりもずっと容易になり、技術の専門家とますます創造的に、しかも効果的に協力しながら、新しい製品とサービスのイノベーションを自ら実現できるようになってきた。

ここ数十年にみられる圧倒的なトレンドの一つは、テクノロジーに立脚した製品とサービスを生み出すのに使われるツールの「民主化」だ。テクノロジーの専門家がますます直感に頼れるインターフェースを提供してきた結果、コンピューターの使い方が非常に容易になり、今や三歳の子どもでさえｉＰａｄを簡単に操れる。最近勢いを増してきたアップルのＳｉｒｉとアマゾンのエコーといった声のインターフェースは、今後も改善を続け、プログラマーではない人々がコンピューターにさまざまなことを教え指示を与えて、以前ならプログラミングの知識が必要だった多くの仕事をこなせるようになるだろう。今でさえ、プログラミングの知識がまったくなくてもウェブサイトをつくれるのだから、もはや誰もがウェブデザイナーになれる時代なのだ。テンプレートを選び、事前に設計されたエレメントをその中にドラッグして放り込めば自分好みのウェブサイトを自由につくれる。こうしてできあがったサイトは決済サービスにも、在庫管理システムにも、顧客管理システムにも簡単につながる。

ほんの一〇年前は「３Ｄプリント」といっても夢物語に思えたものだが、現在は、簡単なプログラミングでカスタムデザインの家具や衣服をはじめ、どんな形態のものでも手軽につくれる強力なプリンターがどこでも手に入る。ほんの数年前でさえ、ハイテク・ビジネスの多くには大量のデータが必要で、ビジネスを自ら思い付くようなとてつもなく優秀な一握りの人々を除けば、データの保存と維持には、たいてい途方もなく高い技術力と費用がかかったものだ。

現在は、サーバーがどう動いているのかについての技術を詳しく知らなくても、アマゾンウェブサービス上でクラウドベースのデータ・ストレージを買うことができる。もっとも、現在の技術ツールがすべて苦もなく手に入るわけではなく、利用するにはかなり高度な専門知識を要するものもまだまだ多い。とはいえ、そうした知識を簡単に身に付けるための資源リソースはふんだんにあるので、民主化のトレンドは今後も続くだろう。

二、三年ほど前に、七〇歳になる私の父がライトスピード社製の自転車を時速二〇マイル（約三〇キロメートル）で走らせていて転んで頭から落ち、硬膜下血腫ができ、集中治療室に運ばれる事故があった。その時、担当した神経科医から「ルモシティ」というアプリを使った脳トレーニングを回復治療の一環として使うよう勧められた。ルモシティ社は言語、コミュニケーション、記憶、論理のスキルを身に付けるための、遊びのような楽しい訓練を提供するウェブベースの企業だ。父はルモシティのスマートフォン用アプリを使って訓練したのだが、その経験があまりにも楽しかったので自分用のアプリをつくりたくなった。

父はバージニア・コモンウェルス大学で修士号を取った産業心理学者で、プログラマーとしての教育は受けていなかったが、独学で「ライブコード」というプログラミング言語を習得し、自分のつくりたかった製品の実用レベルの試作機をすぐにつくり始めた。フリーランサー向けの人材紹介「アップワーク」のウェブサイトを使って、インドに住むｉＯＳアプリの開発者をアシスタントとして雇い入れ、iPhone向けのプレイヤー・ランキング用アプリを二〇一四ＦＩＦＡワールドカップに間に合うようにリリースした[23]。

これは、今の新しい時代には、やる気さえあれば正式の技術的訓練を受けていなくてもイノベーションに参加できることを示す格好の事例である。父がライブコードを選んだのは、数十年前にアップル・マッキントッシュの非常に初期のプログラム「ハイパーカード」に触ったことがあり、ライブコードはその進化形だったからだが、むろんライブコードを扱うのにそのような知識は必要なかった。

本書には全編を通じて、父のような経験談が散りばめられている。理系とは無縁の文系学部の卒業生が先頭に立って、理系人間たちと協力して新しい高度なテクノロジーを活用し、その結果、我々の生活を劇的に改善できる、ワクワクするようなイノベーションをつくり出す物語だ。

4　リベラルアーツのスキル

第二機械時代に参加するにはコンピューター科学を専攻する必要はない。とはいえ文系学部の卒業生がこの素晴らしい新世界に貢献するには、具体的にどんなスキルを持つ必要があるのだろう。「理系か文系か」の論争で見逃されているもう一つの重要な点は、優れたリベラルアーツ（基礎教養）教育は、ビジネス全般に役立つだけでなく、世界を変えるほどのハイテクな製品やサービスの波を新たに引き起こすのに必要不可欠ということだ。

リベラルアーツ教育の価値を擁護する主張でよく持ち出されるのは、クリティカル・シンキングや論理的なディスカッション、複雑な問題解決といった基本的な思考とコミュニケーション・スキルを取得することの重要性だ。ファリード・ザカリアは、二〇一五年発刊の著書『リベラル教育を弁護する』（未邦訳）の中で、「創造性、問題解決、意志決定、説得力ある議論、経営力」を、リベラルアーツで教えられるスキルだと指摘している。[24] その主張にはかなりの説得力がある。しかしこの議論は、一般的な思考能力に関するもので、リベラルアーツを専攻した学生が、現在と将来のイノベーションで指導的な役割を果たすだけの十分な素養を身に付けているのはなぜなのか、その最も重要な要素は何か、への言及を回避した。

人文科学と社会科学は、そもそも人間性とは何か、そして我々のコミュニティー、ひいては社会にはどのような性質があるのかといったことを中心に研究する学問なのだが、奇妙なことに、リベラルアーツ教育をめぐるこれまでの議論では、こうした側面が無視されてきた。リベラルアーツで学位を得ようとする学生には、人間性が何でできているのか、つまり我々はどのように振る舞い、なぜそのように振る舞うのかを調べてみたいという強い動機を持っている者が多い。自分の家族、そして学校や法制度といった社会がどういう仕組みで動くのか、どうすればもっとうまく機能できるのか、政府と経済はどう動いているのか、あるいは（よくあることだが）どうして機能不全に陥るのか、といったことを探究せずにはいられないのだ。こうした学生たちは研究を通して多くのことを学び、そこで得た知識を駆使して今日の課題を考え、解決すべき主要な問題に取り組み、さまざまな分析手法や対処法を編み出していくというわけだ。

これからの時代のイノベーションにとって最大の機会は、進化する技術力を我々の生活や社会に生かそうとする試みの中にある。社会の機能不全や政治腐敗といった人間の問題を解決する優れた方法を探し出し、子どもたちをよりよく教育するための方法を見つけ、有害な行動を変えさせて人々が健康的で幸せな生活を送る手助けをする。そして、労働環境を改善し、貧困問題を解決する優れた方法を発見し、医療サービスを改善して手頃な値段で受けられるようにする。さらには、地方のレベルから世界レベルに至るまで、政府にもっと説明責任を果たさせ、知的で、機転の利く機械を我々の仕事にうまく組み込む。

イノベーションは、我々が自分の最も得意な仕事の割合を増やし、残った仕事を機械にやらせるための最適な方法を見つけ出せるようになるための工夫から生まれる。しっかりしたリベラルアーツの教育を受けた労働者は、こうした目標を追い求めるための強い基盤を持っているのだ。

技術革新の中で最も差し迫ったニーズの一つは、人間の特質に近い、つまり人のニーズや欲求によく応えられる製品とサービスへの投資だ。スティーブ・ジョブズの偉大さは、これを十分に理解して、その使命を徹底的に追求することで、地球上になくてはならない企業をつくり出した点にある。企業も起業家も、現在だけでなく将来も成功したいのであれば、スティーブ・ジョブズをよく見習うべきだ。新しい技術をどう使うとこれからつくろうとする製品やサービスが人間味のあるものになるかを、あらゆる角度からじっくりと考えなければならないのだ。

ジョブズは、デザインの人文学的側面を徹底的に掘り下げた。「マッキントッシュ」は、ユーザーが美しい書体《タイポグラフィー》を選べる最初のコンピューターだった。ジョブズはオレゴン州ポートランドにあるリード・カレッジで書道《カリグラフィー》のコースを取って書体の鑑賞の仕方を学んでいた。スタンフォード大学の卒業式で、ジョブズは書体を「美しく、古い歴史があり、繊細な、科学では捉えきれない芸術」と説明した。(25)

リベラルアーツ分野には、技術革新の世界に多大な貢献をできるものが他にもたくさんある。たとえば心理学は、我々の感情や思考方法になるべく調和する製品をつくるのに役立つだろう。フェイスブックは「ヒューマン・ファクター（人的要素）」への深い理解が新しい製品やプログラム、サービスの創造にいかに大きな違いをもたらすかを分かっていたからこそあの大成功があった、という点を忘れてはならない。

創業者のマーク・ザッカーバーグが社交性に欠け、対人関係に難のあった超高速のプログラマーだったことはよく知られているが、フィリップス・エクセター・アカデミーという、対面式の講義ではなく、教師と生徒が円卓を囲み、ソクラテス的な対話形式で教育が行われる（「ハークネスメソッド」と呼ばれる）高校でリベラルアーツを学ぶ学生だったこと、その後に進学したハーバード大学ではラテン語とギリシャ語をこよなく愛していたことは見逃されている。さらに、美術史の最終試験では、ウェブサイトに二〇〇点もの芸術作品を展示して、クラスメートたちが描く作品の重要性を論評できる仕組みをつくり、A評価さえ取っていた。初期のクラウドソース型の学習用プラットフォームをつくったわけだ[26]。

姉のランディと同じく心理学を学び、フェイスブックを構築したときには、「人は互いにつながり合いたいはずだ」という人間本来の欲求を理解して、それを活用した。圧倒的なプログラミング・スキルを持っていたからこそフェイスブックの初期開発を先導できたわけだが、同時に人間心理も利用したのだった。

企業が製品開発やマーケティングを実施するに当たっては、文化的要素と個人の行動要因の検討が必要で、人類学はその理解に貢献できる。二、三年前の新聞のインタビューで、フロリダのリック・スコット知事は、州の資金を倫理学や人類学の学位を得ようとする人々からSTEM分野を学ぶ人々の教育支援に回そうとしていると述べた上で次のように語っている。

「人類学者を増やすことがこの州にとって死活的な利益になるでしょうか。私はそう思いません……市民の皆さんからの税金を教育につぎ込むとしたら、雇用を生み出す分野に回しますよ」[27]。実は、人類学者の雇用は大半の職業の平均的な水準を上回って伸びており、現在の成長率はコンピューター・ソフトウェアのエンジニア並みだ、というアメリカ労働省の研究成果がある[28]。この発言をする前に、スコットはこの研究に目を留めるべきだった。

5　自動運転における人類学者の役割

日産自動車は、ライス大学で人類学の博士号を取得したメリッサ・セフキンを獲得し[29]、日産総合研究所で同社の設計を評価させ、人間と機械の相互作用に関する研究の指揮を執らせることにした。現在、彼女が率いているチームは、自動運転車と人が相互作用する複雑な仕組みと、それが車の設計と制御のあり方にどう影響するのかを調べている。なぜ彼女のインプットが必要かを考察するため、自動運転車の今後の見通しと考えられる欠点を簡単に整理してみよう。

自動運転に関するテクノロジーは驚くほどの発展を遂げてきたが、安全性に関しては多くの難問が積み残されている。二〇一六年、自律誘導型のオートパイロット技術を搭載していた「テスラ」のドライバーが死亡するという悲劇的な事故が起こり、自動車の設計者があらゆる危険を考慮に入れても直面する、現時点での限界が明らかとなった[30]。死亡事故は、最も容易な運転環境――広々とした幹線道路上――で起きた。大型トレーラーが車線変更してテスラの前に移動したことをオートパイロットが見落としたことが原因だった。

事故後の分析によると、トラックの白い車体が明るい春空に溶け込んで見えなくなっていた。ドライバーがトラックを確認できなかったのは、彼がオートパイロットを信じ切り、前を見ないで『ハリー・ポッター』の映画を見ていたかららしい(31)。路上の冠水や大きなくぼみ、さまざまな残骸、あるいは迂回標識などの一時的な交通規制といった、路上で出遭いそうな多くの状況の中で安全に走行するのは、今の自動運転車にはまだ荷が重すぎる、というのが専門家の一致した見解だ。セフキンは現在、もっと混雑してそもそも何が起こるか分からず、パターン化の不可能な、複雑な都会の環境を走行する自動運転車の抱える課題を研究している。

人と機械が混在している環境にどう対処するのかは、自動運転車のデザイナーが現在直面している最も難しい課題の一つだ。ゆくゆくは、路上には機械ばかりが動き回るようになるのかもしれないが、当面は双方が混在する状態が続くだろう。効率的に、ルールをしっかり守って動くよう機械をプログラミングできたとしても、人間はそういうわけにはいかない。ケースバイケースで状況を分析する、行き当たりばったりの、ルール破りの常習者であり、ヒトが用いる複雑な解釈を機械に教え込むのは至難の業なのだ。

一時停止の標識はあるが、信号機がない混雑した交差点を考えてみよう。自動車は交通ルールに従うよりも、熱心なドライバーほど微妙に動作を使い分けながら——ここではちょっと手を振り、あそこでは大きなジェスチャーで訴えるといった具合に——少しでも前に進もうとするだろう。人類学者のエドワード・サピアは、人の微妙な意思伝達の仕組みである身振り《ジェスチャー》について書いている。(32)「どこにも書かれていない、誰にも知られていない、けれども全員が理解できる精密な秘密のコードだ」と。自動運転車は人の身ぶりを感知も理解もできず、機械は標識で止まることしか知らない。ではそこからどうすべきなのか。人と人との間に交わされる複雑な「ダンス」にどう対応するのか。その解を見つけ出すのがセフキンの仕事だ。

そのためには、人の行動パターンを見極める必要がある。自動運転車が道路上でどう動くべきかをプログラマーに理解させなければならないからだ。そのパターンを探し求める中で、彼女は現場で人々を注意深く観察するときの手法や人々の行動を撮影するときのテクニックなど、多くの道具を人類学（民族誌学）の世界から拝借している。主な目標は、自動運転車が歩行者や他のドライバーと相互にやりとりできる意思伝達システムを設計できるようになることだ。色分けされたライトなら、発進したいのか、止まりたいのか、その場にとどまりたいのかという車の意図を示せるかもしれない。またある種の眼球のような装置をつくれれば、車が人々に気が付いているかどうかを知らせられる可能性もある。もしかすると、ビデオ画面を車の前面に据えてテキストを表示し、かつての手信号のようなメッセージを伝えられる方法もあるかもしれない。

こうした課題に加え、自動運転車を一般道路で安全に走らせるには、ドライバーの心理も解明する必要がある。たとえば、運転している車が追い越し車線の車に抜かれると「ドライバー激怒症」とまではいかなくても、ついイラついてしまう、という心理だ。マッキンゼー・アンド・カンパニーのシニア・パートナー、ハンス＝ヴェルナー・カースによると、「自動車に関する人の心理上の問題に対処しなければならないという意識が、どの自動車メーカーにも高まっています。各社ともそれぞれのスキルセットを増強しているところです」とのこと[33]。


実際に路上を走行させるときに対処しなければならない無数の問題を整理することは、自動運転車の実用化に向けたはじめの一歩に過ぎない。複雑な倫理上の問題もたくさん残っている。『サイエンス』誌二〇一六年六月号に掲載された「自動運転車の社会的ジレンマ」というタイトルの記事は、英国の哲学者フィリッパ・フットが提唱した「トロッコ問題」として知られる一九六七年の思考実験を、現代に当てはめて厳密に考察している[34]。

この実験では、トロッコは五人の作業員に向かって線路の上を疾走している。その様子を見ている別の作業員は、レバーを使ってトロッコを別の線路に切り替えることができるのだが、実は切り替えた先には作業員がもう一人働いているのだ。レバーを動かす作業員はどうすべきか。自動運転車の開発でも同じような難問に遭遇する。ドライバーと車に同乗している人々の命を、その進路上に入ってくるかもしれない歩行者や自転車よりも優先するようプログラムしておくべきなのか。もし車が急速に右にそれれば誰かにぶつかることは避けられたとしても、その結果、擁壁《ようへき》（崖などの土留めのために造った壁）に衝突するか、あるいはもっと難しい局面では、歩道で信号待ちをしている三人の家族に突っ込むかもしれない。いったい自動車はどう対処すべきなのだろう。こうした車は「自動運転車」と呼ばれていても、実際には（次章でさらに考察するように）、プログラマーによる指示や、コードの指示に従って動いているのだ。

そのような機会にはすべからく回避行動を取り、車に乗っている人たちへのリスクを計算して、彼らがなるべく被害を受けずに済むよう方向を変えるべし、と車に「教えておく」べきなのか。そうした状況では人間のドライバーの多数と同じように反応するようプログラムしておかねばならないのか。「どんな人でもまずこう反応する」というパターンなどあるのだろうか。もしあるなら、そのような行動を真似するか、最大限活用すべきなのか。

ソフトウェアの中に組み込まれているプログラム化された判断は、欠陥商品であることが発覚した現在のエアバッグのように「リコール」されるのだろうか。もしその車が人間よりも速く反応してあらゆる選択肢を計算できるとしたら、そして、ほとんどの命を救える確率の最も高そうな対応策を常に選べるのだとしたら、車こそがそれをするようプログラムされ、あらゆる環境の中で責任を負うような法律をつくるべきではないか。人間のドライバーが運転をするという選択肢は自動的に禁止されるべきではないか。そして、もし自動運転車の方が安全で燃費が高いことが実証されているのなら、自動車会社はその開発スピードを速めなければならないのではないか。何しろ、我々は燃費を高め、二酸化炭素排出量を減らす製品の開発を急ぐよう企業に要求してきたのだから。

以上のような問いは、自動運転車に命を与えるために対処しなければならない、さまざまな問題のほんの表面を引っ掻いたに過ぎない。

最新の広告ブロック用ソフトウェアをダウンロードする人は、それに伴うさまざまな条件を承諾するはずだ。それと同じように、車に乗る人たちが運転に伴う多くの責任を引き受けることに「ＯＫ」ボタンを押したらどうなるだろう。それで十分なのだろうか。ハーバード大学の心理学者、ジョシュア・グリーンは、『サイエンス』誌に執筆した論文「運転手不要《ドライバーレス》のジレンマ」[35]の中で、この複雑性の本質を説明し、機械《マシン》の下す意思決定には「技術的というよりも哲学的な意味合いがある。我々は、自分の価値観を明確で一貫したものにするにはどうすべきか見極めたあとでなければ、それを機械にインプットすべきではない」と書いている。このように、若い道徳家と弁護士には研究分野が急速に拡大している。世界的な弁護士事務所ＤＬＡパイパーはすでに「コネクテッド・アンド・セルフドライビング・カー（インターネットに接続した自動運転車）業務」[36]を手がけており、ヴァンダービルト大学でアメリカ学を専攻し、コーネル大学で学んだ法律家のエリオット・カッツ（三三歳）は、この訴訟手続きのグローバル共同ヘッドとして、すでにこうした問題を数多く手がけている。

6　文系人間《ファジー》を生かす

テクノロジーのおかげで人工知能（ＡＩ）のレベルは向上した。我々の生活は次第に「モノのインターネット（ＩｏＴ）」に囲まれるようになり、生活に関するデータの収集と分析が進んで、人々の行動について次々と新たな発見がなされている。こうした時代背景の中で、生活やコミュニティー、職場、政府の質を最適な形で高めるには、新製品と新サービスをどう工夫すればよいかを考えることが、今後は非常に重要になってくるだろう。製品やサービスは我々人間のニーズにどう奉仕し、我々の才能をどう補えるのか。この点についての感覚を最も鋭敏にして開発された製品とサービスには、明確な競争優位があるはずだ。

だからこそ、「デートアプリ」を提供して急成長を続けるティンダーは、ＵＣＬＡで博士号を取得した社会学者のジェシカ・カルビノを雇って、マッチングのパターンを理解しようとしているのだ。[37] ティンダーは、ユーザーが右に左にスワイプしながら好みの相手を見つけ出すどこにでもある「軟派」アプリだ、とみなす人もいるだろう。しかし、探究心旺盛な社会科学者には、このアプリは、人間の魅力、社会学、心理学についての圧倒的なデータの宝庫でもある。

たとえば、カルビノは、「シン・スライシング」（社会心理学上の用語。人々が現実に遭遇する多数の事実の断片を無意識のうちにつなぎ合わせて、瞬時に判断すること）の原因となる数十億のデータ・ポイントを保有している。このデータによると、たとえば女性はあごのラインが丸みを帯びた男性を親切と感じ、男性はメーキャップをした女性ほど魅力的に感じる。アメリカ人成人の一五％はデートアプリに登録されているので、我々が他人のどういう点に魅力を感じるのかや、デートをめぐるさまざまな込み入った事情についての発見が今後はどんどんなされるはずだ。

文系学部出身者の才能を利用して製品の魅力と効果を高めようとしている企業はむろんティンダーだけではない。たとえば、ネイサン・ユルゲンソンは、メリーランド大学で社会学を学ぶ博士課程の学生だった。ブルックリン研究所からの依頼で「ソーシャル・メディアの監視」に関する論文を書いている時に、はるかかなたのロサンゼルスに住むスナップの創業者エヴァン・シュピーゲルの注意を引いた。ネイサンは「デジタル二元論[38]」について書いたことがあり、この世界は「現実」で、デジタルの世界は「仮想」というとらえ方は間違っていると主張していた。そして、現実の世界でインスタグラム用に着飾るのであれば、むしろその方が、デジタル社会で本人が表現している別のメディアよりも仮想的ではないか、という社会学的現実を指摘したのである。一瞬見えるだけで長続きせず、したがって本物により近いデジタルメディアがスナップチャットだった。若い世代はシェアされた写真の背後にあるごまかしに飽きていたのだ。

スナップチャットにはごまかしがない。何でもいくらでも保存でき、デジタル化が増大している今の時代だからこそ、この「素」のメディアへの飢餓感が生まれた。シュピーゲルはこの「デジタル二元論の分解」という考え方を採用し、ユルゲンソンを雇い入れた。今日、ユルゲンソンはインハウスのソーシャルメディア批評家であると同時に、スナップチャットが資金提供をしているオンラインマガジン『リアル・ライフ[39]』の編集者を務めている。同誌はテクノロジーとの共生についてのエッセーを次々と発表している。

スタートアップ企業のSlackは、同じチームの従業員同士が電子メールよりも効率的にコミュニケーションできる企業向けソフトウェアを提供して大成功を収めているが、演劇論を専攻した人間を雇って、同社がユーザーに送るメッセージに愛嬌を持たせる工夫をしている。Ｓｉｒｉは、たとえば「たぶん君が正しい」といった特定の答えをするよう圧力をかけられるとひょうきんな調子になって、ユーモラスな、あるいは陽気な返事をする。Slackも同様で、同社のチャットボット（人がコンピューターを用いていた作業を自動的に実行するチャット用プログラム）は、型にはまらない返事をして「ユーザーにちょっとしたオマケの驚きと喜びを提供[40]」しようとする。

こうした奇抜な表現のエッセンスを作り上げたのが、マンチェスター・メトロポリタン大学で演劇論を専攻した編集担当ディレクター、アンナ・ピカードだ。Slackの新しいユーザーになると、フィールドの中に自分のデータを入力するのではなく、自分のことについてあれこれ尋ねてくれるフレンドリーなボットと「チャット」するだけでいい。「ウェイド・アンド・ウェンディ」は、入社志願者と採用担当者とで交わされる採用面接の会話がスムーズに進むことを目的に、AIを使ったチャットボットをつくり上げた。同社のプログラマーは、トミー・ダイヤーの提供する調査と分析に基づいて、口頭の活発な会話を静的なプログラムコードへ体系化しようとする。ダイヤーは社内の組織心理学者で、メリーランド州アナポリスにあるセント・ジョンズ・カレッジで、原典の熟読に基づく非常に古典的なリベラルアーツ教育を受けてきた。

リベラルアーツに対する批判の大半は、誤った前提に基づいている。曰く、STEM分野の学生に比べると厳しさが欠け、「軟弱」で非科学的だ、と。実際、リベラルアーツ教育では、緻密な観察やインタビューといった、厳格な調査／分析に関する多くの方法が重視されるが、これはハードサイエンスの信奉者からは必ずしも高く評価されていない。

多くの学問分野は、データを重視する科学的研究や問題解決といった科学的手法を長く取り入れてきた。たとえば、開発経済学の学生は、政策の干渉を試すランダム化比較試験の実施方法を学ぶが、その厳格さは、医学の臨床試験に匹敵する。MITの貧困アクション・ラボやイェール大学の貧困アクションのためのイノベーションなどはその最先端を走るグループだ。

社会学者は、社会型ネットワークに関する高度な数学的手法を開発してきた。歴史学者は数世紀前の家計出費や結婚、離婚、世界貿易に関する大量のデータを集め、統計分析を用いてさまざまな現象のトレンドや原因を割り出そうとしている。言語学者は言語の進化に関するハイテクなモデルを開発し、自動化の急速な発展を支えるテクノロジーの一つ、自然言語処理の発展に非常に大きな貢献をしてきた。その結果、コンピューターはＳｉｒｉやアレクサのように正確さと個性を維持しながら意思疎通ができるようになった。

ベンチャー・キャピタリストのビノッド・コースラは、幅広い読者層を持つウェブ雑誌『メディア』向けの記事「学生がリベラルアーツを専攻することは失敗か」の中で、リベラルアーツ教育は、「数学的なモデルとのなじみがなく……統計に対する理解度が低下するので、思考の次元の数」に制約を与えると主張した時、こうした研究方法がいかに幅広く、リベラルアーツ専攻の学生に教えられているかには触れなかった。[41]

定量的な分析手法を学ばない文系学部の学生には「ハードな」理科系的なスキルがない、という誤解を正すことも重要だ。こうしてリベラルアーツ教育が教える思考、調査、問題解決、意思疎通の基本的な方法についてファリード・ザカリアらが行った議論に戻ってくる。文系的《ファジー》なスキルがなかなか身に付かないと思われがちな原因の一つは、リベラルアーツの科目があまりに高尚な、あるいは謎めいていて難しいものだ、という誤った性格付けにある。

批評家は『ニューヨーク・タイムズ』紙の記者だったチャールズ・マグラスが「作り話」

と呼んだ、「(文系人間はしょせん)第一次世界大戦以前におけるクロアチアの民族舞踏のエロチックな意味合いを研究する専門家」といった類の話を次から次へと持ち出したがる。[42] 私の父は、妹と私に「かご作り」のような科目を専攻しないように、と警告したものだ。要するに、何の技術も必要としない科目は無用ということ。幸か不幸か、私たちは比較文学と政治学を選んだ。実際のところ、リベラルアーツ教育では、全学生が通常取らなければならないコア科目か、(こちらの方が一般的だが)専攻分野の補足となる数多くの選択科目の取得を通じて幅広い範囲の科目を学ぶことが、義務ではないものの奨励される。

さらに、学部ではなく大学院に入ってから専門課程に進むことが多いのもリベラルアーツの特徴の一つだ。しかし皮肉なことに、専門化が問題を孕んでいるのはむしろＳＴＥＭの方だ。多くの学位では履修科目数が多すぎて、知的な情熱や単純な好奇心を幅広く追求する余地がほとんどない。さらに、コンピューター・サイエンスの教育プログラムは、今日の世界でプログラマーとして通用するほどプログラミング言語に精通している学生を満足に輩出できていない。製品開発をするために知っておくべき言語が急速に変化しており、コンピューター・サイエンスを専攻した卒業生は今や、オンライン教育を追加で受けないと世の中に追いついていけないのだ。

実際、コロンビア大学で政治学を専攻するザック・シムズがオンラインのプログラミング教室を提供する「コーデカデミー」を共同設立したのは、従来の教育プログラムにこうした欠陥があったからに他ならない。「コンピューター・サイエンスを専攻して優秀な成績で卒業できたとしても、優秀なプログラマーになれるとは限らないのです。会社を設立して間もない頃にハーバードとＭＩＴの卒業生にインタビューをしたところ、彼らが現場で役立つプログラマーとしてはベストではないことに気が付きました」とシムズは二〇一三年に説明してくれた。[43]

オハイオ州にあるウースター大学の元学長で、独立大学協議会の上級研究員を務めるジョージア・ニュージェントは、[44]『ファスト・カンパニー』誌上に「トップＩＴ企業のＣＥＯが文系学部専攻学生を求めるのはなぜか」というタイトルの記事の中で、テクノロジーの進化があまりにも速く、ビジネスのニーズも予想し難いほどのスピードで動いている今、「世界がますます複雑化しているまさにこの瞬間に、若い人々に一つの仕事で非常に高度な専門化を促すというのは、背筋がゾッとするほどの皮肉です。『人生はまっすぐに伸びる一本の道だ』と語ることで若者たちを窮地に追いやっています。変化を続ける環境に学生たちが柔軟に対応していくための素養として、リベラルアーツにはなお今日的な意義があるのです」と述べている。[45]かつてないほどのスピードで変化し続ける今の世界で、知的機動力、創造性、そして新たな領域を探りたいという好奇心への需要はこれまでになく高い。

リベラルアーツ教育の主な目的は、学生が自分の情熱を追求するよう促すとともに、さらに情熱を発見できる後押しをすることだ。学生を新しい学問分野や別の文化、信念体系、調査と論争の手法に触れさせることがこの使命の核心だ。学生たちがリベラルアーツのさまざまな分野に触れて、さまざまな立場や意見についてじっくりと考え、多種多様な見解や先入観《バイアス》に疑問を抱くよう仕向けられ、クラスメートとの深夜に及ぶ討論に何度も駆り立てられれば理想的だ。学生たちは、自分の知的好奇心だけで専攻を決めるのではなく、（それ以上にとは言わないまでも）それと同じくらい強い、自分が最終的に追求したい職業分野に明確な展望を描くよう促される。

経済学、あるいは英文学を専攻しようと大学に入学しても、選択科目の一つとして都市社会学の授業を履修したことがきっかけで都市計画に強い関心を抱き、もしかすると都市学の研究に進んで、都市計画の分野、あるいは政府で働こうと決めるかもしれない。その同じ学生が、いつかその知識をテクノロジーの専門家との協力に生かせば、おそらく運転手のいない自動車を組み込んだ効率的な都市輸送システムを初めて導入し、あるいは人口動態を分析して不動産の価格設定を適正に行えるようになるだろう。

幅広い知識と思考方法を学び、世界が何でできているのかを知り、問題解決をどう図るべきかをよく探究しないと、自分が最も強い関心を抱いているものが何か分からないし、自分が没頭できる仕事も見つけられないはずだ――リベラルアーツ教育の中心的思想はここにある。すなわち、リベラルアーツ教育は、仕事をするための学びというよりは学ぶための学び、学びを愛するための学びなのだ。それは知的冒険であると同時に、学生が自分の残りの人生で新たな関心を追求し続ける武器となる基本的な知的スキルの構築でもあって、正規の教育を受けるかどうかは関係ない。批判的思考力、読解力、論理的分析力、論証力、論旨明快で人を納得させるコミュニケーション能力といった基本的なスキルもまた、学生が社会に出て働く上での基礎となる。

ジョージア・ニュージェントは、二〇一五年八月に独立大学協議会向けのエッセーで「(企業のトップから防犯係、外交から歯科医、医薬品からメディアに至るまでの)あらゆる職業の卒業生が異口同音に力説するのは、学生時代の専攻や、それまでの職務経歴に関係なく、芸術、人類学、哲学、歴史、世界の宗教、文学、言語に触れてきたことがいかに貴重な経験だったたか、ということだ。実のところ学部生時代に、さまざまな多くの思考様式に触れたからこそ、今の自分がある、という声が多いのだ」と書いている(46)。

ハイテク主導の製品とサービスのイノベーションも例外ではない。ジョージ・アンダースが『フォーブス』誌の二〇一五年七月号に書いた記事の中で、Slack のバターフィールドは、哲学から多くのことを学んだと打ち明けた。「私は明瞭な文章を書く方法を学びました。一つの議論に最初から最後まできちんとついていく方法も学びました。これはミーティングを運営する上で計り知れないほど価値のある技術だと思います。そして科学史を学んだ時には、かつては誰もが真実だと思っていた考え方(空気中にみなぎるエーテルが重力を伝えるといった類いの古い通説)が、どのようにして実はそうではなかったことが判明したかを学んだのです」と振り返った[47]。

こうした基本スキルが発達しているからこそ、一部のハイテク業界の巨頭たちの警告にもかかわらず、多くの経営者が文系学部の卒業生の雇用に熱心なのだ。二〇一三年に『一般教育』誌上で発表されたある調査では、回答した従業員の七四%が、リベラルアーツ教育を「今日のグローバル経済で成功するために最も優れた準備教育だ」と答えている[48]。テクノロジー・セクターの経営者も同じように考えている。リンクトイン（どんなタイプの人々がどの職業に就いているかについてのデータの宝庫を抱える）が二〇一五年に実施した調査では「文系学部系の卒業生の方が理系学部の卒業生よりもハイテク業界への就職率が伸びている。二〇一〇年から二〇一三年までの間に、文系学部専攻からテクノロジー・セクターの企業に就職した学生の伸び率は、コンピューター科学やエンジニアリング専攻の学部生よりも一〇%高かった」ことが明らかとなった[49]。

企業は技術的な専門知識と同じくらい知的な敏捷性を求めている。今日、イノベーションのペースに合わせて競争力を維持するにはそれが必要なのだ。「ファジーな」リベラルアーツの学位を得た人々が、いかにしてまったく未知の領域に思い切って飛び込み、さまざまな分野間の点をつなぎ、専門家に見逃されていた諸問題を認識し、革新的なアイデアを推し進めるために、必要な知識ならどんなものでも、確信を持って全速力で身に付けられるのか——本書ではその様子を何度もご紹介する。もちろん私は、リベラルアーツ教育だけがこの敏捷性を促すと言っているわけではない。テクノロジー分野で訓練を受けた人々の多くは創造性が非常に豊かだ。大事なのは、リベラルアーツ教育もそのような能力を刺激するし、テクノロジー教育と同じくらい重要だ、ということなのだ。

長年にわたって、シリコンバレーの多くのトップ企業がテクノロジー分野の知識をほとんど、あるいはまったく持っていないスタッフを大量に雇用して、彼らの専門知識を設計や販売、ブランド構築、顧客管理から製品開発、マーケティングに生かそうとしている。テクノロジー系企業で働いた経験がまったくない人を採用することも多い。これまでとまったく異なるのは、最も創造的で最も成功する新規ビジネスのアイデアを次々と生み出し、中核製品の開発を推進するのに、今や文系人間たちがかつてないほど中心的な役割を果たしている、という点だ。

経済学か社会学か、言語学か、心理学かはともかく、自分が大学で専攻していた分野の調査・分析方法をあてはめて考える者もいれば、ケイトリン・グリーソンのように、特別な訓練を一切受けたことのない仕事をしている者もいる。文系人間は、専門分野間の溝を橋渡しし、さまざまな問題とそれらに対処する技術的な手段を予想もしない方法で結び付け、最も有望なイノベーション分野を追求するために、複数部門をまたぐチームを全力でつくり上げる。我々の生活を改善するのに人間的要素《ヒューマン・ファクター》をどう考慮に入れるのか、また入れるべきか、新技術をどう利用するのが最も効果的かについて、欠かすことのできない重要な意見を彼らは共有させてくれる。

　今日の世界で最も刺激的で影響力の強いイノベーションは、文系人間と理系人間の専門知識の融合によって実現しており、教育、ヘルスケア、小売り、製造業、治安維持、国際安全保障といった幅広い分野で最も重要な諸問題を解決する最も強力な手段をつくり出している。有力なスタートアップ企業への投資家であるピーター・ティールは、ブレイク・マスターズとの共著『ゼロ・トゥ・ワン　君はゼロから何を生み出せるか[50]』（NHK出版）でこうしたイノベーションのことを「ゼロ・トゥ・ワン」イノベーションと呼んだ。

　二〇一六年八月、YCの社長サム・アルトマンとのインタビューで、マーク・ザッカーバーグは次のように述べた。「私がいつも考えているのは、まずは解決すべき問題に手を付けるべきであり、会社をつくりたいと決めるのは二の次三の次だ、ということです……結果として立ち上がり大成功を収めた企業は、何らかの社会変革を起こそうとしているものなのです」

　こうして生まれた革新的企業群《イノベーター》が、子どもたちの学習意欲を高める方法の改善に取り組み、人間心理に関する知識と説得力を利用して予防医学の進歩をもたらし、政府の透明性と民主化を支援し、対人コミュニケーションの質と効果の向上を促進している。そして、「ビッグデータ」の洪水の可能性を活用し、自然言語処理や機械学習といった最先端技術の力を利用している。こうした、社会を根本から変革するほどのイノベーションの時代はまだ始まったばかりなのだ。

このように機会は豊富だが、脅威も多い。文系社員と理系社員の協力体制を意識的に改善し、人間的要素と新技術《テク》ツールの可能性を理解できる正しいスキルを持った人々を積極的に迎え入れない企業は、急速に退化するおそれがある。二〇一五年、企業戦略に関する最先端の専門家、マイケル・ポーターがジェームス・ヘプルマンと共同で『ハーバード・ビジネス・レビュー』誌に発表した論文では「知的で、接続機能を持つ器具への製品の進化は……企業と競争のあり方を劇変させている」と書き、技術部門と非技術部門の双方で新たなビジネスモデルと協力体制の進化が必要だと論じた[51]。

健康で丈夫な労働者であれば、誰でもこのイノベーションの波の隆盛に関わり続けたいと思うものだ――大学生ならば自分のキャリア形成を考慮する。親は我が子を成功に導きたい。起業家と企業経営者は、セクターにかかわらず、文系人間と理系人間の融合が生み出すとてつもない可能性を理解しなければならない。ロボット時代の到来が説得力をもって予言されているが、第二機械時代《ザ・セカンド・マシン・エイジ》は、機械が人間の役割に取って代わるというよりは、機械が人間によく奉仕する時代になりそうである。

第2章
ビッグデータに人間的要素《ヒューマン・ファクター》を加える

The Fuzzy and The Techie

Adding the Human Factor to Big Data

二〇一四年五月二日、アメリカ海軍第七艦隊の指揮艦「ブルー・リッジ」は、南シナ海の危険海域をパトロールしていた。インテリジェンス部門がベトナムの排他的経済水域（EEZ）として知られる海域に大規模な船団らしきものを探知したからだ。[1] そこに展開されていた複雑な監視網からのデータは、海上用汎地球指揮統制システム、通称「ギークス」に示されていた。

その日の任務に就いていたのはアンドレアス・クセナキスで、「監視フロア」に詰めている六人のアナリストのリーダーだ。「監視フロア」とは、命令《コマンド》、統制《コントロール》、意思伝達《コミュニケーション》、コンピューターの四つのCとインテリジェンス（I）の総称である「大編隊C4Iオペレーション」からのデータの洪水を監視・分析する巡回グループを意味する用語だ。クセナキスのチームは、「ギークス」上の全データを常時把握し続けること、つまり、船舶の移動に関するデータ、衛星データ、レーダー映像、ニュースサービスを受信、検索、表示するという複雑な作業を担っていた。さらに、データに示されている前線の状況認識と、艦隊司令長官の指揮下にあ

る八〇隻の船舶、数百機の航空機、数万人の人々に対する危険の可能性を長官に伝える任務も負っていた。(2)

その日ギークスが輝点《ブリップ》で示したような編隊をレーザー上で見たことのある者は誰もいなかった。輝点は、艦隊が一般に用いるような、多層構造の防衛態勢を取っているように見えた。つまり、一つの補助艦隊を複数の小規模な船舶が取り囲んで多重の防御層をつくるという編隊だ。(3) 中国とベトナムは、中国によるベトナムのEEZへの侵入をめぐって激しい論争を長年続けている。これは中国軍による軍事行動と考えるべきなのか。攻撃の前触れなのか。それとも中国海軍の演習の類に過ぎないのか。

監視フロアのチームは、データを見てもそれが示しているパターンをどう評価すれば良いのか、あるいは司令官に何を助言すべきか、正確にはわからなかった。クセナキスのチームは、海軍作戦や南シナ海での複雑な状況の背景知識、そして編隊の具体的な位置に関する各メンバーの専門知識や経験を総動員して、数十のチャットルームでの対話や何度もの慌ただしい電話を通じて、大規模なC4Iチームと瞬間瞬間で意思疎通を図らなければならない。そして、他のチームと同様、消灯時間後も、深夜担当者を監視ルームに残して業務を続ける。この任務では、非常に明確な推理に基づいて脅威の可能性を判断することが求められる。南シナ海は一歩でも間違えるとすぐに大きな戦闘に激化しかねない火薬庫なのだ。

歴史を少し振り返っておこう。中国、台湾、ベトナム、マレーシア、ブルネイ、フィリピンはいずれも南シナ海を領有していると主張し、お互いの主張に異議を唱えてきた。ここに利権があることは間違いない。何しろ南シナ海には一一〇億バレルの原油と一九〇兆立方フィートの天然ガスが埋蔵されており、この地域の他のエネルギー資源への関心も高い。二〇三五年までに、中東から輸出される化石燃料の九〇%はアジアに向かうと予想されている。[4] 中国はその経済力をフルに生かして、南シナ海の多くを取り巻くように軍事施設を次々と構築しただけでなく、戦闘機用の滑走路を備えた海軍駆逐艦の艦隊の数を増やした上で、それらを寄港させるため南シナ海に人工島を造成した。[5] 近隣諸国からの激しい抵抗にもかかわらず、中国はこの紛争中の領域、すなわち専門用語で言うと、多くの国が「領有権」を主張できる場所での石油掘削を意欲的に進めている。[6] この攻勢に直面して、アメリカ海軍は南シナ海での哨戒を強化し、国際法に保障された航行の自由を確保しようとしてきた。一方、中国は、軍事施設は法的に島としての適格性があるので、自国には南シナ海への排他的な権利があると主張し、アメリカの行為を主権の侵害とみなしている。

中国の艦船はこれまでもアメリカの船舶に何度も挑発行為をしかけてきた。二〇〇九年、米軍の潜水艦探知用ソナーに装着されていた海底ケーブルを中国漁船が切断しようとしたが、これは政府の要請で行われたことが判明している。[7] その年の後半に、フィリピン近海で水中監視をしていたアメリカの水中探査機が中国の潜水艦に衝突された。[8] アシュトン・カーター米国防長官は、中国の行動を国際規範から「逸脱している」と指摘し、国際安全保障の専門家たちは、新たな冷戦の瀬戸際に来ている可能性を懸念する。つまり敵対状態が持続した結果、脅威を認識した中国かアメリカが見込み違いをし、重大な国際危機へと発展するのではないかと危惧しているのだ(9)。

クセナキスの監視フロアとC4Iチームは、細心の注意を払いながら、自分たちの目撃した密集編隊に対するシナリオと解釈について協議した。無線を使ったあらゆる情報収集活動とこれまでの研究成果を検討し、さらに南シナ海で展開されているすべての周辺状況を分析した末に、編隊の中心にある大きな物体は中国の石油掘削装置で、その周辺に配置されている小型船団は、多数の漁船と中国海警局の船艇、そして護衛艦だ、という結論に達した。

その後、中国国営の中国海洋石油総公司が巨大な深海用石油掘削装置「海洋石油九八一」を西沙諸島（ベトナム、中国、台湾が領有権を主張している）の沖合に運び込んでいることが確認された。掘削装置はすぐに稼働し始めたため、ベトナムと中国間では数カ月にわたって緊張が高まった。ベトナム政府はこの掘削装置は自国の大陸棚の上にあり、国連海洋法条約違反だと主張した。中国はこれに対抗して、七隻の軍艦を含む八〇隻もの船舶を現地に送り、掘削装置の安全を確保しようとした(10)。

ザック・クーパーはアジア安全保障の専門家で、ワシントンDCにある米シンクタンク、戦略国際問題研究所傘下のアジア海事透明性イニシアチブと共同研究を行っている。「南シナ海の係争水域ではさまざまな作戦行動がとられてきましたが、ベトナム（と台湾）が領有権を主張している水域への中国による『海洋石油九八一』の設置は、南シナ海で起こったこの一〇年で最も長期にわたる対立の一つに発展しました」とクーパーは説明する。「今回の中国の行動はこの海域を不安定にし、事態を急速に悪化させる危険性があります。しかし大きな紛争が起きなかったという事実は、力を背景としたこのような事件は対処が可能である証拠と言えるでしょう……ベトナムが現実のリスクを受け入れたことに中国の指導層は驚いたと思われ、中国の威圧に対抗しようというベトナムの意志と能力に関する自分たちの読みを変更せざるを得ない、と納得したのです[11]」

「海洋石油九八一」をめぐる両国のにらみ合いは、この事件が世の中に広まるとともに、どんなに大量のデータを幅広く収集しても有効な判断をするには限界があることを示している。「ギークス」システムは非常に強力なツールで、海洋世界全体を対象とするリアルタイムでの船舶航行データという非常に有益な情報を提供する。しかし、得られたデータを解釈するのは、人が自分の経験から得た知恵と創造的な問題解決能力だ。実は、クセナキスはリベラルアーツ教育を受けており、艦隊の監視フロアを率いるだけの十分な準備ができていた。イェール大学での専攻は政治学で、タフツ大学のフレッチャー法律外交大学院での専攻は国際関係論と、テクノロジーとは無縁の学生生活を送っていた。卒業するとワシントンDCのブルッキングス研究所に職を得て、所長の特別アシスタントとして分析スキルを磨いた[12]。クセナキスはこの仕事にとって完璧な人材と思われたが、「そのようなシナリオに放り込まれて、そのような分析的な課題に直面すると、ビッグデータを扱えるだけでは、務まる人など誰もいないでしょう」

クセナキスはルーマニアからの移民で、これだけの機会を与えてくれた国に奉仕する義務を常に感じていたので、三一歳の時に予備役将校としてアメリカ海軍に入隊した。そして、国際社会を騒然とさせるような、複雑な地政学上の緊張を乗り越えるといった直接的な役割を担うことを希望していた。最初の任務は統合参謀本部のアナリスト。すぐに「ブルー・リッジ」に乗艦して艦隊情報担当の当直士官に昇進する。「ブルー・リッジ」では地政学的イベントの予測官として参加するよう招聘された。そして、人間の知性と現場で身に付いた専門知識に、今日では常に収集されている莫大な量と内容の「ビッグデータ」を組み合わせ、その可能性を最大限に生かすという非常に刺激的なプロジェクト「グッド・ジャッジメント・プロジェクト」（GJP）の一員となった。

1 テクノロジーの力に人の洞察力を加える

我々人類が今後果たせる非常に重要な役割の一つは、ニューテクノロジーで実現できることの質を高めることだ。これは、STEMの重要性が低下したことを意味しない。テクノロジーがこれまで以上に利用しやすくなってきたので、それを十分に使いこなす能力が重要になっているのだ。テクノロジーの力を強め、それを利用して大きな成果を上げる機会はますます広がっており、物事を詳細に調べ、問題解決に当たり、人間的要素を考慮する、といった教育を受けた人々が活躍できる領域も豊富になってきた。

この分野でトップを走るのが、ペンシルベニア大学ビジネススクール（ウォートン校）でマネジメント、心理学、政治学の教授を務めている心理学者のフィリップ・テットロックだ。二〇一一年、テットロックは妻バーバラ・メラーズ、経済学者のドン・ムーアとともにＧＪＰを立ち上げた。テットロックは、専門家による意思決定の特徴と陥りやすい誤りについての研究を二〇年続けている。心理学と政治学に関する定性的な理解に定量的な分析手法を組み合わせて、特に専門家の意見がいつ信頼でき、いつ当てにならなくなるかを評価してきた[13]。

テットロックは、ＧＪＰチームを率いて、アメリカ国家情報長官室が後援したあるコンペで提出された問題解決に取り組むことになった。この国家情報長官室の下部組織にあたるのが情報《インテリジェンス》高等研究計画活動（ＩＡＲＰＡ）で、高等研究計画局（ＡＲＰＡ）として知られるグループの情報部門に相当する。なおＡＲＰＡは、初期の電子コミュニケーション網の基盤をつくり、これが後にインターネットに発展した。

二〇一〇年、ＩＡＲＰＡは集合的偶発性予測《アグリゲイティブ・コンティンジェント・エスティメーション》（ＡＣＥ）プログラムをつくった。その目的は、南シナ海で[14]クセナキスが評価していた国家間の安全保障イベントのような「幅広い種類のイベントに関する情報予測の正確性、精密度、適宜性を劇的に高める」ことにあった。テットロックはIARPAの課題に取り組もうと組織したチームにクセナキスを招いた。クセナキスはレーダー上の点《ドット》を理解する知識と能力をすでに備えていたからだ。自分の能力をどこかで試したいと望んでいたクセナキスは、すぐにこの刺激的なプロジェクトへの参加を決意し、間もなく上位二%にランクされる予測官になった。

毎年、IARPAは、たとえば「シリアで化学兵器の査察が実施される確率」とか「女性が次の国連事務総長に指名される確率」といった外交政策について一〇〇〜一五〇の質問を公開し、それに対する予測をクラウドソーシング形式で募集している。[15] ACEへの回答は「ビッグデータ」的な解決法になるだろう、というのがIARPAでのコンセンサスだった。つまり、IARPAが競技参加者に閲覧を許可した大量のデータに高度な数学的分析を応用すれば解決法が見つかるだろう、というわけだった。ところが、クセナキスによると「実際に起こった事実は(予測とは)かなり違っていました」

この問題を解決するため、参加者たちは、紛争に関する過去事例を集めた大規模なデータベース、「IARPA紛争早期警戒総合システム」へのアクセスが認められ、各チームは自分たちが適当と判断したどんな手法を使ってもよいとされた。数多くのチームが全米トップクラスの研究所からデータ分析の専門家をメンバーに迎え、機械学習などのさまざまな分析技法を利用しながら、純粋に技術的な解決方法を追求した。そもそも機械学習とは、機械を訓練して自動的に作業をさせることだ。莫大な量のデータを機械が使えるようにさせ、一定のルールに基づいてそれを完全に独力で分析するようプログラミングさせるのである。現在最も注目を浴びているのは自動運転車だが、機械は他にもさまざまな離れ業を見事に成し遂げるための訓練を受けている。たとえば、第八章で詳しく紹介するように、グーグルのディープマインド社が開発した深層学習プログラム「アルファ碁」は、機械学習によって中国の非常に複雑な伝統的ボードゲーム、囲碁の世界チャンピオンを打ち負かすことに成功した。この対戦が行われるまでは、囲碁を打つことは、どんなに優れた人工知能にも無理だとみなされていた。

さて、ウォートン校のチームは他のグループとは異なるアプローチでこのコンペに臨んだ。テットロックはデータサイエンスの最新技術を元に戦略を立てたのだが、さらに一歩進んで、船舶の動きに関するクセナキスの経験をはじめ、さまざまな背景を持った数千人からのデータ入力に努めた。高度な分析手法を駆使してデータの初期調査を行いながら、人の専門知識も織り込んだ。コンペの結果は驚くべきものだった[16]。GJPは、従来の手法を用いた他のグループよりもイベントの予測力が圧倒的に改善した唯一のチームだった。「他のチームのパフォーマンスは基本レベルを超えるものではありませんでした。技術的に素晴らしく高度なアルゴリズムを使って分析していたのに、何かが欠けていたのです。それは人間的要素だと思います」。クセナキスはコーヒーを飲みながらこう説明してくれた。

テクノロジーの知的水準が次第に高まっている時代に、GJPチームの結果は、曖昧《ファジー》さがなお重要であること、アメリカの特殊作戦部隊に伝統的に伝わる金言によれば「人間の方が機械設備《ハードウェア》よりも大切だ」という、非常に刺激的な証拠を示した[17]。人の判断力の曖昧《ファジー》な強さと弱さを深く理解した一人の心理学者（テットロック）のチームが、人と機械が提供できるもののうち最も優れた部分を組み合わせる方法を考えついたというわけだ。結果にあまりにも差がついたので、IARPAは他のチームに払っていた資金を返済させて、その全額をウォートン・チームに与えたほどだった。

国家情報会議議長やハーバード・ロースクールの教授を務め、ホワイトハウスの顧問もしていたキャス・サンスティーンは、このプログラムの素晴らしさを公言してはばからない。それればかりか、この結果は自分が予測に関してこれまで目にしたあらゆる科学的研究の中で、最も重要だとさえ述べた[18]。『ニューヨーク・タイムズ』紙のコラムニスト、デビッド・ブルックスは、「もし自分が大統領なら、GJPから提供される予測を日々自分のデスクでチェックしたい」と言ったほどである[19]。テットロックは懐疑論者的な手法を採用した。つまり、さまざまな仮定に疑問をぶつけ、人間の知性と機械で強化されたデータ科学とを組み合わせる手法を構築したのだ[20]。

今日では、官民両セクターの多くの意思決定者が、GJPの力を借りて自社の予測専門家を養成している。いずれは彼らが今後の展開を予測して意思決定者を助け、将来の事態に備えられるようになるだろう[21]。現在、政府のチームを率いているクセナキスは、IARPAの競技会についてこう振り返る。

「面白いのは、最初の課題が『私たちはこれをどうすれば自動化できるか。どうすれば人間を排除できるか』だったということです。要するに、どうにかすれば人を不要にできるのではないか、という考えがあったのです。私はイノベーションの素晴らしさを信じていますが、同時に、人間を完全に無視するほどテクノロジーによる解決策に頼るべきではないとも考えています。今はまだ、私たち人間が大きな付加価値を持っていることは明らかなのですから」

現在、GJPは分析対象を民間セクターに広げ、新たに自動車分野での破壊的イノベーションの予測などを手がけるようになった。ウォートン校の「自動車と可動性のイノベーションに関するプログラム」と共同で、「テスラ」の完全自動運転《オートパイロット》システム用ソフトウェアの更新と中国での電気自動車の採用について予測者の意見を集めている[22]。ここでも文系《ファジー》と理系《テッキー》の連携が起きている。GJPは、社会科学の知恵で補いながら、ビッグデータの取り扱い方法を大きく進歩させている。

起業家にして『ロングテール――「売れない商品」を宝の山に変える新戦略』（早川書房）の著者で、かつて『ワイアード』誌の編集長を務めていたクリス・アンダーソンは、二〇〇八年に、現在集められている圧倒的な量のデータは、科学的手法をいずれ無用の長物にすると論じた。なぜなら科学的手法は「検証可能な仮説に基づいて構築されているからだ」と、次のように論じた。

「こうしたシステムは、その大半が科学者の頭の中で可視化できる。モデルは検証され、実験を通じて世界がどう作用するかについての理論モデルの正しさ、あるいは誤りが証明される……モデルのないデータはノイズに過ぎない。しかし圧倒的な量のデータに直面した我々は、『仮説を立て』『モデルをつくり』『検証する』という従来のアプローチをもはや使えなくなってきている」[23]

『ワイアード』誌に寄稿した「理論の終焉：データの大洪水が科学的手法を陳腐化させる」と題する記事で、アンダーソンは、莫大なデータが手に入るようになると、どのようなデータが得られるかについての仮説をあらかじめ立てなくても、分析するだけで発見できるようになるので、理論は必然的にいらなくなると論じた。十分なデータと十分な情報があれば、必要な知識が簡単に得られるのだ、と。

しかし、オクスフォード大学インターネット研究所で情報哲学と情報倫理学を講じるルチアーノ・フロリディ教授は、『第四の革命――情報圏《インフォスフィア》が現実をつくりかえる』（新曜社）を著し、アンダーソンの「理論の終焉」という主張を否定した上で、アンダーソンの主張には独自性がなく、まるで四〇〇年前の、イギリスの哲学者フランシス・ベーコンの説のようだとし、「（ベーコンは）膨大な事実が十分に蓄積されれば、仮説がなくても事実が自ら物語るであろうと考え、仮説に対して懐疑的だった」と指摘した。実はもっと以前にも、古代ギリシャ時代の哲学者プラトンが同じ主張をしていた。要するに、知識は単なる情報やデータ以上のもので、「質問の方法と答え方」を知っていることから生まれると説いていたのだ。すなわち、これはかなり古い議論であって、「データ自身は何も語らない。賢明な質問者が必要とされているのだ」とフロリディは結論付けた。[24] その主張は、しばしばボルテールの名言とされるこの言葉に似ている。「人を判断するには、どのように答えるかより、どのような問いをするかによるべきだ」

近年は「スマートな」テクノロジー開発のおかげで飛躍的な進歩が実現し、その結果、人の持つ多くの能力がすでに機械に追い越されてしまったか、間もなくそうなるだろう、との主張が見られるようになった。こうした議論にはずみを付けているのがいわゆる「ビッグデータ」の出現だ。「サーバーファーム」や「データセンター」がつくられ、それ以前までは技術的にとうてい集められなかったほどの莫大なデータを集め、蓄積できるようになった。データを大量に集積した堅固な設備が、曖昧なイメージの「クラウド（雲）」と呼ばれているのは、何とも皮肉である。[25] 同時に、ビジネスも娯楽も何もかもがウェブに移行したことで、保存し、分析すべき新しいデータの洪水が生まれた。

さらに、だんだんと小さく、しかし強力になってきたセンサーがスマートフォンから自動車、家電製品といったあらゆる種類の製品に組み込まれ、爆発的な勢いで収集データを増やしている。スマートフォンなど我々を取り囲むさまざまなセンサーは、視覚情報から周辺の他の物体の動きに関する情報、環境条件から音に至るまで、かなり広範囲のデータを読み、書くことができる。いわゆる「リアリティー・キャプチャー」、つまり我々の周囲の三次元的世界をデジタル・ビット（二進法の世界）に変換するセンサーまである。

新しいデータの洪水をもたらしているもう一つの大きな技術革新は、かつてないほど小さなコンピューター・チップとワイヤレスウェブの接続だ。この二つが組み合わさって、ありとあらゆる種類のモノに演算処理能力が組み込まれ、さまざまな器具がウェブにつながるようになった。その結果、「モノのインターネット（ＩｏＴ）」の進化が急速に進み、我々の周囲にあるあらゆる物体がメーカーといつでもつながって情報を伝達し合い、機械同士の相互連絡もできるようになった。世界最大の農業機械メーカーのジョン・ディアは、自動運転しながら土壌に関する情報を集めて転送するセンサーを備えたトラクターをつくっている。土は同社で分析され、収穫高の改善について農家に助言を与えるという仕組みだ。[26]

こうした技術の発展を記録してきたクリス・アンダーソンをはじめとする編集者らは、データ分析の分野では機械学習の持つ新しい力が将来完全に人の役割に取って代わるはずだと主張してきた。[27] 私がもっと現実味があると考えるのは、人々が、ビッグデータや機械学習の力を向上させる効率的で優れた方法を見つけ出し、機械を使いこなしながら未解決の問題に取り組んでいくというシナリオだ。我々の周りには機械と人が協力して分析力を高めないと解決できない問題があふれているのである。

機械はいずれ人に置き換わるのかという論争は、二十世紀の半ばまでさかのぼる。MITの教授でコンピューター・サイエンスのパイオニア、マービン・ミンスキーは、機械化が目指すべきはAIであり、それは人間の能力に追いつけるはずだと主張した[28]。一方、やはりMITの教授だったJ・C・R・リックライダーは、機械は人間を締め出すのではなく、人間のスキルを増強すると主張した。

これは、人工知能（AI）か知能増幅（IA）かという論争だ。リックライダーは、多くの人々からその功績からアメリカ合衆国建国初期における西部開拓時代の伝説的人物の一人になぞらえて「コンピューティングのジョニー・アップルシード」と呼ばれており、パーソナル・コンピューターという概念、人間とコンピューターの相互作用、そしてインターネットまでも含む、コンピューティングの発展の基本となる種を植えた人物として、今日のテクノロジーのほとんどあらゆる側面に影響を与えた。一九六〇年に執筆した重要論文「人間とコンピューターの共生」では、ロボットが人間社会を破滅に導くことはないが、「将来起こり得る（人間とコンピューターの）連携は、かつてヒトの脳が考えられなかったように思考し、我々が今日知っている情報処理機械ではなし得なかった方法でデータを処理するだろう」と論じている。しかし、今日の我々が現実に目にしている進化はまさに、この論文が予想していたよりもはるかに強力なコンピューターの増幅なのだ。

新しいテクノロジーで最も成果を上げているのは、曖昧《ファジー》な人間と自動化された機械の両者のスキルを組み合わせてなされている仕事だ。機械学習は、専門家以外には誰にとってもあまりにも不可解で、そのテクノロジーの利用はもちろん、改善など到底不可能な、近寄りがたい技術屋《テッキー》の要塞のように思えるかもしれないが、実のところ、ビッグデータと機械学習の力は急速に「民主化」されている。

人々が解決すべき問題を提起できるウェブベースのプラットフォームができたおかげで、データ分析をしたことのない人でさえ、データについて質問し、データサイエンスの専門家集団と直接やりとりしながら答えを提供してもらえるようになった。オーストラリア人のエコノミストが設立したカグルは、そうしたプラットフォームの一つである。

創業者のアンソニー・ゴールドブルームはオーストラリアで育ち、メルボルン大学に入学、二〇〇六年に経済学の学位を得て卒業した(29)。起業家になることなど予想もしていなかったが、結局、経済学を専攻していたからこそ、会社設立の着想を得ることができた。大学を卒業すると首都キャンベラに移り、オーストラリア財務省でエコノミストとして働き始める。ゴールドブルームはこう回想する。

「私はGDPやインフレ率、失業率などを扱っていましたが、心がときめくほど面白いものは何一つありませんでした。財務省から派遣されてロンドンの『エコノミスト』誌で三カ月間研修生として働き、そこで予測分析に関する記事を一本書いたのですが、どこの企業にもさまざまな興味深いデータが眠っていました。私はそれらを使って何かをしたいと思いました。何しろデータはそこかしこにたくさんあって……各社はそれらをうまく使えるよう、誰かに何とかしてほしいと思っているように見えました」

そう考えている組織が世の中にいくらでもあることにゴールドブルームは気がついた。そこで、現実の世界に存在するあらゆる種類の問題を解決できるベストのツールを人々に提供したい、そのために全力投球しよう、と決めた。すぐに、夜と週末を費やして、後に「カグル・プラットフォーム」になるテクノロジーをつくり上げた。そして、六カ月に及んだ不眠不休の作業が済むと仕事を辞めて、会社を設立した。

カグルの仕組みを簡単に説明しておこう。企業と研究者はデータをウェブサイトにアップロードする。すると世界中のデータサイエンティストが競ってそのデータを分析して結果を出す。競技会（コンペ）に勝ったソリューションは努力に見合った賞金を得られるというものだ。ゴールドブルームは、データサイエンスを非常に競争の激しい、報酬の高いスポーツに仕立て上げた。秘密情報を持つ企業が、秘密保持契約の下に非公開のコンペを主催することもできるが、カグルのプラットフォームで行われる分析の大半は公開で、誰でも閲覧・入手できる。カグルは数百のコンペを主催しており、そのデータサイエンティストは、多岐にわたる多くの問題解決分野で長足の進歩を遂げてきた。

たとえば、ゼネラル・エレクトリック（GE）は、カグル上に六〇万ドルの賞金を掲げて、ビジネス上の多くの課題に対する解決策を求めている。その一つが、米民間航空会社用の滑走路の使用と到着ゲートの利用パターンの予測支援だった。GEはカグルの参加者にフライトと天候に関する大量のデータを提供した。すると競技期間の四カ月間に三〇〇〇を超えるエントリーがあり、優勝したチームは業界標準の正確性を四〇%改善した。これは、一ゲートの通過当たりで五分の時間短縮に相当し、中規模の航空会社には年間およそ六二〇万ドルの節約になった。[30]

別の事例では、カグルを通じて、糖尿病により目が損傷を受けて衰弱する患者への治療方法が改善された。糖尿病患者にとって、長く悩みの種の一つとなってきたのが糖尿病網膜症、つまり網膜に酸素を供給する毛細血管が損傷する病気である。毛細血管が破裂すると、網膜が傷つき、それが失明につながることが多い。糖尿病網膜症は先進国における失明の第一原因で、糖尿病患者の八〇%が網膜に何らかの問題を抱えている。カリフォルニア州健康医療財団（CHCF）は、この病気を早期発見できるとレーザー、医薬品、外科手術で治療できることに気が付いた。そこで一〇万ドルの賞金を用意し、早期発見の方法を募集した。網膜症に罹患したもの、していないものを含む数千もの網膜の画像がカグルのプラットフォームに投稿された。そして五カ月に及ぶ研究の末に、ベンジャミン・グレアムというイングランドのウォーリック大学の統計学者が、八五%の確率で網膜への損傷を予測するアルゴリズムを設計した。[31]

カグルはさまざまな分野で課題解決の支援を行っている。素晴らしい成果をもう一つ紹介しよう。論文試験をコンピューターで評価する方法を編み出したのだ。教育分野では、学力標準テストにはマークシート方式が広く採用されている。これは複雑な思考やコミュニケーション能力、協調性を測定するのにこの形式が最も合っているからではなく、最も低コストで実施できるからだ。標準テストは学生の知識を評価するベストの方法とはみなされていない。論文試験の方が学生の学力を包括的に評価し、市場で求められているスキルをよく反映できる。[32]

「質を犠牲にせずに論文を自動的に採点する方法はあるのか」。ヒューレット財団はそれを確認したかった。もしそれができれば、テクノロジーを利用することでこれまで明確な評価がしにくかった論文試験のコストが下がり、受験者の知的能力を測る標準テストの質を改善できるかもしれない、そう考えた。ヒューレット財団は「学生到達度自動評価賞（ASAP）」のスポンサーとなり、学生が幅広い話題について執筆した長文の論文二万七〇〇〇本について、人が採点した場合と同じ結果を生み出せるモデルを、データサイエンスを駆使してつくってほしいと参加者たちに迫った。三カ月間で一八〇〇件の応募があり、トップクラスに入ったチームの成果は民間のテスト業者をしのぐものだった。ASAPの共同ディレクター、トム・ヴァンダー・アークは「コンピューターは採点する教師の仕事に置き換わるのではなく、補うために導入できると思います。採点を速く、しかも低コストで行える優れたテストを提供できるのです」と結論付けた。[33]

2 「テロリストを見つける」ボタンはどこに？

テクノロジーに依存する多くの革新企業が、データ分析からは人的要素が完全に取り除かれるのを当然とみているのに対し、パランティア・テクノロジーズのディレクター、シャム・サンカーは、人のインプットを取り入れることによる競争優位をはっきりと認識している。

パランティアは、データサイエンスを駆使して犯罪や国際テロリズムと効率的に戦う手段を世界中の安全保障、警察関係、政策決定分野の専門家に提供する売上高二〇〇億ドル規模の企業で、[34]機密性の維持を非常に厳しく求められる複数の諜報機関から業務を受託している。[35]パランティアの営業担当者は「前方展開エンジニア」と呼ばれ、現地で特殊作戦を率いる指揮官たちと直接協力しながら、敵陣の背後に解析ダッシュボードを簡単に設定できる。実際、二〇一六年には、アメリカ特殊作戦軍と協力する二億二二〇〇万ドルの契約を獲得した。[36]

サンカーはコーネル大学で電気工学の学士号を、スタンフォード大学で経営工学の修士号を取得した。まさに、「理系《テッキー》の中の理系《テッキー》」なのだが、人の知性、直感、認識パターンを強力な機械分析で補うというJ・C・R・リックライダーの主張を高く評価している。

パランティアのテクノロジーを使うと、顧客企業は整理されたデータと整理されていないデータをまとめられるので、情報収集部門の専門家は、複数の情報源から集めた膨大なデータから必要な情報を検索して問いをぶつける作業を、すべて同時にできるようになる。情報の取り扱いに十分精通していれば、行方不明の子どもや詐欺行為、テロリストも見つけることができるし、データサイエンスの専門知識を持たない大半の人々も、パランティアを使わなければ異種システムの後ろに隠れてしまっていたはずのパターンを見つけ出せる。テロリスト集団のように、環境に合わせて様態を変化させる敵対者よりも常に一歩先んじる唯一の方法は、人間の知能増幅（ＩＡ）だ、というのがサンカーの持論だ。

二〇一二年、サンカーはスコットランド、グラスゴーで開催されたＴＥＤグローバルのステージでこう言った。「テロリストは、大小さまざまな方法で環境に適応し身を隠します。テレビで見るのと違って、潜伏するテロリストもそれを発見するのもそもそも人間です。コンピューターは新手のパターンや奇抜な行動を探知できませんが、人間ならできます。人間が技術を使い、仮説を用いて、機械にさまざまな問いをぶつけながら真相を探るのです。オサマ・ビンラディンを捕らえたのはＡＩではありません。献身的で、機略に富む、非常に優れた人々です。彼らがさまざまなテクノロジーを駆使したからこそ可能だったのです[37]」

別の事例では、二〇〇七年一〇月、米軍と同盟国の連合軍がシリアとの国境に位置し、イラクの町シンジャールにあるアルカイダのアジトを急襲した。そこでは、七〇〇人の外国人兵士の略歴が見つかった。それは「出身はどこか」「誰に誘われたか」「希望の職種は何か」「なぜ加入したのか」といった文字通りの職務質問集だった。唯一の問題は、こうした書類がしわくちゃの紙片で、しかも手書きのアラビア文字だということだった。書類を整理して翻訳するには人の専門知識が必要だったが、いったんデータが抽出され、暗号化された後は、機械分析の力も利用された。

分析の結果、外国人兵士の二〇％がリビア出身で、その半分がたった一つの町の出身だということが判明した。しかもリビア出身者の兵士が急増したのは、リビアのイスラム武装集団のある幹部が演説をした後だった。そしてこの演説のすぐ後でアルカイダ内での彼の地位が高まったことにアナリストたちは気が付いた。

このようなパターンは、機械が大量のデータを分類しないと分からなかったと思われるが、しかしアジトを襲い、資料の束を復旧し、職務質問集を翻訳して内容を整理し直すという現場のプロセスがなければ、そもそもこのデータが手に入ることもなかったし、有益な資料にもならなかったはずである。機械を動かすには問題の文脈と枠組みを把握する必要があったし、結果を解釈するには批判的に思考できる人間が必要だった。

データ分析サービスに携わっているパランティアをはじめとする多くの会社は、「ビッグデータ」から有益な見解を引き出すために最高のハイテク技術を駆使する最先端企業として描かれることが多い。実際、こうした企業のプレス・リリースをみると、自社を純粋なハイテク企業と表現する傾向がある。「技術力は人間力よりもはるかに優れている」というのがシリコンバレー発の企業に関する支配的な語り口だからだ。しかし実際は、グーグル、フェイスブック、Slack、パランティアなどのハイテク企業もテクノロジーと人間のインプットの両方にかなり頼っている。

ビッグデータに対するほとんどの理系人間たちのアプローチは、データをどのようにして集め、保管し、検索し、整理するかを重視するが、サンカーに言わせれば、そのことは、データから最も価値を引き出すには「必要だが不十分」だ。「必要なことは『どう』処理するかではなく、『何を』処理するか、そしてこの大規模なデータに対して『人間の直観をどう生かすか』です。私たちは、人間的要素をプロセスに組み込んでデザインすることから始めます」。だからこそ、文系と理系に関する物語を変えることが重要なのだ。最高の技術を発展させ、展開していく上で、どちらも同じくらい必要不可欠だからだ。

3 データの背後にある先入観《バイアス》

実のところ、データは客観的ではないため、データ分析に当たっては、そこに内在する先入観《バイアス》を考慮する必要がある。二〇一六年にホワイトハウスはこう警告した。「データを情報に変換するアルゴリズムの仕組みに『絶対』はない。どの仕組みも不完全なインプット、ロジック、確率、そしてそれらをデザインしている人々に依存しているからだ」[38]。たとえば、犯罪データは犯されたすべての罪を反映しているわけではない。あくまでも通報された犯罪であり、その報告は多くの要素によってゆがめられている。警察に電話して犯罪を積極的に通報するコミュニティーもあれば、そうでないところもある。

国に不法滞在している移民の多いコミュニティーが軽犯罪の被害に遭ったときに警察を呼ぶ頻度は、仲間が追放される恐れがないコミュニティーと同じだろうか。違法駐車切符を何十枚もためている人は、自分の車からちょっとした物が盗まれたら警察を呼ぶだろうか。このように、通報される犯罪データは、信頼とコミュニティーに関する細かなニュアンスの結果なのであり、表面的には安易に見過ごされかねない。

たとえば、司法統計局の調査によって、ヘイト・クライムと性的暴行のような特定の犯罪はそもそも通報されにくいことが判明した。つまり、こうした犯罪は通報された犯罪の密集分布図からはじかれている可能性が高い、ということだ[39]。

NPO「人権データ分析グループ」は、サンフランシスコのミッション地区に拠点を置き、世界中の人権侵害に対処しようと厳格なデータ分析を専門に行っている。そこでは、犯罪率の偏りと、アルゴリズムが警察の対応におけるバイアスをどう増幅させる可能性があるかについての研究を行った[40]。イギリスの王立統計学会の『シグニフィカンス（統計的有意性）』誌に発表されたある研究では、データサイエンスを通じた犯罪の予測と防止を専門とする企業「プレッドポル」が発表した予測警備アルゴリズムの有効性が検証された。このアルゴリズムは、起こりそうな犯罪を未然に防ぐ目的で、どこに警官を配置するのがベストかを警察に通報することを目的にしている。

著述家のクリスチャン・ラムとウィリアム・アイザックは、ある査読誌に掲載されたこのアルゴリズム（この種の研究成果が査読誌に公開されることは滅多にない）を使うことにした。カリフォルニア州オークランドの麻薬犯罪に関する公開情報データに応用することにした。二人は「薬物使用と健康に関する全米調査」をはじめとする数多くの情報源から、オークランドの麻薬犯罪の分布に関するデータを集めて元のデータを補強した。[41] それによると、麻薬の使用がほぼあらゆる人種グループに広がっていたのに対し[42]、麻薬による逮捕事例はそうなっていなかった。アメリカ自由人権協会（ACLU）による二〇一三年の報告によると、マリファナの使用率ではアフリカ系アメリカ人と白人との間に差はないものの、マリファナの所有で逮捕される確率はアフリカ系アメリカ人が白人の三・七三倍だという。ACLUは「レイシャル・プロファイリング」（特定人種への先入観に基づく逮捕などの差別）、職務質問の手続き、逮捕のノルマをその差の元凶だとして非難している。[43] 人権データ分析グループはまた、麻薬犯罪は市内全域にほぼ均等に広がっているにもかかわらず、麻薬使用による逮捕は西オークランドとフルートヴィエルという、圧倒的に白人の少ない、低所得のコミュニティーに集中していることも発見した。

したがって、どこで犯罪が起きているかについての情報は統計的に偏っている可能性が高く、アルゴリズムの指示に従って、犯罪通報率の高い場所に多くの警察官が派遣されると、その偏りに拍車がかかるはずだ。警察官が多く派遣されるほど逮捕件数が増えるのが道理だからだ。そうなるとアルゴリズムに入力される逮捕データが多くなり、偏ったフィードバック・ループができる。アルゴリズムの仕組み上は、その付近の犯罪発生率が高いという予測の正しさが裏付けられたことになり、当初のバイアスが強化されるからだ。ホワイトハウスは、ビッグデータと人権に関する史上初めての報告書でこの新しい強力な機会に注目したが、同時に「よほど慎重に構えないと、こうしたイノベーションは差別を容易に助長し、先入観を強め、機会に蓋をしてしまいかねない」と警告した(44)。アルゴリズムがサンフランシスコの裁判所の裁判官に提供されるようになると、こうした判断は従来の警察力を弱めてしまう(45)。テクノロジー・ライターのオム・マリクはこれを「データ・ダーウィン主義」(データに基づく適者生存)と呼ぶ。デジタル上での自分の評判が情報にアクセスできるか否かの基準になるかもしれない(46)、というのである。

キャシー・オニールはコロンビア大学ジャーナリズムスクールのデータ実践コースの元ディレクターで、ベストセラーとなった『あなたを支配し、社会を破壊する、AI・ビッグデータの罠』(インターシフト)を発表しているが、彼女の警告はオム・マリクよりももう一歩先まで踏み込んでいる。「ビッグデータには熱烈な支持者が多いが、私は違う(47)」。そう述べた上で、アルゴリズムは差別を永続させる「数学的兵器として使われるかもしれない」と主張する。アルゴリズムは数学を使って先入観をカモフラージュできる。オニールは、有害なアルゴリズムに内在する五つの特徴に注目する。

①特定の集団を標的とする、②存在が分かりにくいので、標的となった人々にはそれがどう作用しているのかが分からない、③非常に多くの人々に影響を及ぼす、④アルゴリズムの作成者たちは、アルゴリズムの標的とされた人々には分からない方法で「成功」を定義している（成功に関するある共通の定義は「組織の資金をためる」こと）、⑤悪質なフィードバック・ループをつくり出す[48]。

クラウディア・パーリックはオニールのポイントを明確にする、驚くべき別の例を提供する[49]。パーリックはニューヨーク大学のビジネススクール「レナード・N・スターン・スクール」の准教授で、ビジネス・インテリジェンス（企業内に蓄積された膨大なデータを統合・分析・管理し、企業の意思決定に活用するシステムや概念の総称）とデータマイニング（企業が蓄積した大量のデータを解析し、経営やマーケティングに有用な相関関係やパターンを探り出す技術）を講じている。「すべてのデータを集めても、まだ不十分」というタイトルの講演会で、彼女は自分が何度も優勝したデータマイニング競技会「KDDカップ」について語った[50]。

二〇〇八年、シーメンス・メディカルは、機能的磁気共鳴画像法（ｆＭＲＩ）による胸の画像から、検査の候補領域を乳がんにかかっている確率でランク付けするよう複数の研究チームを競わせた。参加チームは一七一二名の患者から抽出した候補領域に関する一〇万ものデータセットを提供された。対象患者のうち、一一八人には少なくとも一つの悪性候補領域があった。また、シーメンスは画像ごとに一一七の特徴に目を向けるよう指示し、その中のいくつかが患者ががんにかかっているかどうかの予測につながるはずだ、と説明した。その一一七カ所に注目する予測モデルを構築し、そのモデルが候補領域、ひいては患者にどれだけ正しい診断を付けられるかを確認せよ、という課題だった[51]。

パーリックはIBMのワトソン研究所チームでこの競技に参加した。データセットを探っていくと、患者識別IDの低い番号の患者の罹患率が、期待罹患率の一〇%をはるかに超える非常に高い数値を示していることに気が付いた。そこで、予測モデルの入力データに「患者識別ID」を加えたところ（まともなデータ・サイエンティストなら、普通はそんなことは考えないのだが）、予測の確度が格段に上がることが判明した。患者識別IDは、理論的には患者を認識するために無作為に付与される一〇桁の番号に過ぎず、fMRIデータ内での乳がんの発生とは何の関係もないはずだ。しかし事実はそうではないことを示唆していた。

患者識別IDは保存用ビンごとに割り当てられていた。一つのビンでは、患者の三六%に悪性領域の存在が確認され、他の二つのビンには、わずか一%の患者しかがんにかかっていないことが判明した。乳がんとの相関性を示すはずのデータに属するあらゆる特徴の中で、患者識別ＩＤはがんとは最も縁遠い特徴であり、だからこそパーリックのチームは困惑した。しかし、調査をさらに進めると、データの出所がほぼ四つに絞られることが明らかとなった。データ分析では、さまざまな出所からデータを集めることが一般に優れた方法とされる。ところが今回の場合、データセットをまとめた人々が、乳がん検診施設の患者のデータと、乳がん治療施設の患者のデータをはっきりと分かるように記録していなかったのだ。

結局、数字の羅列に過ぎないはずの患者識別ＩＤの予測力が高くなったのは、がんの罹患率は治療施設の方がずっと高いからだ。パーリックのチームはｆＭＲＩ画像の数千の特徴を見る非常に予測力の高いモデルをつくっていたが、さらなる検証の結果分かったのは、このモデルが確実に予測できるのは、患者ががんの治療中か、それともがんの診断プロセス中かという点だけだった。このモデルの予測力は非常に高いようにみえたのだが、それを真実として受け入れるにはあまりにも結果が良すぎたため、経験に基づく勘が働いて、さらに調べることになったというわけだ。データの「漏れ」がモデルの予測能力を曇らせていたのだ。

「私たちの生活にますます介入してくる数理モデルを制御するために、私たちは何を始めれば良いか」。キャシー・オニールはそう問いかける。「データが消えてなくなることはない。コンピューターもそうだ。そして数学がなくなる可能性はさらに低い。私たちは今後、組織を運営するにも、資源を分配するにも、生活を管理するにも、予測モデルという便利なツールをますます頼るようになるだろう……モデルというのは、データのみで構成されるのではなく、そこに、どのデータに注意を向け、どのデータを排除するのかという私たちの選択が加わって構成されるものだ。そのような選択は、ロジスティクス、収益、効率性に関するものばかりではない。根本的には、善悪にかかわる選択である[52]」

データの収集と解釈に関わる人為的ミスは、人の分析によって修正されなければならない。人文科学と社会科学で教育を受けた人たちには、まさにその仕事をできる素養が十分に備わっているのだ。彼らはデータが収集された社会的な状況について有益に分析できる視点を持っていて、データから見つかった数々の発見を解釈し伝えるのに必要なスキルを発揮してくれる。我々は社会からバイアスを取り除くことはできないが、文系と理系の知恵を組み合わせてアルゴリズムを鍛えれば、我々が共有している人間的な弱点をふるいにかけ、和らげることができる。

4 データサイエンスにはデータ・リテラシーが必要不可欠

レスリー・ブラッドショーはシカゴ大学でジェンダー、経済学、人類学、ラテン語を学び、『ファスト・カンパニー』誌から、「ビジネス界で最も創造的な一〇〇人」の一人に選ばれ、「データサイエンスをクールにした」女性と呼ばれた[53]。デザイン会社ＪＥＳＳ３を共同設立し、今日ではデジタル製品製造の最先端を走っている。二〇一二年以降は、彼女が「データ・リテラシー」と呼ぶ能力の重要性も主張してきた[54]。

「ビッグデータの恩恵を十分に生かすには、私たちは社会科学と人文科学の地位を数学とコンピューター・サイエンスと対等に置かなければならない」。ブラッドショーはナイキの「Just do it」という有名なスローガンを発案したクリエイティブ・エージェンシーのワイデン＋ケネディがまとめた出版実験プロジェクト、「アメリカン・ドリーマーズ」の中でこう書いた[55]。ブラッドショーはデータ・リテラシーを「（データの収集と分析の）過程、すなわち戦略立案からデータ収集、不純物の除去、分析、発表までの間に発生する基本的な問題に対する理解」と定義する[56]。

人文科学と社会学を学んできた者たちは、データサイエンスに取り組む人々や、提示されたデータを見る一般大衆のデータ・リテラシーの向上に大きな貢献ができる、とブラッドショーは主張する。データセットがどのようにつくられたかを評価するには社会的な問題と心理的な先入観を考慮する必要があるが、彼らはそれを特に鋭敏に察知できるだけでなく、データから何が見い出せるかを明確に表現する方法をよく訓練されているからだ。

データ・リテラシーを高めるにはデータに対する三つの基本「処置」と分析が必要だ、とブラッドショーは強調する。それは①データをそれが収集された大きな社会的文脈の中に置き直して考える、②効果的な可視化を通じてデータを明確に表現する、③調査結果を言葉で分かりやすく説明し、説得力の高いものにする、ということだ。データサイエンスのレベルを上げていくという自分の任務を説明しながら、ブラッドショーは次のように書く。

「私の夢……は、より意味のあるデータが存在する未来だ。意味のあるデータとは何か。それは収集・分類整理されたデータ、分析され、解釈され、文脈の中に置かれたデータ、そして視覚化され、順序立てて説明され、利用可能になったデータのことだ。我々はそういうデータを必要としている。しかし、現在はコンピューター・サイエンス教育を受けた数学好きの『データサイエンティスト』がビッグデータにいかに大きな可能性があるかを認めようとしない」

社会科学を学んだ人たちは、データ分析に影響を及ぼすかもしれないバイアスと意見の根源を探ることはもちろん、データ分析を多様な社会問題の解決にできる限り適用したければ、どのような問いを立てるかを考え、それを徹底的に調べるよう教えられてきた。どの就学前教育が有効かを明らかにするには、データをどのように集めどう分析すればよいのか。荒廃したスラム街の経済をうまく復活させ雇用を生み出すには、どのような知恵を働かせればヒントを得られるだろう。我々が集めることのできる膨大な新データは、うつ病や糖尿病の発生について何を明らかにできるのか。——これらは、社会科学が手法と観点を提供し、頑強で比較的バイアスの少ないデータ収集とその効果的な分析を実現してきた、ほんの一例である。

人文科学については、デザインを学んできた人々は、収集されたデータの視覚化に芸術的要素を取り入れ、何もしなければ意味の分からなかったはずの数値だけが並ぶ、空恐ろしいスプレッドシートを即座に分かりやすいものに変えることができる。明晰で筋道の通った文章を書く訓練を受けてきた人々は、収集データについての物語を理解しやすく、しかも記録に残るように話すことで、大きな影響を及ぼすことができる。「世界中の英文学専攻者、哲学者、ジャーナリストを対等に受け入れよう」とブラッドショーはデータ・サイエンティストたちに助言する。そうすれば「自分のデータは利用しやすくなるし、自分のデータに対する愛着心が高まる」はずだと。

5 長年のミステリーに取り組む

二〇一五年に「全米大学・雇用者協会」が新卒の学生の最も望ましい特質を調査したところ、経営者たちは問題解決能力や分析力、数量的能力さえも押しのけて「チームとして働く能力」をトップに挙げた(57)。しかし、「チームワーク」は以前から曖昧で、よく理解できない言葉だ。グーグルは「プロジェクト・アリストテレス」と呼ばれる計画を開始し、なぜ成果を上げるチームとそうでないチームがあるのかを突き止めることにした。同社はデータをことのほか重視する企業として良くも悪くも知られている会社だ。あるマネジャーが新入社員を初日に迎えると生産性がどの程度高まるかを測定してしまうほどなのだ(驚くなかれ、答えは一五％だった[58]。
『ワーク・ルールズ！――君の生き方とリーダーシップを変える』（東洋経済新報社）の著者で、グーグルのシニア・アドバイザーを務めるラズロ・ボックは、「エンジニアは生産活動になるべく多くの分析とデータと科学を応用しようとする。我々は人々の行動に同じことをしようとしている」という。こういう意気込みで、心理学者、社会学者、統計学者でできた研究チームがグーグルのピープル・オペレーションズ・グループ（人事部）内につくられ、ビジネスにおける最もやっかいな謎の一つに挑戦することになった。それは「成果を上げるチームとそうでないチームがあるのはなぜか」という難問である。

　調査チームは数年をかけて社内二〇〇以上のチームの特徴を示す莫大なデータを分析した。五〇年分の研究論文をあさって、チームを動機付けるものは何か、メンバーは価値観を共有しているのか、仕事以外のプライベートでどの程度付き合っているかに目を向けた。友人で構成されているチームや、まったく見知らぬ人同士でつくられているチームも分析した。チーム構成にはほとんど差がないのに、異なる成果を出した複数のチームも比較した。

　そしてついに、研究グループは、チームに誰がいるかよりも、チーム内でどのようにやりとりをしているかの方がはるかに重要だということを突き止めた。チームがどのようにして論争に対処し、意見の相違を乗り越え、コンセンサスを形成しているかが重要であることが分かったのだ。

集団には「文化」という暗黙のルールがあった。お互いの話を頻繁に遮るギスギスしたグループもあれば、打ち解けて会話をするグループもあった。なんでも専門家に頼って物事がトップダウンで決まっていくグループもあれば、自由に何でも言い合えるグループもあった。最終的に判明したのは、グーグルでチームのパフォーマンスを最も左右する要素の一つは、いわゆる「心理的な安心感」、つまり安心してリスクを取り、間違えることのできる能力だった。

グーグルの調査結果は、カーネギー・メロン大学、MIT、ユニオン・カレッジの心理学者たちが二〇〇八年に実施した調査の結論を裏付けるものだった。高パフォーマンスを上げるチームには高い集団的知性があること、そして集団的知性を動かしているのは個々のメンバーの貢献だ、という見解が示されていたのである(59)。

非常に優秀なパフォーマンスを上げたチームでは、誰がリーダーになるかが流動的で、メンバーそれぞれの相対的な強みを生かし、「開放性」あるいは「会話の順番を平等に分配する」という規範を促進していた。こうした事情は、チャールズ・デュヒッグが『ニューヨーク・タイムズ』紙の「完璧なチームを追求することでグーグルが学んだこと」という記事に詳しい。メンバーのひとりが支配的なチームでは、パフォーマンスが悪化することが多かった。

二〇〇八年の調査結果についてグーグルが確認できた、優秀なチームの特性がもう一つある。それは、メンバー全員に平等に話す機会が与えられ、チーム内のムードや個人的な物語、他のチームメイトの感情に対して感受性の高いメンバーで構成されているチームほど高い成果を上げていたという事実だった。グーグルは、データを重視して自社のパフォーマンスを慎重に検討した結果、こうした特徴、すなわち高い「平均的な社会的感受性」を持っていることが最も重要であることを再認識したのである[60]。

データの収集と分析の両分野で世界最先端にいるとみなされ、「世界中の情報を整理し、世界中の人々がアクセスできて使えるようにすること」という使命を表明しているまさにその企業が、最も高度な訓練を受けた分析的頭脳と最も強力な技術ツール（グーグルの従業員がそのいずれをも備えていることは間違いないが）を備えていてもなお、最大の成功要因は、リーダーシップや人間関係に関するソフトスキルといった人間的要素に注意を払うことにあったのだ。この事実こそ文系と理系を組み合わせた時の力の強さを証明する魅力的な証拠かもしれない。

「プロジェクト・アリストテレス」で明らかになったように、一見曖昧な「ソーシャルスキル」は企業に圧倒的な価値をもたらす。アメリカ労働省が管理している「一九九八年職業情報データベースO＊NET」は、ソーシャルスキルを「①調整力、②交渉力、③説得力、④社会的知覚力」と定義した。

ハーバード大学教育大学院の経済学教授、デイビッド・デミングは、チームの成果物に目を向けてソーシャルスキルの利点を評価した。特定の知的作業を仲間よりもうまくできる労働者の方が同僚たちよりも「作業の交換」が上手かった。従来、作業の交換には調整コストがかかると見られてきた。しかしデミングは、「ソーシャルスキルが一種の社会的な〝反重力〟として作用し、作業の交換コストを減らすので、労働者は効率的に専門化し、なおかつ共同生産しやすくなる」と主張する。要するに、ソーシャルスキルはチームワークの車輪の潤滑油となり、協力のためのコストを引き下げる、というわけだ。

テクノロジーが定型的な業務《ルーティンワーク》をこなすようになると、そうではない、個別的で複雑な仕事が残される。我々は一人一人がその仕事をこなすためにさまざまな情熱や能力を蓄えている。この世界では、チームワークと作業の交換、そうした活動を通して身に付くソーシャルスキルが次第に重要になっている。リベラルアーツを通じて、我々は自分自身について知り、人であることの意味、そして共感とは何かを学ぶ。作業の交換と協力、その結果としての生産性の拡大を促すのはこのようなソーシャルスキルなのだ。

我々がデータを集め、新しいツールを管理し、チームを構築する過程に潜んでいるギャップと先入観をどう説明するのか。これを考えるには、理系を補足する文系の重要な役割を吟味する必要がある。

第3章
技術ツールの民主化

The Fuzzy and The Techie

The Democratization of Technology Tools

私がスパイアの創業者、ピーター・プラッツァーと初めて会ったのは、サンフランシスコのカフェ「セクスタント」だった。スパイアは小型人工衛星を低価格で打ち上げるスタートアップ企業だ。店名の「セクスタント（六分儀）」とは、船乗りが星を見ながら航海をする時に使っていた道具のことで、プラッツァーとの出会いには格好の場所のように思えた。全地球測位システム（GPS）技術が登場したにもかかわらず、航海中の船舶を追跡する際に生じる「すき間」がなかなか埋まらない。スパイアはそれを埋める小型衛星を展開している。海上での認識能力が改善すれば海賊、違法漁業、人身売買を減らすことができる。

ただし、船舶の追跡はスパイアの有望な活動領域の一つに過ぎない。人工衛星に搭載された感知装置は、大気中を飛び交う電波の曲がり具合を測定し、天気予報の精度を上げるのに役立っている。こうした「探測」、つまり大気圧や温度といった生データの収集は天気予報モデルに組み込まれ、人々が海辺で過ごす休日やスキー旅行を計画するときに役立つだけでなく、農業や保険業といった産業への情報提供にも貢献している。

ピーターとスパイアの創業チームの存在は、いかに多くの技術ツールが身近なものになったかを示す一つの証である。今やあらゆる職業や立場の人々が、シリコンバレーでのこれまでの常識や期待をくつがえして、解決策が切実に求められている問題に対して、数多くの刺激的なイノベーションを開発して答えを示す、その先頭に立てるようになった。

人工衛星は、なかでも最も高度で近寄りがたい技術ツールの一つだ。つくるのに莫大な資金が必要なことはもちろん、打ち上げるにはロケットが必要で、大きさや重さにもよるが、打ち上げ費用だけでも五五〇〇万ドルから二億六〇〇〇万ドルぐらいはかかる。[1]結果として、宇宙から地球上の状況やさまざまな出来事を監視する我々の能力は今や相当高くなったのだが、人工衛星を次々と打ち上げるには、コストの制約をはじめとする数多くのハードルが残っている。

衛星からの情報をリアルタイムに取得するコストも、需要に対して供給が比較的少ないために、その能力から恩恵を受けられる多くの企業や組織にとってあまりにも高い。スパイアが従来よりもはるかに小さくても強力なツールとなる人工衛星をつくれたのは、必要な最高度の技術部品《コンポーネント》の多くを非常に手頃なコストで、しかも比較的容易に組み込めたからだ。

こうした小型衛星をどのように使い、新しい種類のデータを集めて大衆化すれば、これまではとうてい解決できなかった数多くの難問の解決に役立てられるのか。「行方不明になる船舶」という問題を例に考えてみよう。

航海術が誕生して以来、海は人類をたぶらかす魅惑的な存在で、人類はその手招きに惹かれて水平線に向かい、それを乗り越えてきた。しかし、この地球上にどこまでも広がる海は、うっとりするのと同じくらい不安定な存在だ。大揺れに揺れる暴風雨にさらされながら航行する船の追跡は、昔から厄介な問題だった。

古くは紀元前三一年、古代ローマの軍人アグリッパ将軍がギリシャ北西岸のアクティウム岬（現在のギリシャ）の沖で、アントニウスとエジプト女王クレオパトラの連合軍を攻撃し、アウグストゥス・カエサルがローマ帝国の初代皇帝になった大昔から、外洋航行船の操縦術は、海軍司令官にとっても、商業船舶の船荷主にとっても非常に難しい安全保障上の問題で、「秘中の秘」とされてきた。(2)

現在、数多くの人工衛星が絶え間なく海を観察し続けているとはいえ、対象範囲にはさまざまな「穴」がある。船舶が行方不明になることも多い。その目的は、ビジネス上のライバルを出し抜くためのこともあるし、悪意で自ら姿をくらますこともある。(3)

朝鮮民主主義人民共和国、あるいは北朝鮮としてよく知られているこの国は、ハリウッドのスタジオの電子メールアカウントに侵入したり、警告なしに大陸間弾道ミサイルの発射実験を行ったりして世界中で物議を醸している。(4) 公海での秘密活動にも関与しており、武器の密輸や麻薬取引が得意分野だ。(5)

国際安全保障の専門家は、二〇一四年七月に、北朝鮮籍の船舶ムドゥボン号が商用船を捕捉していた電波網から九日間にわたって消えてしまったことを知り、不審に思った。(6) 国際海洋法では、船舶は、自動船舶識別装置（ＡＩＳ）として知られるトランスポンダー（自動応答装置）の搭載が義務付けられている。ＡＩＳとは、プログラムされた信号を定期的に送る応答機のことで、外洋での安全確保と追跡に役立つグローバルな通信ネットワークに組み入れられる。(7) トランスポンダーのスイッチが通常切られることはないため、ム・ドゥ・ボン号の場合は不正行為が疑われた。しかも、こうしたことは初めてではなかった。北朝鮮の海軍司令官は昔からそうした行為を繰り返してきた。

おそらく、最も悪名高いのは、全長一五五メートルで九〇〇〇トン以上の貨物を運べる清《チョン》川《チョン》江《ガン》号をめぐる事件だろう。(8) この巨大な貨物船は、北朝鮮の南浦港で建造されて一九七七年に就航し、その後は武器取引、安全規定違反その他さまざまな違反を重ねてきたと言われている。登記上の所有者は平壌のチョンチョンガン・シッピング・カンパニーだ。同社は朝鮮労働党中央委員会三九号室（オーウェル的なニックネーム「三九号室」と呼ばれることが多い）が運営するフロント企業、というのが大方の見方だ。

「三九号室」は北朝鮮政府のために非合法活動に従事してドルや円、ポンド、ユーロといったハードカレンシーを日常的に稼いでいる。基本的に、北朝鮮政府に設立、運営されている非常に高度な組織犯罪シンジケートで、二〇一一年に金正日《キムジョンイル》が死ぬまでは彼の直接の指揮下にあったと言われており、金儲けのため実にさまざまな手段を編み出しては、毎年改良を加えている。

ブルッキングス研究所とミズーリ大学の研究員、シーナ・チェスナット・グレイテンズは、同社がメタンフェタミン（覚醒剤）や世界最高の米ドル札の偽造紙幣（あまりにも出来がよいのでアメリカのシークレット・サービスが「スーパーノート」と呼んだほどだ）の製造から絶滅危惧種の売買、保険金詐欺への関与、模造タバコや偽ブランド品などの製造にまで関与していることを突き止めた[9]。偽のバイアグラまで製造しているという（しかも、『ワシントン・ポスト』紙によると、効くのだという[10]）。

イギリスのシンクタンク、英国王立防衛安全保障研究所の北朝鮮専門家、アンドレア・バーガーは次のように話す。「『三九号室』は非常に重要で、北朝鮮政府の裏金の温床というのが一般的な見方です[11]」。欧州委員会の対北朝鮮実施規則によると、「三九号室」はローマ、バンコク、ドバイなど世界各地にまで活動範囲を広げ、その支局は「北朝鮮の勢力拡大のための資金調達プロジェクト」を推進し、国連の制裁を阻止し、マカオのオフショア銀行を通じて不正な資金を洗浄し、その資金を核兵器製造という国家目的達成のために使っている[12]。

二〇〇九年三月、ソマリア沖の海賊が、老朽化してノロノロ進んでいた清川江号を追跡し、高速モーターボートが周囲を取り囲んだ上で銃とバズーカ砲で攻撃した。映画『キャプテン・フィリップス』で有名になった二〇〇九年のマースク・アラバマ号乗っ取り事件の時とは違い、清川江号は海賊を追い払った。しかし、その攻撃で受けたダメージがひどかったらしく、シリアのタルトゥースに事前予告なしで停泊した[13]。

地中海沿岸、レバノンの北方にあるタルトゥースは、かつて大規模なロシア海軍基地のあった場所で、傷ついた船舶にとってはできれば避けたい寄航港だった。実際、この地域におけるロシア軍最大の駐屯基地があり、旧ソビエト連邦にとっては国外で唯一の軍事施設だった。シリア内戦で国が破壊され、数十万人の市民が亡くなっているにもかかわらず、バッシャール・アル＝アサド大統領率いる過酷な政治体制をロシアのプーチン大統領が支えてきた理由の一つが、この基地を維持するためであったことは間違いない[14][15]。清川江号は、単に修理のために立ち寄ったのではなく、何か裏があるのではないか、というのが、海軍専門家の見方だった。一年後の二〇一〇年二月、再び不明確な理由で黒海を横断していたことを根拠に、ウクライナ当局が清川江号を拘留した[16]。

二〇一三年七月、清川江号はキューバに向かい、アメリカの沿岸からわずか九〇マイル（一五〇キロ弱）の海域まで近付いた。キューバを離れてから一〇日間、船はＡＩＳトランスポンダーのスイッチを切ってしまい、ＡＩＳシステムから姿を消した。その後、メキシコ湾岸から離れ、北朝鮮への八〇〇〇マイルの帰路に就こうとしていた矢先、パナマ運河近くでパナマ共和国当局に止められた。

五日間に及ぶ緊張したにらみ合いの後、パナマ当局の職員が乗船し、厳しい臨検を行った。最初は、大きな船底に二〇万袋の赤砂糖を運んでいるに過ぎないようにみえた。ところが、この船の悪評を知っている検査官が袋の中を探すと、砂糖の中から、ソ連時代の対空ミサイルのバッテリー二台と、分解された防空ミサイル九発、ミグ二一戦闘機二機、そして一五台のエンジンが見つかった。北朝鮮政府は、これらはキューバが古い部品を修理するため北朝鮮に送っていただけだと主張したが、キューバは北朝鮮への武器売却を禁じた国連制裁決議に明らかに違反していると指摘する専門家は多かった[17]。

こうした歴史があったので、それからわずか一年後にム・ドゥ・ボン号が交信を断ったとき、清川江号と同じ不正行為を働いているかもしれないと考えるのは現実的だった。姿をくらましたこの船はキューバから北に、つまりアメリカ合衆国に向かっていた。船長は「方向を見失った」と主張した[18]。メキシコ沖で偶然座礁してはじめて、トランスポンダーのスイッチが再び入った。船体には何も積んでおらず、どのような貨物をこの船が運んでいたのかを知ることは不可能だった。

しかし、武器を容易に積載できたはずの外国主要船がアメリカ沖に秘密裏に近づけたという事実は、発展した海上追跡技術が抱える安全保障上の緊急課題を浮き彫りにした。スパイアの比較的安価な人工衛星は、GPSと画像データも用いて、陸地からの監視システムと宇宙からの信号情報とのギャップを埋めるという追加サービスを提供している。

陸上に設置されたAISシステムでは、地球が湾曲しているために通常は陸地から五〇マイル（八〇キロ）以内の船しか見ることができず、国が自国沿岸の海域を独占的に使用できる二〇〇マイル（三二〇キロ）の排他的経済水域を捕捉できない[19]。しかも、五〇マイルを超えて船舶を追跡する任務を負った人工衛星の測定頻度は、望ましい数をはるかに下回る。別に好き好んでそうしているわけではない。人工衛星の製作と打ち上げには莫大な費用がかかるので無制限に打ち上げるわけにはいかず、監視頻度も限定されてしまうからだ。

実際、船舶は追跡可能範囲から姿をくらますことができ、行方不明になることは日常茶飯事なので、現在どこを航行しているのかを見極めるのはほとんど不可能だ。もしある船が三〇ノットというまともなスピードで航行しているとしても、AISが一度捕捉してから次の捕捉時間までの間に、その船は半径およそ二〇〇マイル以内のどこへでも行けてしまう。大した距離には響かないかもしれないが、船はどの方向へも自由に航行できるので、半径二〇〇マイルということは、一二万五〇〇〇平方マイルの面積を探さなければならない、ということになる。

つまり、現状のシステムでは、清川江号やム・ドゥ・ボン号のような北朝鮮籍の船舶がトランスポンダーのスイッチを切ってしまうと、位置の捕捉がほとんどできなくなるだけでなく、日常業務においても、トラブルに陥った船舶の探索や救助作業が非常に難しくなるのだ。

だが、スパイアなどの企業がつくっている超小型人工衛星（「ナノ衛星」と呼ばれることが多い）は、人工衛星による捕捉対象を拡大するコストも、データを記録するコストもかなり安い。海洋調査の精度は何基の人工衛星が軌道上を運行しているかで決まる。ナノ衛星の費用が下がっているため、スパイアなどの企業が多くの人工衛星を打ち上げても過度なコスト負担にはならなくなっており、企業や政府が高度な信号情報への接続サービスを購入する費用も下がってきた。

スパイアの人工衛星には他の感知装置もすでに搭載され、出現する天候パターンについての良質なデータの提供や違法漁業の厳格な監視といった類の計測も可能になっている。しかもこうした多種多様なデータを会員制サービスとして提供できる。アマゾン・ウェブ・サービス（AWS）のクラウド・コンピューティングとまったく同じである。インドネシアのような、一万七〇〇〇もの島があるような国では、宇宙から定期的にデータが配信されれば、おそらくはそれが同国の海域内での違法漁業を管理する数少ない方法の一つになるだろう。[20]

技術ツールが利用しやすくなった結果、きちんとした教育を受け素晴らしいアイデアさえ持っていれば、誰にでもイノベーションを実現し、解決を要する問題にテクノロジーを応用できる――スパイアはそのことを体現している。創業者のプラッツァーは、伝統的なリベラルアーツ教育専門の大学で学んだわけではなく、大学の教養課程で取得を義務付けられる科学分野の一つとして純粋科学――物理学――を履修したに過ぎない。

STEM（科学、技術、工学、数学）専攻学生を増やすべきかという論争では、実はリベラルアーツ教育の正式科目の中には純粋科学（物理学や数学、生物学、地質学など多くの科目）が含まれている点が忘れられがちだ。理系は理系、文系は文系という誤った二分法が広がった結果である。しかし、リベラルアーツ的アプローチにはＳＴＥＭ教育とは本質的な違いがある。それは、厳密に職業に直結するかどうかで学問や研究を捉えるではなく、人文学や社会科学のコースも取るよう促されるということだ――これは多くのリベラルアーツ専門の大学で義務化されており、学生たちは自分の専門以外の領域についても理解を深めることができる。もっと根本的には、学んだことをどう生かすかを決める際には自分の情熱に従うよう促されている。

プラッツァーは物理学者として、自分の科学教育を宇宙への情熱に生かすことを選んだ。そして友人たちにもスパイア社の幹部にも、明らかに筋金入りの理系人間《テッキー》がいて、たとえば電気工学の内容については細かい点まで深く理解している。スパイアが提供する新しいデータの応用分野について説明できる人たちもちょうど同じ数だけいる。

テレサ・コンドルをはじめとする経営企画部の現スタッフは、国際貿易や国際開発を学んできた。違法漁業や人身売買などについても必要な知識を身に付け、深刻な課題を解決すべく会社のデータを積極的に利用している。具体的には、貿易の流れが時々刻々でどう変化するかを読み取り、天候パターンが市場にどう影響するのかを理解するといった分野で、今まさに成長しつつあるこの市場に同社の製品を定着させようと努力している。

忘れてはならないのは、テクノロジーの進化と、ますます強力になる監視機器のコストが急速に下がった結果、いよいよ芽吹こうとしている商用宇宙産業の進歩が実現性を帯び、以前ならロケット科学や宇宙技術には無縁だった個人にも道が開けた、という点だ。店頭で販売している製品を使って小型の人工衛星をつくり、従来よりもはるかに安い費用で打ち上げて、あらゆるアイデアや市場に応用できそうなデータを集められるようになった。

たとえば、コンドルの国際貿易についての知識は、コロンビア大学国際公共政策大学院とロンドンビジネススクールで学んだことが基礎となっており、その後シティバンクの南米貿易シンジケーション・デスクを運営した経験が、スパイアに入社後、人工衛星のリアルタイム・データの価値を理解して船舶の位置を把握するという現在の業務に役立っている。勤勉で生き生きとした理系人間《テッキー》たちのチームが細かい情報を集める一方で、コンドルがバングラデシュ駐在中に米国際開発庁との間で締結した出荷契約の経験が、人工衛星に何ができるかを考える際に役立った。人工衛星の監視可能範囲が広がったことで、豊富なデータを収集することの価値は高まった。しかしその応用範囲を把握するには、世界中のさまざまな状況や出来事に対する深い考察が必要だ。そしてこうした専門家の多くは、テレサのような文系人間《ファジー》だ。

スタンフォード大の基準では、プラッツァーは理系人間と呼ばれるだろう。しかし、彼は科学を専攻していたものの、科学的スキルとソフトスキルを両方身に付けるためにリベラルアーツ科目も学んでおり、学生時代には仕事に直結するような実学を追求しなかった。今日、プラッツァーはハイテク分野で最高峰の一人に数えられるイノベーターだが、彼が本当に素晴らしいのは、文系人間と理系人間の間に身を置いて宇宙からのデータをこれまでになかったさまざまな方法に応用した点である。

スパイアのような会社が成り立つのは、人工衛星を組み立てるのに比較的小さくて安い既製の部品が一般の消費者にも手に入るようになったからだ。どれも特別仕様で開発する必要がなく、従来よりもはるかに安い費用で小型の人工衛星の能力を大幅に向上できる[21]。かつての人工衛星は、たいてい小型車並みの大きさで、費用は数百万ドルかかったものだが、スパイア社製はワインボトル程度で、組み立てにも数百ドルしかかからない。二〇一五年にプラッツァーがウェブニュース『スペースニュース』に語ったところによると、「これは宇宙のiPhone化です。ソフトウェアを取り換えることで、遠く離れた地球上から人工衛星の活動を変えられるのです[22]」。イーロン・マスクのスペースX社が提供するロケット発射サービスなど、民間宇宙飛行サービスも急速に発展しており、人工衛星を軌道に乗せる費用も大幅に下がった。ナノ人工衛星はかなり小さいので、大型ロケットを間借りすれば、宇宙までの航行を比較的低予算で実現できる。

スパイアの成長は目覚ましく、二〇一六年にはおよそ二〇基のナノ人工衛星を運行していたが、ゆくゆくは一〇〇基を超えるネットワークを展開する計画だ[23]。実際、起業から成功へと向かう努力には常にリスクが伴うものだが、アイデアへの熱い思いを持った人が新しい技術ツールを気軽に使いこなせれば、トップクラスのイノベーターになる可能性は文字通り無限大にある。それでは、現在手に入る素晴らしいツールのいくつかに目を向け、テクノロジーに関する本格的な訓練を受けていなくても、これまでにないような方法でそれらを組み立てて画期的なイノベーションを生み出した事例をみることにしよう。

1 技術的な基本要素《ビルディングブロック》を組み立てる

読者の皆さんが次回、ウーバーのアプリを使ってタクシーを呼ぶときには、そのサービスがどのような要素でできあがっているかを考えてみてほしい。ウーバーは、自動車の位置、道路の混雑具合、目的地までの経路について莫大な量の情報にアクセスしなければならないが、それだけのデータを保有する記憶容量を自前でそろえる必要はなかった。自社のデータセンターを手頃な値段で建てられるようになるまでは、アマゾン・ウェブ・サービス（AWS）を使うことができたからだ。

AWSは最先端のクラウド・コンピューティング・サービスの一つで、現在のサービス料金は二〇〇〇年のときの一〇〇分の一だ。ユーザーはドライバーやバイクのライダーとの交信にテキストメッセージを使っているが、ウーバーは自社システムを開発する必要がなかった。ここに来て急速にブームとなっているもう一つのウェブ・サービス・プロバイダー、トゥリオからの技術を使えるからだ（なおトゥリオは二〇一六年六月に株式上場を果たした[24]）。

自前のマッピング技術ももっていない。グーグルマップがあるからだ。ライダーからの予約確認メッセージの送信には、クラウドメール配信サービス業者センドグリッド社を使っている。ウーバーの決済関連を一手に引き受けているのが、オンライン決済会社ブレインツリーだ。

こうした基本要素《ビルディングブロック》は、革新的な製品やサービスを生み出す人々であれば、今や誰でも利用できる数多くの事例のほんの一部に過ぎない(25)。今日、ほとんどのスタートアップ企業の舞台裏を覗いてみると、技術的な基本要素を十数個組み立てた製品を目にするだろう。しかもそれらは独自開発によってではなく、素晴らしく革新的な方法で組み合わせてできたものばかりだ。すべてを一人でできる「フルスタック開発者」は、今や「フルスタック統合者《インテグレーター》」に取って代わられた(26)。

偉大なチェス・プレイヤーは、チェス盤を一揃いの駒がただ並んだものとは考えない。駒同士が互いに連関し合って戦略的なフォーメーションをつくり出す「駒のチャンク（情報のかたまり）」と見ているのだ。起業家も同様で、自分が使えるさまざまなサービスを組み合わせて会社をつくり上げている。「チャンキング」とはもともと、脳内での情報処理方法に関する認知心理学用語で、我々が日時や電話番号、チェスをするときの手順などを一つのかたまりとして覚えて複雑さを大幅に減らすことを意味している(27)。技術サービスと組み立て式部品は、それぞれがイノベーションの難易度を大幅に低下させた。

二〇一二年、私は『フォーブス』誌に、シリコンバレーには最もワクワクするような技術イノベーションの鍵がもはやなく、「イノベーションは場所で決まるのではなく、人で決まる……シリコンバレーは今も昔もイノベーションの要《かなめ》、重力のような存在だ。しかし、あの閉鎖環境は次第に意味がなくなってきている。『接続《アクセス》クラス』が『資産《アセット》クラス』になろうとしているからだ[28]」と主張した。

技術セクターは、かつて比較的少数の人たちしか利用できなかった(接続クラスだった)し、技術イノベーションを引っ張るのは主に理系人間たちだったが、今や本当に誰もが――リベラルアーツのバックグラウンドの人も含め――デジタル・ワールドに参加でき、いろいろなツールをこれまでにない方法で組み合わせて正真正銘のイノベーションを切り開いている。

実際、ツールの多くは無償で、ウェブを通じて簡単に手に入る。さらに、基盤となる技術インフラのイノベーションは続いており、性能の増したツールがますます利用しやすくなっており、文系人間がさまざまな問題に遭遇しても、それらを解決するためにツールを利用できる機会が豊富にある(資産クラスになった)。

カグルとGJPがどのようにして最高品質のデータ分析を利用可能にしているかについては第二章で紹介した。集団の知を利用するこの種のサービスは他には例がない。また、フォレスター・リサーチは二〇一五年に発行した「フォレスター・ウェーブ：ビッグデータによる予測分析」の中で、IBM、DELL、マイクロソフト、オラクルなどビッグデータのソ

リューション・サービスを提供する一三社を紹介している。(29)

今や多くの技術がますます使いやすくなる中で、データ分析はそのほんの一例に過ぎない。技術の民主化を先頭になって推し進めてきたのは理系人間たちで、アーキテクチャーとインターフェースが簡略化した当然の結果としてこの民主化は進んできたのだが、テクノロジーを利用しやすくする先端的なイノベーションの中には、実際に文系人間が切り開いてきたものもある。

2 プロトタイピングから顧客管理まで、サービスを賃貸する

今日、テクノロジーに立脚した製品やサービス――要するに、ありとあらゆる製品――を提供するに当たって最も基本的な要件は、ウェブサイトをつくることだ。ほんの数年前まで、HTMLを学ぶかウェブ開発者を雇おうと思えば、かなり高額なコストがかかるというのが常識だった。今日は、無料、ないしは手頃な値段の既製品ツールが大量に出回り、まったくの初心者でも美しくデザインされたサイトをつくることができる。必要なのはただ、テンプレートを選び、それをクリックして、写真のカルーセルパネル(多数の画像を回転させるように次々に表示させる方法)やショッピングカートといった事前に設計された要素をドラッグしてそこに入れ、ある程度自分らしさを出すだけだ。

サービス会社はドメイン名の購入はもちろん、ホスティングとeコマース・サービスから、顧客トラフィック（アクセス量）サービスのデータ分析とのスムーズな統合に至るまで、サイトの継続的な管理の提案もしてくる。カスタマイズのレベルを上げたければ、プラットフォームを使ってプログラミングし、専門的なプログラマーを雇ってもよい。それに、フリーランスのウェブ開発者も世の中にはたくさんいる。

製品の設計と創作には、機械工学士《メカニカル・エンジニア》、工業デザイナー、グラフィック・アーティスト、インタラクション・デザイナー（製品とユーザーとのインターフェースのあり方をデザインする）など、あらゆるタイプのデザインについてそれぞれ習熟したデザイナーとエンジニアを、ビハンス社、ドリブル社、フレイマー社といった多種多様のプラットフォームを通じて雇えばよい。三社ともデザイナーを抱え、プロジェクトに必要な人員をそろえているからだ。

ビハンス社の共同創業者、スコット・ベルスキーは、二〇一二年に同社をAdobeに売却したが（売却金額は一億五〇〇〇万ドル以上と報じられている）、設計の専門家でもなければ、ビハンス社のプラットフォームをつくるテクノロジーの専門家でもない[30]。ただ、コーネル大学の学部生の時に「デザインと環境分析」と呼ばれる学科を専攻し、そこで履修した選択科目を通じてデザインに強い関心を持つようになった。さらにハーバード・ビジネススクールの学生時代にテレサ・アマービル教授の下で創造性の科学を研究した。

二〇〇六年に、スペイン人デザイナーのマティアス・コレアとパートナーを組んだ。コレアはバルセロナにあるマッサーナ美術学校から美術で文学士号を取得している。二人はデザイナーたちの職業上のニーズについて、ある皮肉な事実に気がついた。ベルスキーの回想によると、「多くの企業と、書籍と、会議は創造性、つまりインスピレーションとアイデアのために存在していました。ところが奇妙なことに、創造的な人たちは『創造性とアイデアをもっと欲しい』とはまったく思っていないのです[31]」。むしろ、自分たちの仕事を世の中に売り込み、適切な評価を受け、高い報酬を得るための明確な方法を求めていたという。

「誰が何をしたのかについての情報を整理すれば、売り込む側は自分の仕事を披露しやすくなりますし、探している側は求める人材を以前よりもずっと簡単に見つけやすくなります。透明性は、実力主義に向けた必要不可欠なステップです……『あの人がこんな素晴らしいことをしている』ことを知れば、自分にも同じことをしてくれると期待してその人を雇えるじゃないですか。しかも、彼らの偉大さを知れば、報酬を多く支払いたいと思うはずです」。こうした見方があったからこそ、ビハンス社はトップクラスの才能を引きつけ、八〇〇万を超える公開デザイン・プロジェクトを主催するプラットフォームに成長できた[32]。

フレイマー社は、アムステルダムに設立されたばかりのアーリー・スタートアップ企業だ。文系人間のデザイナーと理系人間のウェブ開発者を集めてつくった協同コミュニティーを重視しながら、ビハンス社とは別のアプローチで世界最先端を走っている。オランダのハーグを拠点とする別のスタートアップ企業が開発し、幅広く利用されているデザイン・ツール「スケッチ」。「フレイマー」のユーザーはこのソフトを取り込んでデザインをビジュアル化し、コードを書くことができる[33]。「フレイマー」を使うと、同社の名付けた「オートコード」を使って右側のスクリーン上にある画像を操作しながら、左側のスクリーンで画像のベースとなっているコードをその場で更新できる。つまり、「スケッチ」の中でデザインをつくり、それを「フレイマー」にエクスポートすると、自動的に関連するコードが作成される。コードを操作すると画像で変化を確認でき、画像を操作するとコードがどう更新されるかを見られるわけだ。

今やトルコのイスタンブールを拠点とするゼプリン社をはじめ、視覚映像から自動的にコードをつくるラピッド・プロトタイピング（製品開発において、3Dプリンターなどを用いて試作品を短時間で製造すること）ツールは世界に数多く出回っている。こうしたツールのおかげで、フロントエンドのウェブ開発やアプリ開発の一部は、コピー・アンド・ペーストと同じくらい簡単になった。

試作品の製作もますます簡単に、しかも安くなってきた。起業家を目指すときの最初の障害は、自分で決めた道を突き進みながらも、コンセプトの正しさを証明するか、投資家の関心を引きつけるまでは別の仕事を続けなければならない、という点だろう。今日では、実際の試作品やウェブ製品の試作品を、短期間で、コストをあまりかけずに開発できるツールが豊富に手に入るため、製作を軌道に乗せるのが以前よりもはるかに容易になっている。

iPhone向けアプリをゼロからつくった七〇歳になる父の話を再び紹介しよう。彼は、まず自分のつくりたいものを紙ナプキンの上に描き、次にアップルのプレゼンテーション用ソフトウェア「キーノート」を使って、ナプキン上に描いたたくさんの絵を画面ごとに示す包括的な説明書に描き直した。次に、アプリに必要な基本的なコマンドを割り出し、自分が何を学ばなければならないかをウェブ上で読み込んだ。コードの一部は独学で学んだが、難解だと思った箇所は、インドに住むプログラマーと契約して協力を仰いだ。かなり詳細なアプリの設計図とワイヤーフレームを作成しておいたので、すぐに低コストで組み立てることができた。自分が解決しようとしている問題とユーザーがどう使うかを詳細に確認すると、プログラマーには論理立てて、デザイナーには物語仕立てにして説明した。最も難しい課題は、着想を得ることだった。

実物の試作品をつくりたいと思う起業家であれば、急速に進化している3D印刷技術を使えば、製品の設計図を電子的にプリンターに送信し、プラスチック、金属、セラミックスなど、プリンターに合った範囲の素材で試作品をつくることができる。設計図のインプットはコンピューター支援設計ソフトウェアを使えばよい。使い方は非常に簡単に学べるが、もちろんこの作業自体も下請けに出せる。

オランダで起業したシェイプウェイズ社は、デザイナー紹介市場を立ち上げるとともに、製品クリエーター向けの「未来の工場」となる3D印刷を提供している。[34] この工場では、産業規模の機械が実物素材を飲み込み、圧縮して、細いノズルから極端に薄い層を排出し、それを積み重ねるようにして必要な物体をつくり出していく。今や家具から楽器、家庭用照明器具、ドローン用備品、建物用の組み立て式建材まで、ありとあらゆるものが3D印刷されている。こうした3Dプリンターは、デジタル・ビットで書かれた設計図を非常に薄い原材料の層に変換する。そしてこの産業はすさまじい勢いで成長している。3D印刷業界は、関連事業も含めれば二〇二五年までに五五〇〇億ドルもの経済規模に達していてもおかしくないと、マッキンゼー・グローバル・インスティテュートは予想する。[35]

3D印刷とまったく同様に、ケンタッキー州レキシントンに拠点を構えるメイクタイム社は、全米に存在する一定要件を満たした工場の余剰生産能力を用い、需要に合わせて部品や試作品をつくれるコンピューター数値制御（CNC）機械を製品化した。創業者のドルーラ・パリッシュは、シカゴのデポール大学で心理学を、サヴァンナ芸術工科大学と南カリフォルニア建築大学で建築を学んだので、デジタル・ファブリケーション（3Dプリンターやレーザーカッター等デジタル工作機器を用いたものづくり）と、十分には使われていない資産を活用するシェア経済の魅力の両方を理解していた。[36]こうした企業は、設立したのが理系人間か文系人間かにかかわらず、誰にでもモノづくりができる環境を広げてくれる。

革新的なアイデアを持った人は、既製品の電機部品を使えば、あらゆる電気製品の試作品を安上がりにつくることができる。アルデュイーノ社は、オープンソースのプラットフォームを通じて、回路基板《サーキット・ボード》などのハードウェア用部品やハードウェアを制御するコード付きソフトウェア・ライブラリーを提供している。同社の部品は、電気工学の教育を受けていない人でも実に簡単に組み立て、プログラミングできる。

たとえば、チャド・ハーバートは、寝ている我が子を監視しようと、「アルデュイーノ」を使って低コストで簡単に持ち運べる機器をつくろうと決心した。彼の息子はてんかんの一種にかかっており、睡眠中に時々発作を起こすのだ。既製品のモニターはおよそ四〇〇～五〇〇ドルかかるが、ハーバートのつくったものはせいぜいその一〇分の一で済んだ。また既製品は大きくて扱いにくく、持ち運びが難しかった。ハーバートはただ、「アルデュイーノ」のライブラリーで手に入るデザインとコードを、自分のニーズに合わせて修正して機器を組み立てればよかった。(37)

ハーバートはサッカーのコーチで、子を思う一人の父親だが、理系人間ではない。サウスイースタン・ルイジアナ大学でジャーナリズムを学び、現在は、ルイジアナ州バトンルージュで編集者をしている。(38)彼は素人でもハードウェアでさえつくれるという象徴的な事例である。

こうしたツールをつくることに興味があり、どうやって使うのかを知りたいという情熱さえあれば、必要な装置を備え、教育や指導を気軽に受けられる作業空間「ハックスペース」（世界中の都市に次々とできている）を誰でも利用できる。

たとえば、「テックショップ」は、金属加工用ツール、レーザー切断機、エレクトロニクス実験室、３Ｄプリンティングをはじめとする、数百万ドル相当の製品製造用装置の利用や教室を七つの州で展開している。月会費の一五〇ドルを払うと、種々のプラットフォームが我々の中にある「モノづくり魂」を引き出してくれる。もちろんメイクタイム社に設計ファイルを送れば、誰もがクラウドから必要なすべてのツールを入手できる。「私たちはただ、誰でも利用できるアメリカ最大の機械工場になりたいだけなのです」。パリッシュは分散製造のデジタル市場を指してこう言う[39]。

試作品をつくるために有益なもう一つのツールは、簡易映像化技術《ベーシック・ビデオグラフィー》だ。革新精神に富む人々は、最も難しくて手間のかかる段階に進む前に、製品がどう動くのかを示すビデオを製作する。

ドロップボックスの創業者ドリュー・ヒューストンは、ドロップボックスに命を吹き込む高度なコーディングを本格的に始める前に、自分のビジョンを表現したビデオをつくってユーザーや投資家候補の人たちに見せた。ビデオでファイルシェア・サービスの基本機能を示したところ、彼のサイトには数十万人ものビジターが訪れ、発売前の製品に興味を示した人々の数が一晩で五〇〇〇人から七万五〇〇〇人に拡大した[40]。当時はまだ「ナノサティスファイ」と呼ばれていたスパイアも同じで、クラウドファンディング・サイトの「キックスターター」にビデオを投稿して当初の開発資金を集めた。六七六人の個人から一〇万六三三〇ドルが集まったため、このスタートアップ企業は、最初の人工衛星を組み立て、打ち上げるための部品を集めることができた。そして、文字通り「離陸」できた[41]。

誰もがアメリカを代表する映画監督のマーティン・スコセッシを目指すわけではないが、フリーランスのビデオカメラマンは世の中にたくさんいるので、クラウドファンディングのプラットフォームと連携すれば、簡単な物語をつくってアイデアを実現するための資金集めを誰でも始められる。

試作品が出来上がると、消費者の反応を試すサービスも簡単に使える。たとえばアップルが所有する「テストフライト」は、アップルのiOSシステム用のモバイルアプリをつくった人々に、ベータ版のユーザーからのフィードバックを返すサービスを提供している。「グーグル・プレイ」によるネイティブアプリ（端末内の演算装置が直接に演算処理を行う（実行する）タイプのアプリで、ダウンロードして使う）の「ベータテスター」もそうしたプログラムの一つだ。

こうしたサービスは製品開発で「リーン・スタートアップ」アプローチの採用を促す。リーン・スタートアップとは、連続起業家《シリアル・アントレプレナー》のエリック・リースがベストセラー『リーン・スタートアップ』（日経BP社）で有名にした開発手法だ。実用最小限の製品に対する初期採用者《アーリーアダプター》からのフィードバックを通じて、クリエーターは製品を構築し、計測し、学習しながら完成に近づけていく[42]。製品の初期バージョンに関するユーザー調査と消費者テストを気軽にできるサービスは他にもたくさんある。

オプティマイズリー社の例を紹介しよう。同社は、たとえばウェブサイトのショッピングカートのデザインについて二つのバージョンをつくって消費者の反応を比較する「A／Bテスト」や、同時に多数のバージョンで試す「多変数テスト」をイノベーターたちに提供している。誰もがウェブ、iOS、あるいはアンドロイドのインターフェースを見ながら、コードを書かずにこれらを編集し、その場その場で変数を変え、変更分についてA／Bまたは多変数テストをできる。アプリケーションの八〇％は一度使ったら削除されるので、オプティマイズリーは、誰もが有効な製品を開発できるように急速なテストと分析を奨励している。

会社の業務を支援するインフラを構築したいのなら、利用できるテクノロジー・サービスは他にもいくらでもある。AWSをはじめとするクラウド・コンピューティング会社は、大量データの保存、管理、検索をほんの数年前よりもはるかに低料金で提供している。アマゾンとグーグルの草創期の投資家で、シリコンバレーで最も成功したベンチャーキャピタルの一つ、クライナー・パーキンス社によると、一ギガバイト当たりの保存費用は、二〇一〇年のおよそ二〇セントから今日では約五セントへと四分の一まで下がった[43]。もっとマクロな視点で眺めると、二〇一五年七月時点で、YouTubeは、ユーザーが毎分四〇〇時間分、年間でおよそ二億一〇〇〇万時間分のビデオをアップロードしていると発表している[44]。

控えめな見積もりをしてみよう。ビデオ一分当たりのファイルサイズはおよそ四〇メガバイトなので、毎年YouTubeは五億ギガバイトのデータを受け取る計算になる。要するに、保存コストがほぼ四分の一になったことで、親会社のグーグルは年当たりで最高七五〇〇万ドル節約できるはずだ。そして、この試算では同じ情報が何度も保存されることを考慮していないので、実際の費用削減効果はさらに大きいことになる。支払いを受け、在庫を管理し、物資を出荷し、販売活動を行い、顧客管理を維持するといったサービスを提供する企業はどこも、スタートアップ企業の支援業務獲得競争に必死になっている。

グーグルの「アドワーズプログラム」(二〇一八年に名称変更)とフェイスブックの広告をはじめとする強力なマーケティングや広告のツールは、かつてよりもはるかに精度の高いサービスでイノベーターが見込み顧客を獲得する武器となっているし、「Pinterest」や「インスタグラム」といった新興のソーシャル・メディア・ツールは、消費者トレンドを深く読み取るための有益なヒントを起業家に提供している。マーケティング能力を高めるこうしたツールは、長く文系人間やビジネス・マネジャー向けに設計されてきた。しかし現在のツールにはもっと重要な意味合いがある。今やコードすら誰にでも書けるようになっているという事実だ。

3 コード学習の民主化

ウェブベースの製品やサービスをゼロからつくる方法、つまり必要なコーディングをマスターするところから始めたいという人々のために、まったく新しいタイプの教育用プラットフォームが登場し、ここ数年で、初心者がどのコーディング言語でも素早くマスターできるようになった。かつては、「プログラマーになる」と言えば、ゼロと一が並んだバイナリーコードを書き、電子電流と電圧を制御して物理的要素を操作できる人のことを意味したが、ベーシック、C言語、C＋＋言語といった高級コーディング言語が登場して、コーディングが言語を使用するプロセスに転換し、JavaScriptやRuby、Pythonといった読みやすいプログラミング言語が次第にできあがっていった[45]。

ロシア語と英語では使用する文字あるいは構文がまったく異なっていても元の意味が共有できたり、グーグル翻訳などのその他のオンライン・ツールが一つの構文から別の構文へとテキストを翻訳できたりするのと同じく、コンピューター・プログラムの世界も次第に汎用化している。ロシア語と英語のどちらかを話せるのかよりも重要なのは、話す言葉の背景にある意味と内容だ。それと同じように、プログラミング言語のJavaかRubyのどちらでコード化するのかといったことよりも、ロジックの中身とどのような問いを発するか、そしてどう対処するかの方が重要なのだ。

かつてはプログラマーがゼロからコードを書かなければならなかったが、今ならGitHubがある。これは開発者と利用可能なレポジトリー（ソフトウェアの機能や仕様を格納しておくシステム内の小さなデータベース）が集まったオープンソースのコミュニティーで、十分にテストされたライブラリーやまとまったコードの宝庫を提供し、ユーザーはそれらを「フォークする」、つまりコピーし、それらを元に開発を進めることができる。また、以前ならエラーのチェックにかなりの時間をとられたものだが、今は「サブライム・テキスト」をはじめとする編集用プログラムが、コーディング用のスペルチェックに相当する、色で識別可能なフィードバックと編集用ガイダンスを提供してくれる。

同じように、「ルビー・オン・レイルズ」などのWebアプリケーション・フレームワークは「設定より規約」として知られる設計思想を採用してユーザーの利便性を高めている。[46]こうしたフレームワークはデータベースとの統合といった共通タスクを行うための「規約」を標準化する。開発者が独自にコードを「設定」しようとするとRubyは二〇行のコードを必要とするが、ルビー・オン・レイルズは、開発者に「規約」の利用を認めることで、標準的なタスクの実行を極端に容易にし、非常に信頼性の高い形で、そして過去よりも安全に必要なコードの行数を二行まで縮小させることに成功した。こうしたフレームワークはRubyに限られているわけではない。むしろ、ほとんどすべての言語にフレームワークがある。「ジャンゴ」は、Python向けのWebアプリケーション・フレームワークで、「エクスプレス」はJavaScript用のフレームワークとして人気がある。

YouTubeは「猫動画」で有名といってさしつかえないだろうが、同時にほぼすべてのプログラミング言語に関する貴重なチュートリアル（指導）動画も提供している。値段はわずか三秒分の広告を見るだけだ（しかもYouTubeの視聴者は広告のスキップを選択できる）。

もっとまとまった指導を受けたいなら、短時間で非常に効果的な講座を無料で受けられるカーンアカデミーがよく知られている。iPhoneアプリを開発するために、アップルは「プレイグラウンド」と呼ばれるコード学習アプリを提供しており、これは誰でも利用できる。プレイグラウンドには「スニペット（切り抜き）」のライブラリーと「クイックタイプ」がある。スニペットは、特定の種類のタスク向けに用意されたひとかたまりのコードで、「クイックタイプ」は直観的にコーディングをできるようにするためのキーボードだ。アップルのプレイグラウンドは、基本的な「ハウツー的」指導をアップルのウェブ上でも読みたい人向けに、複雑なアプリケーションを構築する手っ取り早い方法を提供する。[47]

大規模オンライン公開講座（ＭＯＯＣｓ《ムークス》）は、大半のコンピューティング言語だけでなく、技術革新のあらゆる側面についての講義をすべて無料で受講でき、多くのコースがアイビーリーグの教室での授業から直接配信されている。実際、ＭＯＯＣｓで最も成功した民間企業の一つコーセラ社のＣＥＯ、リック・レビンは、イェール大学の学長を二〇年にわたって務めた。[48]

その他の民間教育機関、たとえば、第一章で紹介したプログラミング学習プラットフォームの「コーデカデミー」は、コロンビア大学で政治学を専攻していたザック・シムズらによって共同設立され、コーディングのプロセスを細かく分けることで、オンラインでも簡単に理解できるように工夫して「世界中にコードの仕方を教えて」いる。受講生は、『タイム』誌が「世界でベスト五〇に入る」と評価した同社のウェブサイトを通じて対話方式で学ぶことができる。[49] 世界中で二五〇〇万人以上の学習者がこれまでコーデカデミーを利用してきた。

オレゴン州ポートランドに拠点を置くツリーハウス社は、月謝二五ドルでコーディングの仕方を教える詳細なビデオを数千時間分提供している。一九〇カ国で一八万人を超える学習者が、一日当たり三〇分で専門的技能《テクニカル・スキル》を学んできた。自社の従業員が能力アップを図り、しかも複数のスキルを習得して、常に変化し続ける技術《テク》ツールを使いこなせるようになるために、多くの企業がこの種のサービスに頼っている。ツイッター、Airbnb、ＡＯＬなどの企業は「ツリーハウス」を使っている。[50]

イェール大学の社会学を専攻していたマシュー・ブライマーが共同設立したジェネラル・アセンブリー（ＧＡ）社もオンラインと実地指導の両建てで教育を提供している。同社の提供するワークショップの中で高い人気を誇るのが「ダッシュ」と呼ばれるツールで、ＨＴＭＬ、ＣＳＳ、ベーシックなJavaScriptについてプログラミングの個別指導を何時間も無料で提供している。私を含め二五万人以上の生徒が、ネイサン・バショーのつくったこのクラスを受講した。

「ネイサンは理系人間《テッキー》だ」と思われるかもしれない。しかし彼がミシガン州立大学で実際に学んだのは政治学、立憲民主主義と哲学で、この授業の開発の成功には、リベラルアーツ教育で学んだ知識が役立ったと説明する。「私は幅広い一般教養教育を受けたからこそ物事を批判的、(51)創造的に考えられるようになり、他の人々には見えないつながりを見つけ、議論を効果的に組み立てる準備ができたのです」。GA社は対面式の授業も提供する。プログラム作成と製品の製造を生徒に直接経験させることを中心に、ネイサンの学んだ文系的な発想を理系スキルの指導に最も効果的に生かそうというわけだ。

二〇一六年、同社のニューヨーク・オフィスでブライマーと話をした時には、今日のようにテクノロジーがあまりに早く進化すると、「自分の受けた教育が常に『ベータの状態』になってしまいます」と製品が「製作中」であることを意味する工学用語を使って、ジェネラル・アセンブリーを設立した背景となる哲学を説明してくれた。実際、同社のクラスに参加する学生には、自分の得意分野に新たな言語を加えようとしているプログラマーが多い。

「将来のコーディング言語はまだ存在すらしていません。教育とは受け身であってはならないし、習得済みを示すチェックボックスでもありません。人が全生涯を通じ、自ら成長していくものでなければなりません」とブライマーは厳粛にコメントした。(52)GA社は世界中の都市に一五カ所のキャンパスを構え、ベンチャー・キャピタルからは一億ドルを得て、従業員は七〇〇名を数える（二〇一六年時点）。まさに新しい都市型コミュニティー・カレッジであり、自らのテクノロジー・スキルを学んだり改善したりしたい人なら誰にでも門戸が開かれている。別の言い方をすると「知的なジム」つまり、大きな負荷をかけ続け、高いパフォーマンスを保つ場所、ということになる。

さらに、ＧＡ社の「オポチュニティー・ファンド」を利用して、低所得の生徒は三カ月の没入体験型《イマーシブ》コースに無料で参加できる。イラクとアフガニスタンに従軍したテネシー州空軍の退役軍人、ジャロウム・ハーダウェイは、オポチュニティー・ファンドを活用し、ウェブ開発クラスで席次一位を獲得した。フロリダ州立大学で刑事裁判と政治学を学び、現在は自ら設立した「ベッツ・フー・コード」（コーディングを行う退役軍人）を運営し、自分と同じような人々がテクノロジーを考える際の支援をしている。

理系の背景を持たずに、自分のビジョンを実現しようとＧＡ社のプログラムを利用したもう一人の起業家がラフール・シドゥだ。ペンシルベニア州のアレゲニー郡で救急救命士とボランティアの消防士を、ロサンゼルス郡では警察官を務めていた。シドゥが設立したスパイダー・テク社は、データを重視した警備や取り締まりサービスでトップを走っている。

この分野は、先に紹介したような、マイノリティーを不当に多く逮捕してしまうなど、警察業務の一部にみられる先入観に対処するといった面で大きく前進する可能性がある。携帯電話を常時「オン」にしておくことで、市民がいつでもジャーナリストになれる時代となって、不正が暴かれる機会が増え、警察官による取り締まりは（良い意味でも、悪い意味でも）先入観に基づいているという意識が一気に高まったものの、警備をめぐる状況はその後改善が進んでいない。シドゥは、新しいＣＲＭ（コミュニティー関連管理）用ツールをつくって事態を改善しようと努力を続けている。

シドゥは警備側に集まっている莫大なデータの中で、効果的に利用されているものが非常に少ない事実に衝撃を受けた。「警察官として自動車を停止すると、無線をにぎり、ナンバープレートを見ます。現在位置を連絡すると、電話を受けたオペレーターは通信用ソフトウェアを起動してイベントをつくります。オペレーター側は担当している警官の名前、車両停止の起きている場所を特定し、ソフトウェアがタイムスタンプをつくります。次に警官はドライバーについてのチェックを本部に依頼します。そこで車両管理局（ＤＭＶ）の出番となって、私たちはドライバーの氏名、住所、人種の情報を得るのです」[53]

こうして、警察の取り締まりではデータを大いに有効活用できるようになった。とはいえ場所や日付、時間、その他犯罪に関する多くの面についての情報を蓄積、分析して有益な判断に結び付けるにはまだまだ改善の余地がある。シドゥは、警察の膨大なデータを集めて一カ所に保管し、分析を徹底的に行えば、先入観を明らかにするだけでなく、データの最適化にも役立つことに気が付いた。

たとえば、データを調べると特定の警官が特定のタイプのドライバー、あるいは特定の日時や特定の場所に見つけたドライバーを停止させる傾向が高い、という事実が浮かび上がるかもしれない。そうなれば、捜査の一貫性を高めるには何をすべきか、あるいはそのようなバイアスをどう緩和できるか、といった疑問を追求できるだろう。

シドゥは、パトカーに設置されているGPS機器からのデータ、配車データ、DMV記録など、警察が集めているさまざまな種類のデータをどう縫い合わせれば分析のレベルが高まるかを考え始めた。「私は警察を愛し、警官であることを誇りに思っていましたが、日々目にしていた多くのことは他の業界よりもかなり遅れていました。特にデータ面が遅れていたのです」とシドゥは言う。

シドゥはかつて技術的資源を整理して、ある製品をつくったことがある。ピッツバーグ大学で救急医療への関心を強く抱くようになり、救急救命士として働いていた頃、病院に送り届けた患者がわずか一〇分後に死んでしまったことがあった。それをきっかけに、医療補助員が現場で心電図を扱い、その結果を病院到着前に送信できるツールを開発し、重体患者の搬送をスムーズに行えるようにした。開発に当たっては、医療の専門家やエンジニアに協力を仰いだ。その結果、自分は理系人間ではないものの、理系の人材や資源を管理できるのではないかとの自信を抱くようになった。最初はコーディングについて何も知らなかったので、学ぶことにした。

GA社で、まずウェブとモバイル機器開発に関する七二〇時間の集中コースを受講してウェブのあらゆる面を勉強した。次に、営業と事業開発に関する一六〇時間の没入体験型コースを受講して、製品をどう売り込むか、販売員や顧客をどう管理するかを学び、次に一二週間の集中コースでユーザー体験デザイン教育を受けて試作品をつくり、テストし、最終製品を構築する設計プロセスと製品管理スキルを探究した。

後に同社のＣＴＯ（最高技術責任者）となる男は当時グーグルの正社員で、仕事を辞めてまで会社を設立する気がなかったので、シドゥのウェブ開発のインストラクター、カナニア・チェルニーは彼をランチに誘い出して仲間に入らないかと誘った。シドゥはグレンデール（カリフォルニア州）の警官エロン・カイザーマンにも事業開発を担当しないかと声をかけた。ロサンゼルスのポリス・アカデミーで厳しい訓練を受けながら、将来一緒に働こうと約束したかつての仲間だ。

スパイダー・テク社は現在、広範囲にわたるサービスを警察に提供しており、データを用いて交通事故が最も起きやすい場所はどこかを特定したり、警官のパトロール時間の監視や配置態勢を改善したり、逮捕や犯罪レベルに関する広報を自動作成して送信するなど、地域社会と効果的な意思疎通を図るための支援をしている。地域社会との良好な関係を確立することがシドゥの中心的なビジョンであり、実のところ、現在のアメリカ全体でこうしたことが切に求められている。

「これは単なるツールではありません。使い方次第で警察の文化《カルチャー》を全面的に見直すことができます。データを使ってどこで警官が犯人と争っているか、取り締まりがスムーズに進んでいるのはどこか、他よりもパトロールをやや増やした方が良い場所は市内のどこか、といったことを把握すること。あるいはデータを駆使して市民に向けて広報を発行するなどの努力をすれば、警察は地域社会に一定の影響を及ぼすことができます。単に警察の文化を変えるだけでなく、地域社会《コミュニティー》全体の文化を変えることになるのです」とシドゥは言う。

マイク・シャーリングはバーモント州バーリントンの警察で二五年間を過ごし、そのうちの七年間は警察署長を務めた。その間にコンピューター・システムの総点検を三度経験している。「当初私たちが持っていたのは、宣誓供述書をつくるためのタイプライターとカーボン紙でした」[54]と当時を回想する。バーリントン警察署は警官の数が一〇〇名とバーモント州最大の規模を誇るのだが、それでも、年に四万回以上の出動要請にはとても対応できない。シャーリングはスパイダー社のサービスに大いに感銘を受けた。市民からの電話への応対や逮捕時の処理に関するフォローアップの連絡を自動化できるだけでなく、市民からの電話への応対や逮捕時の処理に、警察がどう対応しているかを正確に地域社会に知らせることができ、市民からの信頼を高められるからだ。そこで、警察を退職後に同社のアドバイザーになった。

スパイダー社のサービスについて最も興味深いのは、警察はすでに備わっているさまざまな資源を活用できるので、ハイテク関連のハードウェアに追加投資をする必要がない、という点だ。創業者たちは現在使われている車両と警察のハードウェアをうまく利用して、新しい方法で使うためにソフトウェア・ツールを採用した。「ほとんどの警察はGPSを車両に装備していますが、その利用法はパトカーがどこにあるかをリアルタイムで追跡することだけなのです」とシドゥは説明した。

「私たちは長期間にわたって同じＧＰＳを見るアルゴリズムをつくりました。目的は車両がどこにいるかを確認するためではなく、次にどこに行かなければならないかを予測するためです。同じＧＰＳデータでも、履歴を振り返ることによって、現在のパトロールの場所と犯罪率との関連性を理解するために転用できます」。ビッグデータにも限りがあるため、同社の地域社会関係管理プラットフォームはテクノロジーを使って、可能な限り人間的関わりを拡張し、スマートフォンを通じて市民のポケットにまで入り込む。

文系学部の卒業生は、こうした素晴らしい資源をすべて試し、そこから得られたヒントを人のニーズや欲望に当てはめて、突破口となる解決策をつくり出すことができる。そして、シドゥのような現場の世界に精通している人間が先頭に立って、人間同士の解決すべき問題について技術ツールの新しい適用方法を見つけ出し、我々の生活を改善してくれる、というわけだ。

ビッグデータの限界で我々がみたように、新しいテクノロジーがいかに驚くべきものであっても、その可能性を生かすには、そのすべてを人の解釈や判断、そして人の欲望と癖に対する深い理解に委ねる必要がある。次章からは、リベラルアーツ教育を十分に受け、どうすれば機械が（必ずしも人間的にならなかったとしても）思いやりを持てるようになるかを考えている人々を紹介する。彼らは我々の健康と幸福度、教育システムと経済をよくする方法や、政府の透明性と効率性を高めるための方法をつくっている。その会話から明らかになるのは、どんなに強力なツールをつくっても、人を人たらしめるための、時代を超越した人間性が必要だ、ということなのだ。

第4章
我々に仕えるアルゴリズム
——我々を従えるのではなく

The Fuzzy and The Techie

Algorithms That Serve—Rather Than Rule—Us

新世代のテクノロジーを画期的な方法で利用している革新的な文系人間《ファジー》の一人がカトリーナ・レイクだ。彼女は、「推薦アルゴリズム」と呼ばれる世界で、最も才能のあるプログラマーの一人、エリック・コルソンと協力してきた。推薦アルゴリズムとは、アマゾンで買い物をしようとする人に商品を勧めたり、音楽配信サービス「パンドラ」で利用者が聴きたい曲を提案したりするデータマイニング数学のことだ。カトリーナの会社、スティッチ・フィックスは『フォーブス』誌から「ファッション界のマネーボール」をプレーしている会社と紹介された(1)。

スタンフォード大学で経済学を専攻した他の多くの学生と同じように、カトリーナは大学を出るとビジネス・コンサルティングの世界に自分の道を見つけ、就職した。パルテノン・グループでは小売業者向けの戦略立案を専門とし、コールズやeBayの仕事をした。すると、メイシーズなどの小売業者が、何十年もビジネスのやり方をさほど変えてこなかったことに気が付いた。一方、皮肉なことだが、小売りセクターにドップリと浸かっていたために、自分自身のために買い物をする時間をそれほど持てなかった。実際、時間に追われるあまり、服の買い物はおしゃれで当てになる妹に頼んでいた。(2)

ようやくまとまった時間が取れると、週末は北カリフォルニアの荒野まで出向いてキャンプを張って、アウトドアで過ごそうと決心した。オンラインでのテント探しは気が遠くなるほど大変な作業だった。選択肢が多すぎて圧倒されるほどで、自分が何をほしいのか皆目見当が付かず、購入までに品物を調べる時間がなかった。テントを買うというのは、本当はこんなに大変ではないはずだ、と彼女は思った。そして突然気が付いた。小売りサービス業界には「すき間」があって、欲しいものを買うにはそれを埋めてくれる専門家の支援が必要だということを。

大学で学んだ経済学の教えによれば、画期的なイノベーションは、そのような「すき間」を見つけ、それに対処しようと強力でコスト効果の高いアプローチをひねり出すことから生まれる。どんなテントを買うかを決めるのにこれだけ大変だったのだから、他の人たちだって、さまざまな商品で同じような問題を抱えているに違いないと考えた。

この閃きの核心部分に自信はあったが、そこからビジネスモデルをつくるにはどうしたらよいかがよく分からなかったので、ハーバード・ビジネススクールのMBAを目指すことにした。学校で学んだことを補足しようと、ファッション小売りを手がけるスタートアップ企業ポリヴォア社でマーケティングの仕事を獲得し、CEOのスキンダー・シン・カシディ(グーグルのアジア太平洋と中南米で子会社の社長を務めた経験を持つ）の下でリーダーとしてのスキルを学んだ。(3) さらに、素晴らしい買い物体験をつくり出す人間味《ヒューマン・タッチ》についても学んだ。これはオンライン小売業者にとっても非常に大切な要素だった。

企業は、アマゾンやウォルマートといった巨大企業との激しい競争に直面しても離れないファン層をつくり出すことができる。高度な美的デザインセンスを生かして顧客にアピールできるよう、時代に即応した品目を選び、それらを最も魅惑的な方法で売り込めばよいのだ。ポリヴォア社はこの機会を捉えるのに長けていたが、同時にインターネットの誕生から実現した中で、最も人間中心的なイノベーションを利用することも忘れなかった――それは、ソーシャル・ネットワーキングだ。

同社のサイトは、「ソーシャル・コマース・サイト」と呼ばれるサービスの新種の一つに分類される。このサイトは、買い物客であるユーザーが同じ仲間のユーザーに、どんな物を買えば良いかの助言から、自分が集めた洋服のディスプレイをつくるまで、買い物体験の改善プロセスに参加するさまざまな方法を提供する。高級百貨店や専門店にいるパーソナル・ショッパーが顧客に洋服を提案するのとまったく同じような体験をできるというわけだ。Pinterest 社はこの種のソーシャル・コマースの中では最も目立つ事例だが、数多くの他のｅコマース・サイトもこのビジネスの可能性を利用している。

カトリーナは、二つの仕事を通して革新的なオンライン・ビジネスモデルだけでなく、従来型の小売りビジネスについても理解を深めることができた。大成功したオンライン小売業者がどのようにして推薦アルゴリズムを使っているのかを学ぶうちに、ショッピング界のネットフリックスを自分でつくろうと決心した。ただし少し「ひねり」を利かせて。具体的には、人の心の機微を理解したスタイリストをサービスに組み込み、買い物客の選択の質を高めようとした。ソーシャル・コマースの成功を推進してきたパーソナルなコミュニケーションの要素も加えた。

つまり、彼女がつくりたかったのは、かつて自分がテントで経験したように、際限なく品物を見せるだけであとの選択は買い物客に任せて途方に暮れさせるのではなく、自ら品物を選んで買い物客の時間を節約してくれるファッション・コマースのブランドなのだ。スティッチ・フィックス社はオンラインのパーソナル・ショッパーになることを目指して、顧客との関係を深めようとする。時間をかけて顧客の好みやスタイルを知る努力を重ね、顧客を得意先にしていこうという戦略だ。

同社のサイトは、さまざまな商品のページで訪問者を圧倒することも、互いに矛盾するカスタマー・レビューを掲載することもない。ショッピングカートや「購入」ボタンもない。カトリーナが思い浮かべたのは、強力な推薦アルゴリズムを使って、多種多様なブランドの、あらゆるスタイルの大量の衣料品やアクセサリーの中から、会員の個人的な嗜好に合った最初の選択品目候補リストをつくるというアイデアだ。次に、そのリストが社員であるパーソナル・スタイリストに送られ、スタイリストは顧客が選びそうな衣料品とアクセサリーを最終的に選んで届ける、というサービスである。

会員の自宅にはこうして選ばれた五点のアイテムを箱詰めにしたもの（同社はこれをファッション「フィックス」（「どうしても欲しいもの」の意）と呼んでいる）が届く。会員は自宅のくつろいだ雰囲気の中で、自分の好きな時間に商品を試着できる。これはサングラス企業のワービー・パーカーが初めて導入したのとまったく同じ方法で、買いたくなければ返品できる。しかも、返送料はスティッチ・フィックスが負担してくれる。

このビジネスモデルの成功には、推薦モデルが圧倒的に優れたものでなければならない。さらに、高い売り上げを達成しないと、在庫管理、パーソナル・スタイリストの人件費、配送コストで、資本はすぐに食いつぶされるだろう。

カトリーナのビジョンは大きかった――あまりに大きかったために、資金提供を求めた二〇社ほどのベンチャー・キャピタル会社は彼女の提案を却下したほどだ。その理由の多くは、カトリーナはプログラムを動かすのに必要な推薦テクノロジーを構築する専門的技能《テクニカル・スキル》をもっていないから、というものだった[4]。とはいえ、示されたビジョンは投資家の興味をそそる内容で、ビジネスモデルの可能性が非常に高いように見えた。結局、彼女は三人の投資家を説得することに成功し、自分のアイデアの追求を続けることができた。

インスタグラムへの最初の投資家としてよく知られているベースライン・ベンチャーズの

スティーブ・アンダーソンは、スティッチ・フィックスの将来にカトリーナと同じくらい興奮し、二〇一一年に七五万ドルを投資した。主な社員と技術者を雇うだけの資金を得ると、カトリーナは、ウォルマート・ドット・コムの最高執行責任者（COO）、マイケル・スミスにアプローチし、スティッチ・フィックスのために従来型小売店舗のインフラを構築してほしいと依頼した。カトリーナの発想は確かに大胆だった。すでに一〇年近くにわたって、ウォルマート・ドット・コムでサプライチェーン管理から顧客サービスまでの全業務をみていた人物に白羽の矢を立てたからだ。

自分と一緒に働いてくれる経験と知識を備えた物流のプロを数人見つけるという手もあったかもしれない。しかし結局、無名のスタートアップ会社に興味を示したスミスがメンバーに加わった(5)。

最後に、ネットフリックスの推薦アルゴリズムをつくった男にコンタクトした。同社の副社長としてデータサイエンスとエンジニアリングを担当していたエリック・コルソンだ。この人選は当然である。何しろ彼女はショッピングのネットフリックスをつくろうとしていたのだから。ネットフリックスでコルソンが八〇名のチームで作り上げた推薦アルゴリズムは「推薦アルゴリズムの最高傑作」として広く認められていた。

コルソンは、スティッチ・フィックスでも同じようなチームを築き上げた。「アルゴリズムを利用したパーソナル・ショッピング・サービスを実現する」というカトリーナのビジョンに沿って、データ・チームは二五〇〇人を超えるスタイリストの仕事を支援している。コルソンは、文系人間と理系人間を融合するには最適のパートナーだった。スティッチ・フィックスが競争優位を得て成功するには人間的要素を組み入れることがいかに重要かをよくわかっていた。(6)

コルソンは、カトリーナと同じく学部生時代には経済学を専攻していたが、情報システムと経営科学に触れて、この二分野に強い興味を抱くようになった。その後、カリフォルニア州サンフランシスコにあるゴールデン・ゲート大学で情報システムの修士号を、スタンフォード大学で推薦エンジンの核となる数学を取り扱う統計的学習理論の修士号を取得した。

学位取得の勉強を続けながら、コルソンは人の持つ傑出した才能と、新世代のＡＩ機械《マシン》の才能を混合する方法を開発する研究を行った。カトリーナと一緒にスティッチ・フィックスを拡大する努力をした結果、共同執筆者らとの論文の一つで「機械と人とを組み合わせた推薦システムは、大規模な機械学習と専門家による判断の最も優れた部分を組み合わせることができる」という自分の主張を証明することができた。(7)

推薦エンジンの構築を愛したデータ・サイエンティストの目には、スティッチ・フィックスのビジネスモデルは非常に「そそられる」挑戦だった。推薦アルゴリズムを利用する大半のオンライン小売業者では、売上高に占める推薦の割合はほんの一部に過ぎないと目されており、たとえばアマゾンの場合では総売上高のおよそ三五％となる。これに対し、スティッチ・フィックスは、売上高の一〇〇%を推薦で獲得している。[8] コルソンはその仲間に入りたいと考え、「チーフ・アルゴリズム・オフィサー(CAO)」に就任した。経営幹部レベルとしてはおそらく最も新しいタイトルだろう。

「推薦」プロセスを最適化するために、スティッチ・フィックスのシステムはまず、買い物客に会員登録してもらう。そこでファッションやアクセサリーの好みに加え、身長、体重、衣服のサイズ、年齢といった身体的特徴に関する六〇以上の質問に答えるよう依頼する。そして会員の好みをよく理解するため、アプリケーション・プログラミング・インターフェース(API)、特にPinterest社のAPIを利用している。

会員は自分が気に入ったか、自分の美的感覚にある程度合った商品と装いを載せているPinterestのページを選べる。このオプションの人気は非常に高く、この仕組みを利用して、情報満載のビジュアル・ピンボードをつくったユーザーは四六%に達し、そのおかげで、スティッチ・フィックスは会員の好みを把握できるようになった。[9]

データがすべてコンピューター・システムにインプットされると、会員のデータと、スティッチ・フィックスに在庫のあるすべてのアイテム(商品)について入力された莫大なデータの両方をアルゴリズムが高速処理し、会員の好みに合った適切な組み合わせを探す。在庫にあるアイテムの一つ一つには、素材や色合いはもちろん、ブルージーンズには細いのが良いか、下が膨らんでいるのが良いかといった服の適合性、あるいはジプシー風が良いか、クラシックなものが良いか、といったスタイルに関する特徴など、五〇～一五〇のユニークな記述語《ディスクリプター》が入念にタグ付けしてある。(10) 次に、アルゴリズムは出荷される最初の五セット用の商品候補リストをつくり、会員が好きになる確率の高い順にランク付けされる。コルソンは機械学習システムのこの部分を「Ｍアルゴリズム」と呼んでいる。そしていよいよ「Ｈアルゴリズム」、つまり人間《ヒューマン》であるスタイリストの出番である。(11)

各リストが一人のスタイリストに送られるのだが、その際、その会員が自分の好みについて提供したすべての情報と、機械が計算したそれぞれのアイテムが選ばれる確率も一緒に提供される。担当スタイリストは、会員が住む国や地域で最近人気が出てきたトレンドや、どのスタイルが会員にとって「年齢相応」かといった、衣服を選ぶ際のファッション美学と文化的な要素など、微妙な違いを十分に考慮しながら最終的に五つのアイテムを選択する。

「私たちは、機械に人間のような振る舞いをさせようとはしていません。その逆もあってはなりません」。コルソンはファーストマーク・キャピタルが開催したデータサイエンスに関する講義シリーズの一つ、「データ・ドリブンＮＹＣ」（二〇一六年）でこう説明した。「スタイリスト一人ひとりに独自の能力を発揮してもらいたいのです……このように、当社には、互いに補完し合う素晴らしい経営資源が揃っています」。しかし、コルソンはここで立ち止まらずに人の能力を高めるプロセスをさらに一歩進めた。

彼のチームはアルゴリズム学習すらも利用して、スタイリストたちの判断に残っている先入観（意識下にあるものだが、高度なデータ分析によって見つけることができる）の度合いを緩和しようとしている。たとえば、スタイリストは誰もが、スタイルに関する好みはもちろん、どのようなスタイルがモダンでどれがトラディショナルか、またどのスタイルが現時流に乗り、どれが最先端なのか、についての自分なりの感覚をもっている。同時に、どのアイテムがどの会員に最も似合いそうかについての先入観にも必ず縛られているはずで、それが会員の望む感覚と合わないこともあるかもしれない。

そこで、コルソンは、スタイリストが選んで会員に送られる商品セットを長期間観察し、そのような先入観が見られないかを探し出すアルゴリズムのプログラムを作成した。次に、会員からスタイリストに返送されてくる商品と、スタイリストが選択するための商品セットの改良をどちらも続けながら、適合率を段階的に高めていく。

たとえば、あるスタイリストが会員の年齢しか見ていないと、年齢と写真とを見た場合とは違った先入観を抱くかもしれない。両方を見れば、ある年配の会員の方が新しい美的感覚を持ち、おそらく若い会員の方が古い美的感覚を持っていると分かる場合もあるだろう。スタイリストたちの先入観はそれぞれいくつあっても不思議ではない。そこで、コルソンのチームは、スタイリストの行動をデータサイエンスの「分類問題」と捉え、スタイリストを自分たちの物の見方や考え方から離れられない、本質的に変わらない存在とみなした上で、スタイリストに与える候補アイテムの質を調整する。スタイリストの側は、このプロセスを経たアイテムを受け取ることで自分の先入観を認識し、補正していく。要するに、スティッチ・フィックスはスタイリストを変えようとしない。テクノロジーを使って、それぞれのスタイリストが完璧な楽しみ《フィックス》を届けられる環境を整えているのである。

人と機械の強みをこのように組み合わせ、融合することによって、スティッチ・フィックスは、会員の三九%が、買い物をする際の第一の手段になった。同社は猛スピードで毎年成長を続けている。(12) この成長はシリコンバレーで最も尊敬を集めている投資家からの追加出資にも支えられている。ウーバーの取締役で、ベンチマーク・キャピタルのパートナー、ビル・ガーリーもその一人だ。

ガーリーは、アシスタントが自分の所得をウーバーと、当時は無名の、あるファッションコーディネート・サービスに使っていることに気が付いた。それがスティッチ・フィックスだった。(13)「カトリーナは私がこれまで一緒に働いたなかで最も素晴らしい仲間の一人です」とガーリーは認めている。(14) ガーリーの支援を得て、カトリーナは、ファッション業界でトップクラスの専門家を役員に迎え入れることができた。その一人、ジュリー・ボーンスタインは、かつてセフォラ社の最高マーケティング責任者（CMO）兼最高デジタル責任者（CDO）を務めており、それ以前にはミレニアル世代向けのライフスタイルブランド、「アーバン・アウトフィッターズ」向けのeコマースの責任者だった。(15)

カトリーナは、自分がオンライン会社を設立する時、技術的な課題に直面してもまったく動じることはなかった。シリコンバレーの資源は、努力さえすればいくらでも自分で手に入れられること、テクノロジーの世界はその道の権威者にしか近寄れない閉鎖空間ではないことに気が付いていた。

さらに、テクノロジーのスキルを持っている人々は文系人間が持っている種類の才能を本当に必要としていることもわかっていたので、テクノロジーに人間味を持ち込むだけでなく、ネットフリックスのような会員制サービスを個人向けのファッションビジネスに応用する方法、といった創造的なつながりもつくろうとした。ネットフリックスが誕生してからすでに一〇年ほど経っていたが、同社のコアとなるビジネスモデルをファッションに生かすには、かなりの野心をもった型破りな人間が必要だった。

今日、カトリーナはベンチャーキャピタルから調達したわずか五〇〇〇万ドルで始めた会社を、一二億五〇〇〇万ドルの売り上げを誇る、従業員四〇〇〇人の企業に育て上げ、そのトップとして二〇一六年に『フォーチュン』誌に「40アンダー40」（ビジネスに影響力のある四〇歳以下の四〇人）に選ばれた。(16)

1 AIというカーテンの向こう側には人間がいる

今やアルゴリズムが個人の興味と行動について集められた圧倒的な量のデータを分類し、

対処できるようになり、人のニーズと欲望にうまく応える豊富な機会が開かれる——その可能性を政府機関はもちろん、企業もようやく試し始めた。その力があまりにも強くなったため、アルゴリズムが次第に人間の労働者を管理し、いつか人の仕事を奪うのではないかと予言するアナリストもいる。しかし、アルゴリズムの性能を実際に高めている、超一流のイノベーターたちは将来をそう見ていない。

彼らはコルソンと同じく、人の才能を高めるためにアルゴリズムを使うべきだと主張し、純粋数学では人のスキルを模倣しきれないと警告する。アルゴリズムを使って爆発的なヒット・サービスをつくり出したもう一人のリーダーが、旅行予約サイト「カヤック」社の創業者ポール・イングリッシュだ。彼は筋金入りの理系人間で、ボストンのマサチューセッツ大学ではコンピューター・サイエンスを研究していた。いかにも人の役割を軽視する典型的なタイプに見えるのだが、実はコルソンと同様、人と機械はこの上なく十分に協力できると考えている。

イングリッシュはＡＩを使ってチャットボットのようなハイテク製品をつくるのが大好きだが、自らを「ＡＩリアリスト」と自称している。[17] 現在は、新たな技術《テク》ツールを使った旅行予約システムを再び発明し、「ローラ」という会社をスタートさせた。そのサービスはチャットのインターフェースを使い——自動応答が特徴なので、「チャットボット」または「メッセージアプリ」と呼ばれている——人々は携帯電話から打ち解けた口調で旅行を予約でき、やっかいな検索やふるい分けをする必要がない。

たとえば、あなたがもし「今度の金曜日のサンフランシスコからオースティン行きのフライトを探しているんだ」とチャットすると、チャットボットが「お一人ですか」「片道、それとも往復ですか」と返事をする。しかし、ローラ社のチャット機能はサービスとして提供すべき作業の一部しかこなせないため、イングリッシュは予約担当の社員も雇っている。人のニーズは非常に込み入ることがあるので、アルゴリズムが顧客からの要望ですぐに混乱しがちなことをよく分かっているのだ。

フライトに関する基本情報の提供は単純で分かりやすいが、たとえば、ホテルの予約に関する消費者の好みには、あらゆる種類の心理的な要素が絡んでくる。ホテルがどの程度トレンディーか、あるいは使われているシーツのスレッドカウント（一インチ当たりの糸の密度。高いほど生地がなめらか）が他のホテルと比べてどうか、といった具合だ。状況が変わると同じ人が異なる選好をすることもあるだろう。たとえば、出張の時には空港に近いホテルを好むが、休暇中には賑やかな市街にある活動の中心地に位置するホテルを選ぶかもしれない。

「ＡＩがお客さまの要望の大半を担えるようになるまでにはしばらくかかると思います」とイングリッシュ。また、ボットが提供できるサービスの質によほど自信をもてるようになるまでは、アメリカン航空やヒルトンホテルといったブランド企業が、サービスを機械に任せることはないだろうと強調する。それまでは、人のニーズを満たすために人がＡＩをうまく使いこなす必要があるだろう。「カヤックでは、セルフサービスをあまりにも簡素化したため、一部の旅行業者を廃業に追い込むかもしれない……ローラ、つまり新しい方の会社ではそういう皮肉を指摘する人々がいます。私は今後一〇年をかけて、旅行業者を本当に素晴らしく、強力にする努力を続け、オフラインのビジネスに革命を起こそうと思っています」

アメリカでは、いまだに旅行予約の四六％[18]を本人が予約先まで直接出向くか、電話で行っている。この現状に対し、イングリッシュはこう疑問をぶつける。「旅行計画で人の果たす役割は何でしょうか。人間がコンピューターよりもうまくできる方法はあるのでしょうか。人はAIよりもうまくできるでしょうか。人とAIはどう協力できるのでしょう。私たちは起業家として……人を中心に据えて、人を補佐するAIを構築すべきなのでしょうか、それとも人に補助されるAIを構築すべきなのでしょうか[19]」。五名からなる彼のAIチームは、二五名の旅行代理店チームと密接に協力しているが、どちらも活気に満ちあふれている。

実際、今日開発中の最も高度な「考える」機械プログラムは、人の知性に取って代わるのではなく、それを補うために使われている。インターフェースの裏側では、見栄えを悪くしないように人々が忙しなく動いており、システムに不測の事態が起きたときに備えて機械を補佐している。

X.ai社は、ニューヨークを拠点とするスタートアップ企業で、「エイミー」と呼ばれるデジタル・アシスタントをつくり出した。その目的は「ミーティングのスケジュール設定を魔法のように行うこと」[20]だ。理論的には、ユーザーはただ、スケジュール設定の要請のメールの送付先（ｃｃ）として「エイミー」と入れておくだけ。すると彼女は関係者間でミーティングのスケジュール調整をしてくれるので、人は予定表を見ながらメールを何度もやりとりしなくて済むというわけだ。

同社はＡＩを搭載したエイミーの売り込みを図っているものの、スケジュール調整の要請がエイミーの理解を超えて、プログラムが混乱してしまう事態が頻発している。完全にＡＩを備えたデジタル・アシスタントの構築を目指してさまざまな試みを続けながら、舞台裏ではテクノロジーの能力不足の部分を補う人間の能力に相当頼っている。

その一人がウイリー・カルヴィンだ。二四歳、シカゴ大学で公共政策を専攻したカルヴィンの仕事は、デジタル・アシスタントのエイミーにどんな状況でも楽々対処している「ふり」を続けさせることだ。エイミーはあまりにも人間味豊かで、マスコミからは「見事なまでの対応力」と評されたが、エイミーがそれほどに人間的になる大きな理由の一つが、「まったくエイミーではない」ときがあるという点らしい。それはときに、カルヴィンのような人間のおかげである。実際には、「ミーティングのスケジュール設定を魔法のように行う」ことは非常に難しいのだ[21]。

フェイスブックには経営資源がいくらでもあり、工学系の人材もいくらでもいるが、メッセージング・チームは「Ｍ」と呼ばれるデジタル・アシスタントを開発してフェイスブック・

メッセンジャーの中に組み込んでいる。プログラムはユーザーからのリクエストの意味を判読し、実行するために自然言語処理を用いている。しかし、「M」がサービスを完遂するには人間の助けが必要だ。

活躍しているのは「Mトレーナー」と呼ばれる従業員集団。Mトレーナーの多くは顧客サービスの経験を持ち、プログラムが対応できない作業を行う。もしユーザーをあるイベントに連れて行く自動車サービスを予約することが仕事なら、MプログラムはウーバーのAPIを使って対応できるだろう。ところが、顧客からのリクエストが、たとえばカップケーキを誰かの誕生会に配送するといった人間的なことだとすると、AIはMトレーナーにその仕事を引き継ぐ。Mトレーナーは「タスク・ラビット」や「ポストメイツ」といったオンデマンドのコンシェルジュ・サービスに電話するか、誰かを雇ってカップケーキを届けてもらう。[22]

人間の能力とアルゴリズムを組み合わせる新しいアプリケーションをつくり出せれば、人の動作や解決すべき問題を究明し、我々の生活を改善する優れた解決法を生み出したい人々にとっては朗報になるだろう。もちろん、カップケーキを届けるといった課題などは、おそらくまったく「解く」必要がない。

二〇一三年に『ツイッター創業物語　金と権力、友情、そして裏切り』（日本経済新聞出版社）を著したジャーナリストのニック・ビルトンは、『ヴァニティ・フェア』誌に「サンフランシスコのテクノロジー文化はたった一つの問題を解くことに夢中になっている：母さんがもう僕のためにしてくれないことは何だろう」と書いた[23]。これは、ジャーナリストのカラ・スウィッシャーが「ミレニアム世代のための介護生活」と呼んだものに他ならない[24]。

人の生活や社会、気まぐれな心理状態、行動の背後にある規範などを考察するには、学生時代にリベラルアーツ教育を受けたり、創造的思考やコミュニケーション術を教わったりという経験のある人がピッタリで、テクノロジーを生かす優れた方法の発見に指導的な役割を果たせることが多い。これまでのＩＴ企業は、そのような機会があっても上っ面をなでるだけで、自社の製品とサービスに人間味を持たせて魅力を高める努力をほとんどしてこなかったのだ。

2 暴走する機械

ペドロ・ドミンゴスはワシントン大学のコンピューター・サイエンスの教授で、これまでデータサイエンス関連の技術論文を二〇〇本以上書いてきた。二〇一四年には、データとデータマイニングにおける知識発見の分野で傑出した技術的貢献をしたという理由で、データサイエンスで最高の「ＳＩＧＫＤＤイノベーション」賞を受けた[25]。大量のデータの流れから必要な情報を抽出する新しいオープンソース技法を発明したからだ。二〇一五年の著書『マスター・アルゴリズム：究極の学習機械の追求は世界をどう変えるのか』（未邦訳）では、アルゴリズムの発展を予言しつつ、「計算は複雑なものだが、人間もまた、別の意味で複雑な存在である……コンピューターはイディオサヴァン（特殊な才能をもっている知的障害者）のようなもので、学習型アルゴリズムは、よく癇癪を起こす天才児のように振る舞うことがある」と認めている。(26)

二〇一六年三月、マイクロソフトがウェブ上にリリースした「女性の」AIチャットボット「テイ」はそのような「学者」だった。「テイ」は機械学習で能力を高める型のチャットボットで、ソーシャルデータ（SNSに投稿される情報）については、ツイッターから、会話についてはメッセージアプリの「キク」と「グループミー」から訓練を受けた。マイクロソフトが「テイ」をツイッター上に公開すると、テイの学習対象が突然リアルタイムのインターネット・コンテンツに変貌し、ツイッターのユーザーたちが彼女に向かってあらゆる猥雑なことを教え始めた。

「テイ」は、能力が高かったにもかかわらず、公開されるや否や、ユーザーたちは数分もたたないうちに彼女にプログラムされたレスポンスのクセを見抜き、「テイ」にどのようなことを言わせることができるかを確認しようとメッセージを送った。一部のユーザーが自分たちの書き込みを繰り返すよう命令し、しかもその多くが非常に口汚いもので、「テイ」は忠実にそれに従った。

それ以外にも、日本における5ちゃんねるのようなインターネット掲示板「4chan」の一部の参加者が互いに協力し、すでにいたずらでは済まなくなっていたデジタル無法状態を一気に悪化させた。ホロコーストについて尋ねられると、このおしゃべりボットは拍手する絵文字を示しながら熱狂的に反応するようになっていた。[27] マイクロソフトはすぐに「テイ」の公開を停止し、「一定の調整をする」と発表した。[28]

この騒動については技術に詳しい文系人間たちが非常に深い思索に基づくレポートを書いている。その一人がジョン・ウェストだ。ウェストはオバーリン大学の学部生時代に哲学を学んだフロントエンド開発者だ。オンライン雑誌の『クオーツ』に記事を掲載する前は、プログラマーとして働いており、文系人間兼理系人間として、「テイ」事件について非常に手厳しい記事を書いた。

「我々が新しい技術を使って未知なる世界に飛び込む前に常に自問しなければならないのは、誰が利益を得るか、だ[29]」。もう一人の執筆者で『ガーディアン』紙の記者、リー・アレクサンダーは、ツイッターで通用していた社会的規範を、マイクロソフトがどうして考慮していなかったかに鋭く切り込んだ。

「ツイッターのユーザーが目に見える女性にいかに話しかけたいかについての無数の報道――面白半分でなされる無責任な差別発言から脅迫や悪態まで――からマイクロソフトは何も学んでこなかったようだ。少しでも学習していればこうなることはわかっていたはずなのに[30]」

イノベーションに慎重さと感受性をもたらすには、技術力の向上を目指して純粋に自らを捧げるだけでなく、自分たちの生活の質を守り、高めるというリベラルアーツ的な資質を持った人間、つまり文系人間が必要だ。実験を重視し、何事も念入りにやりながら、しかも必ずしも物を壊すことなく素早く動くことはできるだろう。しかし、テクノロジーを使うときには人間的要素に注意を払っておかないと、我々は「テイ」による奇妙きてれつな暴言よりもはるかに深刻な結果を招く危険がある。

これまでのところ、意図的に悪影響をまき散らそうという行為はなかったが、だからこそ人間の絡む問題を考える際には思考と知識の分離が非常に重要だ。増大するアルゴリズムの力と歩調を合わせるには、企業は人によって考え抜かれた分析を製品開発プロセスに組み入れるよう努力し続けなければならない。日産が自動運転車の設計に人類学者のメリッサ・セフキンの助言を取り入れながら、機械が我々の生活とうまく組み込まれるよう最善を尽くしているのはまさにこういうことだ。

アルゴリズムが暴走した場合に起こり得る損害も過小評価すべきではない。著作家のマイケル・ルイスは、二〇一四年に著したノンフィクション『フラッシュ・ボーイズ　10億分の1秒の男たち』（文藝春秋）で株式の高速取引という難解なテーマを、なんとか迫力満点の物語に仕立て上げ、市場を出し抜くために書かれたアルゴリズムのプログラムがいかに使い尽くされ、挙げ句の果てに身の毛もよだつような間違いを犯すに至った顚末(31)――二〇一〇年五月六日のいわゆる「フラッシュ・クラッシュ」で、株式市場がわずか三六分間で一兆ドル分が失われた——を、当事者の視線でまざまざと描き出した[32]。

高度なテクニカル・トレーダーが、ある証券に対する非常に小口の売買注文を何千件分も発注するか、発注する意思を市場に示し、相手方がそれを実行しようとする気配が見えると先手を打って解約する。こうした小口注文は市場を「だます」ために使われ、銘柄の取引に影響を及ぼして特定の方向に向かわせる。フラッシュ・トレーダーたちはあらかじめその銘柄を利益の出るポジションで待ち構えて儲けを得るというカラクリだった[33]。

この取引に関わった者たちは、詐欺と相場操縦の罪で起訴された。規制も改められ、機械《マシン》の奥深くに隠されていたイカサマのテクニックは非合法とされた。しかし、新たな規制は規制アービトラージ（グローバルな金融機関が、規制に対する対応が難しい地域から、対応が容易な地域へ事業活動の場を移動すること）を生み、さまざまな制約をかいくぐる新たなトリックが次々と生み出された。こうして、アルゴリズムの特定の悪用についてその仕組みが明らかになったとしても、さらなる不正の可能性は無限にあって、とどのつまり『フラッシュ・クラッシュ』のような劇的な形で期待通りの終焉を迎えることも少なくない。

金融市場でアルゴリズムを見事に用いたのは、こうした株のサヤ取り師たちの行状を暴いた『フラッシュ・ボーイズ』の主人公、ブラッド・カツヤマだ。彼は現在アルゴリズムを使って市場の平等性をつくり出そうとしている。二〇一六年六月、証券取引委員会（SEC）は、ニューヨーク証券取引所とナスダックの代替市場にもなり得る公式の取引所としてカツヤマの「インベスターズ・エクスチェンジ」を認可した[34]。

実際、我々はテクノロジー同士をつなげなければならない。なぜならテクノロジーこそがその不正の影響を緩和できる唯一のツールだからだ。クレジットカード会社は、データを重視する機械学習の技術をふんだんに利用して自らの環境を巡回し、不正に対処する。これとまったく同じように、超一流の理系人間と文系人間に規制権限を与えることにはおそらく一定の意味がある。あらゆる要素を考慮しておかないと同じツールが不正を引き起こしかねないので、両者を協力させてその危険を管理する体勢を整えるのだ。

最近は、ネットフリックスに流れる映画の順番であれ、フェイスブックのニュースフィード、グーグル検索の結果であれ、どのようなコンテンツをオンラインで見せるのかについてアルゴリズムが支配的な役割を果たしている。したがって、選択プロセスが我々の生活にどのような影響を及ぼすかが、真剣に問われなければならない。

二〇一六年に、『ウォール・ストリート・ジャーナル』紙はフェイスブックの「グラフAPI」(他のアプリからフェイスブックのユーザーと個人情報などのデータをやり取りするための仕組み)を使って、「非常にリベラル」あるいは「非常に保守的」と自称した人々の間で幅広くシェアされていたサイトからの記事を抽出し、それぞれ民主党と共和党のシンボルカラーの「ブルー・フィード」と「レッド・フィード」として二つのニュースフィードを構築した[35]。

この試みで明らかになったのは、アルゴリズムの選択が読者の読むコンテンツをいかに大きく歪曲しているか、そして、アルゴリズムが、幅広い視点に人々の目を開かせるのではなく、それまでの見方を単に強めるだけの「反響板」をいかにつくり出しているか、ということだった[36]。『ニューヨーク・タイムズ』をはじめとする新聞各紙は長い間一面の見出しを自ら決めることで、問題の枠組みを定めていたわけだ。現在がこれまでと違うのは、（一面の見出しを決めるという）こうした機能がテクノロジーの陰に隠れてしまい、「データに依存している」、したがって「客観的だ」と信じられるようになっているという点だ。

ドナルド・トランプが当選した大統領選挙の後で、世論調査がいかに「間違えたか」を指摘する専門家は多かった。世論調査のデータは、アメリカ合衆国で政治への不満が大きな渦となるほど高まっていることを予言できなかった。だが、「そうではない」と主張するのは、オーストラリアの弁護士でジャーナリストのアーロン・ティムズ、ニューヨークを拠点とする予測分析のスタートアップ企業のディレクターだ。

「間違えたのはビッグデータではなく、人間の方だと思います[37]……私たちは、データの質を改善しながら、報告の技術も高めなければなりません。……優れたテクノロジーが生きるには、常に理系人間と文系人間の密接な協力が必要なのです」

徹底的に検証しないと、データは我々の意思に従ってうなずきも、否定もする。だからこそ我々は、こうしたアルゴリズムがコンテンツを「客観的に」提供しているかどうかを問わなければならない。しかしそうなると、社説にはいったいどんな意味があるのだろう?

そのため、フェイスブックはエコーチェンバー現象（価値観の似た者同士で交流し、共感し合うことにより、特定の意見や思想が増幅されて影響力をもつ現象）に対抗すべく、相当の努力を払っており、これまでと同様、今後もずっとユーザーのニーズに応える新しい方法を見つけ出し続けようと、理系人間とともに働く多種多様な文系人間の助けを借りるだろう。

その筆頭がナオミ・グレイトだ。マーク・ザッカーバーグがカリフォルニアに移る一年前に、ハーバードからスタンフォードに転学して科学、テクノロジー、社会を学び、テクノロジーがいかに我々の生活のあり様に影響を与えるかを理解するというテーマに深く関わり、二〇〇五年にはフェイスブックについての卒論を書いた。ザッカーバーグたちのチームが構築していた新しい強力なソーシャル・ツール作成メンバーの一員になろうと決意を固めていたので、何カ月にもわたってパロアルトのオフィスに足を運び、ついにアシスタントの仕事を得た。今日、彼女は製品担当のバイス・プレジデントで、「ザック」以外では勤続年数が最も長い従業員になった(38)。

フェイスブックというプラットフォームの開発に最初の段階から人間の感受性を持ち込んだもう一人の従業員は、ソレイオ・クエルボだ。ノースカロライナ州のデューク大学で音楽を専攻し、バイオリンとサクソフォーンを両方演奏できる。今や誰でも知っている「いいね!」

ボタンなどの多くの機能のデザインに貢献した彼は、自分がハイテクの世界で成功できたのは音楽のおかげだと公言している。「音楽のおかげで、私は既存のシステムの中で自分の力を発揮してシステムの拡大に貢献できたのです[39]」

ジャズからクラシック音楽へ、あるいはサックスからバイオリンへと連続的に切り替えられるクエルボの能力が、スタートアップ企業を構築する臨機応変なプロセスで同じように使えることが分かったのだ。以前は誰もが自慢気にプログラミングをひけらかす集団だったフェイスブックにとって、グレイトやクエルボといったリベラルアーツ専攻の学生を採用したことは大正解だった。彼らはフェイスブックのコア製品に理系人間たちと同じくらい貢献し、同社のとてつもない成功におおいに役立った。

3 なすべき「素晴らしい」ことはまだまだ多い

言うまでもないが、教訓となるエピソードを紹介したからといって、アルゴリズムには常に危険がつきまとう、とかアルゴリズムを使える新たな方法はそれほど見つかるはずがない、と読者にはとらえてほしくない。正直なところ、実はもう後戻りはできないのだ。そしてアルゴリズムには、限りないほどの素晴らしい利点が隠れている。

アルゴリズムはいまや世の中のどこにでもある。ウェブ検索をする方法からオートコレクトによる文章の修正、GPSを使って空や海を航行する方法、スマートフォンを使って写真を撮り送信する仕方まで、我々の生活のほとんどあらゆる側面に使われ、利益をもたらしている。インスタグラムでフィルターをかけたり、自分のステレオのオーディオ設定を変更したりといった作業の裏側でも働いている。しかしだからといって、アルゴリズムが危険というわけではない。重要なことは、どうすれば我々のニーズに最もよく応えられるかについての感受性と深い理解をもって開発すべきだ、ということであり、ここがまさに文系人間《ファジー》の出番なのだ。

シヴァーニ・シロヤ（三二歳）は、そのような文系学部卒業生の一人だ。ウェズリアン大学で国際関係論を、コロンビア大学公衆衛生大学院で保健経済学を学び、国際連合人口基金とシティグループで働いた経験を生かして、開発途上国の恵まれない人々が切実に求めている資金を提供する仕事に従事している。

住居はカリフォルニア州サンタモニカだが、仕事の拠点はケニアにある。貧しい事業オーナーに資金を貸し付ける金融機関はマイクロファイナンス銀行と呼ばれている。借り手はたいてい開発途上国で事業を営んでおり、借り入れ実績がない。つまり貸し手は通常、特定の起業家に資金を貸すべきかどうかを判定するよい手段を持ち合わせていない。しかもこの手のローンは非常に少額であることが多い。

従来の金融機関であれば、社員を現地に派遣して借り手と面談し、その信用度を評価しなければならないが、このプロセスには経費がかかるので小口融資の金利が非常に高くなってしまい、時には二五％を超えることさえある。(40) その結果、開発途上国の成長エンジンとなるはずの中小企業のオーナーが、事業を成長させるために必要な資金を借りられずに取り残されるという事態がたびたび起こる。(41)

シヴァーニと彼女の会社タラ（旧社名はインベンチャー）はこの仕組みを根本から見直している。タラ社は個人の携帯電話に累積されている大量の個人データ（テキストメッセージ、通話記録、位置、移動情報、連絡先リスト）を最大限に利用して、電話の所有者に貸し付ける時のリスク評価に役立てているのだ。

これは、世界で最も貧困な諸国でさえ非常に高いスマートフォンの人気と普及率を利用したシステムだ。「私たちがスマートフォンのデータを使ったのは、その人の日常生活を最もよく反映していると感じたからです」と彼女は説明する。それもそのはずだ。彼女はインドからサハラ以南のアフリカ諸国全域に至る中小零細企業のオーナー四五〇〇人にインタビューを行い、この市場の将来性に明確なビジョンを描けているからだ。(42)

シヴァーニは理系の仲間と協力して、借り手候補がタラ社のモバイル用アプリを自分のスマートフォンにダウンロードしてローンを申し込む仕組みを構築した。タラ社は自社開発したアルゴリズムを使って顧客に関する一万のデータ・ポイントを分析する。すると、たとえば、電話料金の安い午後一〇時以降に頻繁に電話をする人ほど良質な借り手になることが分かった[43]。

おそらく、これはそういう人たちが自分の選択肢を体系的に理解しようと努力しているか、事実やデータにこだわって細部を読もうとしているからかもしれないし、もしかすると周囲の多くの人々に話しかけることでベストの方法を見つけ出そうとする、かなりのやり手だからかもしれない。また、大半の電話で四分以上話している人は、電話を通じて一定の人間関係を築けているのでそれほど危険ではなさそうだ、という傾向もわかった。もちろん、銀行からの引き落としや預金額、ソーシャルメディア、人口統計といったその他のさまざまなデータを評価して、借り手の全体的な評価を行っている。

タラ社は東アフリカ、インド、南アフリカ共和国でビジネスを始め、現在は金融業界では通常見逃されている世界の他の場所へと進出する計画だ。創業は二〇一四年で、その後二年以内にそれまで信用力がないとされていた一二万五〇〇〇人のケニア人が融資を受けるようになった。平均融資額は一回当たり一〇〇ドルで、債務不履行率《デフォルト》はおよそ五%[44]。借り手の四分の三以上が再融資を申し込んでいることから、人々が最初の経験に満足していたらしいことがわかる[45]。

こうした超小口《マイクロ》融資に破壊的変革を起こそうとしているのはタラ社だけではない。実際、このサービスは、立ち上がったばかりの多くのスタートアップ企業が覇権を争う激戦分野なのだ。たとえば、ブランチ社もアプリを使って信用度を判断しており、六〜一二%の金利で平均三〇ドルを貸し付けている。[46] またレンド社は、信用リスクを評価するアルゴリズムをつくり、従来の情報元とは違う、ソーシャル・ネットワーキングのデータなどに基づいて顧客の素性を確認している。

レンドは二〇カ国に進出しており、各国の金融機関や電気通信会社は同社に接続して新興国の中流階級、つまり従来型の基準では融資が認められないような層の人々の融資申込書の採点、評価、（信用度の）確認を行っている。[47] 人生の可能性が広がる兆候をデータの中に見つけ出す――これは、まさにアルゴリズムを通じて人々の生活が豊かになる実例に他ならない。

実際、アルゴリズムと機械学習を使えば、我々人間のスキルのほとんどを高められる。創造的な表現力もその一つで、その一例が、物語を語る力を改善する強力なインプットを提供するというイノベーションだ。

ソフィー・レブレットはスコットランドのグラスゴー大学で心理学を学んだ後、ブラウン大学に進学して認知神経科学の博士号を取得した。その後、カーネギー・メロン大学の心理学部長、マイケル・J・カールと協力して、ネオン・ラブス社を設立した。同社はオンライン・メディアと情緒的に共鳴しやすい画像を顧客企業が選択できるツールを販売している。具体的には、機械学習のアルゴリズムを用いて、それを見る人々に情緒的な共感を覚えさせるさまざまな画像を企業に提案している。言い換えると、データサイエンスを利用して意識下に訴える画像を見極めようとしているのだ[48]。

企業は常に新しいイメージの洪水にさらされ、コンテンツの作り手が視聴者を作品に触れさせる時間が短くなってきたため、このサービスへのニーズはますます高まっている。実際、人の脳は、どんなコンテンツに関わるか、避けるかについての意思決定をわずか千分の一七秒で下してしまう。この時間があまりに短いので、我々は自分が選択をしていることを実際には意識していない、とつい思ってしまう[49]。レブレットは、博士論文で脳の視覚システムが肯定的／否定的な反応を常にどう周辺に示しているのかを調べた。その反応を化学用語の「原子価」（原子価には正と負があること）から拝借して「マイクロ価」と命名し、その研究成果で特許を取得した[50]。ネオン社はこの研究を基に設立され、神経科学を利用して、「正マイクロ価」（製品に対する市場の好反応）を引き起こす情緒的な要因をマッピング（測量）して、消費者の選好を予想する。

人々は広告や新聞雑誌の記事、ビデオなど、さまざまな媒体から次々に画像を浴びせられているので、短時間で視聴者の関心を引きつけることが次第に難しくなっている。ネオン社はコンテンツ・クリエーターが最適の画像を提供できるよう支援を行う。顧客企業は数百万ものフレームや画像でできたビデオをネオン社のツールに入れる。するとプログラムは、神経科学に基づく機械学習をしながら、アルゴリズムの手法を用いてこれらの画像を分析する[51]。プログラムは画像を一つ一つ評価し、その配色や画像に描かれている表情など、一〇〇〇個の異なる変数に従って標識《タグ》をつける。

次に、画像は、画像の「種子ライブラリー」と比較される。種子ライブラリーには人々がそれぞれの画像にどう情緒的に反応したかについて企業がまとめたデータが収められている。ツールにインプットされた一つの画像が、過去に反応を示した種子ライブラリーの画像と似た特徴を持っていれば、ネオン社はそれを企業が利用したいと考える画像だ、という合図を出す。次に、ネオン社は顧客企業と関連付けられた画像すべてに順位を付け、ある極めて短い瞬間に最大の注意を最も効果的に引き出す画像をクリエーターが特定しやすいようにする。

要するに、ネオン社は物語の語り手《ストーリーテラー》であるクリエーターに取って代わるのではなく、力を与えているのだ。このことをもっと大きな視点から説明してみよう。

テレビ視聴者の注目を引く場面を選択しなければならない仕事をしている人について考えてみる。一九九六年のアトランタ・オリンピックの時、アメリカの全国放送NBCは全体で一七一時間分のスポーツ番組を放送した。二〇年後に行われた二〇一六年リオデジャネイロ五輪では、NBCは一日当たり三五六時間を放送し、この第三一回オリンピック全体では史上最高の六七五五時間の放映を行った。(52)

二〇一六年のスーパーボウルも同じだった。NBCの4Kカメラが一秒当たり一二〇画面のペースでフットボールの試合を録画し、フィールド上にはプロのカメラマンを複数配置して一人当たり二〇〇〇枚もの画像を撮った[53]。視聴者が目を離せない決定的な瞬間と、我々を最も感動させる数多くの劇的なシーンを見つけるために、これだけ莫大な画像を分類整理する作業は、ネオン社が開発した画期的な機械学習技術によって大きく捗るはずだ。

ソフィー・レブレット、シヴァーニ・シロヤ、カトリーナ・レイクはいずれもリベラルアーツで学位を取り、文系人間と理系人間のチームをまとめて、アルゴリズムの持つ新しい力をどう適用すれば人のニーズにうまく応えられるかについてのビジョンを明確にした。

ドアは今も大きく開いている。我々が従うのではなく、我々に仕える驚くべきテクノロジーを利用して、今後も彼女たちのような起業家がどんどんこのドアを通り抜けていくはずだ。最大の脅威はテクノロジーではない。何よりもテクノロジーを優先し、他の課題やリベラルアーツ分野、そしてツールをうまく利用するためにどういう問いを発すればよいか、といったことを犠牲にしてしまう我々の姿勢にある。我々はテクノロジーを育てなければならない。これを賛美するのではなく、さまざまな思考をこらして開発、応用することによって。

第5章 テクノロジーの道徳性を高める

The Fuzzy and The Techie

Making Our Technology More Ethical

ドナルド・ノーマンは長く「人間中心デザイン」（ユーザーである人間のニーズや能力、行動を理解し、常にその人のことを考え、確かめながらするデザインのこと）を提唱し、現在はカリフォルニア大学サンディエゴ校のデザインラボのディレクターを務めている。

一九八八年に書いた『誰のためのデザイン？——認知科学者のデザイン原論』（新曜社）で、いわゆる「毎日使う道具の精神病理学」について考察し、使い勝手の悪いティーポットや、押すべきか引くべきかが分からない開閉ドアなど、ひどいデザインの問題点を指摘し、「ユーザー中心のデザイン」の必要性を説いた[1]。

一九九二年に出した続編は『テクノロジー・ウォッチング——ハイテク社会をフィールドワークする』（新曜社、原題の直訳は「ウインカーは自動車の表情である」）という奇妙なタイトルだったが、同書のメッセージは実のところ大まじめなものだった。つまり、プロダクト・デザイナーは人のニーズや欲望に応えられる製品をつくり続けるよう必死に努力すべきだし、自分たちがつくり出そうとしている発明が人々の生活にいかになじむかを慎重に考慮すべきだ、というのだった。イノベーション、とりわけテクノロジーセクターのイノベーションは、我々の生活にフラストレーションを与えるのではなく、生活の質を高めるものでなければならないとノーマンは書いた。

「現代の多くのテクノロジーは周りの人間のニーズや関心を忘れてしまって、ただそれ自体のために存在しているようなのだ。本来、人間こそがテクノロジーの存在理由であるのだが……私の目標は、こういうテクノロジーの性質を攻撃することでも擁護することでもない。ただ、人々とテクノロジーの関わり合いがいかに行われるかを理解し、不都合がどこにありそれがなぜ起こるのかを発見し、さらに何か手を打とうとすることである。私の目標はテクノロジーの社会化、テクノロジーに人間性を与えること、と言ってもいいかもしれない」[2]

自動車のウインカーについて書いている箇所では、「機械は社会的な装置」という点に着目し、機械は人間と相互作用《インタラクション》するものなのだから、我々の考えや行動に合わせてデザインすべきだと主張した。要するに、機械は曖昧《ファジー》な人間性に反応するよう入念に作り込まれなければならない、と。人はお互いの意思疎通のために手や表情を使ったさまざまな表現を生み出してきたが、自動車もこれとまったく同じで、ドライバー間で意思疎通するためのウインカーが必要なのだ。[3]これが自動運転車（ノーマンはその登場をほとんど予測できるはずもなかったが）となれば、人と意思疎通ができる高度な手段——つまりメリッサ・セフキンが日産で開発しているような意思伝達パターンが必要になるだろう。[4]

ノーマンは、人間中心のデザインを目指す運動を主導した先駆者の一人として広く認識されている。この運動で最も重視されているのは、テクノロジーをなるべく人間的にすることだ。そして、彼は文系人間《ファジー》と理系人間《テッキー》のスキルを組み合わせてこそ優れた製品ができることを具体例で示してくれる。

コンピューター工学で学士号を取り、その後文系／理系の融合分野として画期的な数理心理学で博士号を取得。大学院では人の心の働きをコンピューターでモデル化する方法を研究した。UCSDの心理学教授として「人と機械の相互作用」という研究に三〇年近く取り組んで世界に大きな影響を及ぼした後、一九九三年にアップルに移り、「テクノロジーはリベラルアーツ、つまり人間性と結婚することによって……心が歌い出すような結果が生まれる」状態を実現したいというスティーブ・ジョブズのビジョンを実現するために力を尽くした。[5]「ユーザー・エクスペリエンス」という分野を創設し、彼の後を継いだ人間中心のデザインを研究する専門家集団の努力によって「アップル製品が世の中を導く」というジョブズが示した目標は、その実現に向けて大きく前進した。[6]

同時に、主に我々を補佐し、我々に喜びを与えるために設計されたテクノロジー製品の波は、多くの迷惑な「反動」ももたらした。ビデオゲーム中毒、電子メールやテキストメッセージを追い続けなければならないストレス、圧倒的な量のソーシャルメディアからの通知等々、テクノロジー製品を使うことによる予想外の影響のことだ。[7]テクノロジー製品はニーズを深く感じ取って我々を補佐し、目標達成を後押しし、生活を改善してくれる。デザイナーたちはまだ、その可能性の表面を引っ掻いているに過ぎない。

本章では、新世代のイノベーターたちがリベラルアーツ教育で培われたスキルや発想、感受性を技術革新に適用して、ドナルド・ノーマンとスティーブ・ジョブズの当初のビジョンをどう発展させたのかを探っていく。今日最も急成長を続ける企業には、文系人間に率いられている会社が少なくない。なぜなら、文系人間は強力な新技術を利用して日々の問題に対する解決策を編み出しながら、人が抱える切実な問題を自分のイノベーションがどう解決できるのか、使い手の立場に立って深く考え、仕組みを理解しているからだ。

ノーマンとジョブズによって敷かれた道を歩んだ者たちの中に、ヴィクトリア大学で哲学を専攻したスチュワート・バターフィールドがいる。メッセージアプリで有名なSlackテクノロジーズの創業者だ。バターフィールドの起業家としての経歴は長く、写真共有サービス会社Flickrをヤフーに二五〇〇万ドルで売却したのは二〇〇五年、三二歳の時だった。

ヤフーを二〇〇八年に離れ、ゲーム製作会社「タイニー・スペック」を設立した。[8] タイニー・スペック社がどうもうまくいかないという兆候が見え始めると、社員が電子メールを使わなくて済むようにつくってあった内部コミュニケーション用ツールを元に一つの商品を売り出した。この発想はズバリ当たった。Slack社を設立し、その後三年以内にこの新規ビジネスの毎日の利用者は二七〇万人を超え、事業価値は四〇億ドルに成長した。[9]

バターフィールドは以前から、人々が仕事で対処しなければならない電子メールの数を削減すべきだと強調していた――週末に三日間も仕事を離れると、四〇〇通もの電子メールに向き合わなければならないという圧倒的なプレッシャーを嫌というほど分かっていたからだ。Slackはユーザーが電子メールのジャングルを迷わず進むための有益なツールとなっている。

マッキンゼー・グローバル・インスティテュートによると、労働者が電子メールでのやりとりに費やしている時間は一日の労働時間の二八％を超え、情報収集のための一九％を上回っているという[10]。Slackへの投資家で、フェイスブックの初期に役員を務めたチャマス・パリハピティヤは「Slackは電子メールを破壊するでしょう。あらゆる企業にネットワーク効果をつくり出して、その結果――これを私は本当に重要なことだと思っていますが――人々には『時間』が戻ってくるはずです[11]」

ジェントリー・アンダーウッドはかつてデザイン会社IDEOの知識共有《ナレッジ・シェアリング》部門を担当し、特に「ソーシャル・ソフトウェア」の開発に当たっていた。ソーシャル・ソフトウェアとは、人間中心のテクノロジーを利用してつくられた、大規模な共同作業用のプラットフォームとツールのことだ[12]。アンダーウッドはスタンフォード大学で人とコンピューターの相互作用という文系／理系の融合分野を学び、記号システムで学位を取った。スタートアップ企業を離れるとサンタ・クララ大学で心理学、テネシー州ナッシュビルにあるヴァンダービルト大学で人類学と地域開発の修士号を取得した。こうした研究から民族誌学の研究方法——ボルネオ島の種族から二一世紀のオフィスで働く人々まで、フィールド（現地）で活動している人々を民族誌学者はどのように追跡し、観察しているのか——を学んだ。民族誌学での研究成果を使って、人間的な電子メールの受信用トレイを構築し、オーケストラ社を設立した。

同社は「メールボックス」というモバイル用アプリを提供する会社だ。ユーザーはこのアプリを使うと電子メールを楽しくスワイプし、後で使うために「スヌーズする」（眠らせておく）ことができる。このスタートアップ企業が主要商品である iPhone 向けアプリをリリースしないうちに、ドロップボックスはこの誕生後一カ月のアプリを一億ドルで購入した。

このように文系と理系を融合する新しい製品開発の時代はまだ始まったばかりだ。人文科学と社会科学の研究の視点や方法を用いて製品デザインを改善する素晴らしい機会はいくらでもある。ドナルド・ノーマンが言っているように、デザインには物を美しくする以上の力がある。「人々の心の奥底にある本当のニーズは何なのか。デザインとはそれを考え、見つけ出し、それに応える製品やサービスを世に生み出すための一つの方法である。人々とテクノロジー、社会、ビジネスに対する理解を統合する」ために、我々全員が参加しなければならない活動なのだ。[13]

1 デザイン倫理の発展

スティーブ・ジョブズは、自分が標榜する人間中心のデザインへのこだわりをアップルの従業員に掘り下げてもらいたいと、イェール大学ビジネススクールの学長だったジョエル・ポドルニーの指導の下に人文科学系の学者を会社に招聘し、二〇〇八年にアップル大学を設立した。教育の目標はさまざまな製品やデザインのスキルについて従業員を教育することだ。カリキュラムには、製品デザインにおける美しさ、単純さ、効率の重要性に特化したクラスが含まれている[14]。

アップル大学に集まった学界のスターたちの中に、キム・マローン・スコットがいる。プリンストン大学ではスラブ研究を専攻、アップル大学の教授陣に名を連ねる前は、グーグルでアドセンスを運営し数十億ドルのビジネスに育て上げた。もう一人はジョッシュ・コーエン。ハーバード大学では高名なアメリカ人哲学者ジョン・ロールズと共同研究し哲学で博士号を取り、MIT、スタンフォード大学、UCバークレーの教授として政治学、哲学、法律を教えた博識家だ[15]。

ある講義では、造園家フレデリック・ロー・オルムステッドがニューヨーク・シティーのセントラル・パークをつくった際に適用したデザインの原理に注目した。その一つは、町に住む人々の自然の美に対する鑑賞力を高めるには、セントラル・パーク内のあらゆる小道を曲線にするべきだというものだった。そうすれば、人々は公園の中で歩を進めるたびに見事な青葉の美しさを堪能できるはずだ、というのである。

オルムステッドが目指したのは驚きと喜びを与えることで、これもアップルが新製品をつくり出すときの目標の一つだった。そして、自然の美しさを民主化したかった。ニューヨークを抜け出してなごやかな田園の風景を楽しめるのはたいてい一部のエリート層だけだったからだ。[16] iPhone 上でアップルのインターフェースをスクロールすれば、読者も春の夕暮れにセントラル・パークの曲がりくねった小道を歩いている気分を追体験できるかもしれない。

人文科学と社会科学のカリキュラムには、テクノロジー中心の製品を手がけるデザイナーたちが、より魅力的で、しかも人間的な製品をつくる際に大いに参考になる内容がふんだんにある。グーグルの役員たちは、アップルの戦略を手本にして、深い思考に基づく、人間中心のアプローチを自社の製品とサービスのデザインで重視するよう努力を重ねている。

二〇一六年まで、トリスタン・ハリスはグーグルの「製品哲学者」だった。ドナルド・ノーマンと同じように、学部生と院生時代に、テクノロジーをつくる際に文系的な発想をどう持ち込むかの研究に没頭し、「倫理的デザイン」の主導的な提唱者になった。倫理的デザインとは、人間性を高めなければならないという主義に従って製品をデザインすることだ。[17] 現在は、「デザイン倫理」をテクノロジーに適用するためのグローバルな活動を先導している。

これは、リベラルアーツ教育のそもそもの目標と完全に一致した使命《ミッション》だ。古代ギリシャにおけるリベラルアーツ教育では、倫理的な行動の促進が中心的な位置を占めていた。哲学教育を受けて、意思伝達と批判的思考で優れたスキルを身に付けた人々は、市民生活で責任ある行動を取る備えができている。民主社会の成立で許された自由を行使し、守りながら、自らの情熱に従って生活する。そのための準備を整えると同時に、公益のために果たすべき義務を尊重すべきだと教えられもする。トリスタンは、自分が受けたリベラルアーツ教育に啓発されて、まさに同じ精神を技術革新に当てはめようと努力している。

ジェントリー・アンダーウッドと同じく、トリスタンはスタンフォード大学で人間とコンピューターの相互作用、具体的にはコンピューター・サイエンスの教育内容と言語学、哲学、心理学の教育内容を組み合わせたプログラムについて研究した。その目的は、機械「知能」を育むにはどうすれば良いのか、そして、どうすれば機械知能《マシン・インテリジェンス》は人間の思考と感情を最もうまく補完できるかについて理解を深めることにある。

トリスタンはB・J・フォッグの下でも研究を続けた。フォッグはスタンフォード大学教授。「説得技術研究所《パスウェイシブ・テクノロジー》（PTL）」を設立した心理学者で(18)、人々はどのように習慣を身に付けていくのかに注目し、テクノロジーをどう使えば人間行動を変えられるのかという研究分野を切り開いた(19)。PTLはフェイスブックで過ごす時間の心理学上の魅力や影響、そしてテクノロジーをどうデザインすれば人々が運動などのよい習慣を身に付け、喫煙のような健康に悪い習慣をやめられるかを分析している。

二〇〇七年、フォッグはフェイスブックに関するコースを教えた。学生たちは「大衆個人説得」の技術を使って二五〇〇万人の人々に影響を及ぼし、二〇〇八年には「フェイスブックの心理学」と呼ばれるコースを教えた。[20]「平和イノベーション研究所」でフォッグの説得技術を分析する研究者たちは、どうすれば「社会的な行動力と洞察力が高まり、世界平和への新たな道筋が切り開けるか」さえ探ろうとしている。[21]トリスタンは、テリー・ウィノグラード教授の指導の下でも研究した。グーグルの創業者ラリー・ペイジとセルゲイ・ブリンを指導した、あのウィノグラード教授だ。

情報へのアクセス手段を民主化するという、当時ほとんど未開発だった可能性にペイジとブリンが心を奪われたのとまったく同じように、トリスタンは、オンラインの読者向けの情報サービスを高度化する可能性に奮い立った。二〇〇七年に、ペイジやブリンと同じく大学での学位取得を中断して「アプチュア」社を設立し、[22]ウェブベースのテキストを読む読者がある単語をハイライトすると、そこにウィンドウが現れ、その単語の意味や数多くの関連情報を見られる仕組みをつくった。そして瞬く間に、読者が一つのページ上で目にできる情報の質を高め、それを大きな文脈で捉えられるようにした。『エコノミスト』紙、ロイター通信、『フィナンシャル・タイムズ』紙などのサイト全体から毎月一〇億を超えるページビューを集めた後、アプチュア社は二〇一一年、報道によると一八〇〇万ドルでグーグルに買収された。[23] トリスタンは当時二七歳。その後グーグルに製品マネジャーとして迎えられると、当時取り組んでいた課題に集中し始めた。それはデザインに倫理を持ち込むこと、言い換えれば人間のニーズを尊重し、グーグルの数十億人のユーザーのために公共の利益を高める、ということだった。

　グーグルでトリスタンが中心になって取り組んだことの一つが、マインドフルネスの心理学を従業員に理解してもらうことだった。現在《いま》の状態に意識を集中し、テキストメッセージや電子メール、電話に常に邪魔されずに、その瞬間の生を存分に経験することの重要性を強調した。そして、自らが創設し現在も運営している「有意義な時間を過ごす《タイム・ウエル・スペント》」運動を推進しようと、グーグルのトップクラスの製品デザイナーと、マインドフルネス・トレーニングの代表的な実践者であるベトナム人の禅僧ティク・ナット・ハンとのミーティングの実現に奔走した。[24] 我々は技術機器《テクノロジー・デバイス》を愛しているが、実はそのおかげで時間を有効に使えなくなっており、他人との意味深い交流、人間関係の構築、集中によって生まれる創造的思考を十分に生かす能力が低下し、混乱に陥っている――トリスタンはそう考えている。[25]

　トリスタンは子どもの頃から手品が大好きで、アマチュア・マジシャンとしての経験から、人の心が集中し、注意散漫にならずにいられる限界はどこかを深く理解している。手品の本質は人の視線をそらす点にある。[26]「ウィズダム2・0サミット」は、年に一度さまざまな分野の専門家が集まり、テクノロジーはどうすれば人の幸せに水を差すのではなく、高められるかを論じる会議だ。トリスタンはそこで、「人々の関心」を奪おうとするテクノロジーの傾向を覆そうと「有意義な時間を過ごす《タイム・ウェル・スペント》」を設立したのだと、その活動について語った[27]。

カーネギー・メロン大学で情報科学の教授を務めていたハーバート・サイモンは、「関心経済《アテンション・エコノミー》」という概念を確立したことでよく知られている。これは、人々の関心や注意力が情報量に対して希少になることで価値が生まれ、企業から求められる貴重なコモディティとして扱われる経済のことで、サイモンは「情報が豊富になると、何か別のものが不足する……情報がその受け取り手の関心を消費するからだ」と警告し[28]、情報革命がもたらす大いなる皮肉は、手に入る情報が豊富になると、注意力の貧困が生まれるということだ、と指摘する。一方、トリスタンは人々の関心を引くテクノロジーのリスクを人々に意識させようとしている。現在取り組んでいるのは、我々の時間を守り、集中力と経験の質を高めてくれる製品の開発だ。

問題の核心にあるのは、我々の注意を引こうと争う経済的インセンティブだ。携帯電話のアプリの作り手たちは、新しいウェブサービスのクリエーターやコンピューターゲームのデザイナーと同じく、ウェブやゲームになるべく多くの時間を使うよう促すことで主に金を稼いでいる。

「瞑想用アプリであれ、情報用ウェブサイトであれ、開発者たちは皆人々の関心や注意を引こうと競っています。つまり、どうすれば人々がそこで長時間過ごし、何度も戻ってきてくれるようになるのか、この点に頭をひねって工夫して勝とうというわけです。業界全体がこの傾向を促しています。このビジネスは脳幹の底にある本能を刺激して人々に時間を使わせようとするレースになってしまったのです」とトリスタンは最近語った。

倫理的デザインは、この「脳幹の底への競争」に疑問を呈する。我々の時間がどのように乗っ取られるのか、その仕組みを見極めて、我々の時間を尊重する製品とサービスの開発を促すのだ。[29]トリスタンは次のように問う。「テクノロジーは人間の可能性《ポテンシャル》を増幅させるのでしょうか、それとも我々を死ぬほど楽しませる道具に過ぎないのでしょうか」と。かつてスティーブ・ジョブズが言っていたように、コンピューターは、今なお我々にとって「知の自転車」なのだろうか。[30]

我々がフェイスブックの写真にタグ付けされると、電子メールで通知が送られてくる。企業はこうした警告を次から次へと送り続けるので、受信者は自分が何か大事な物——ある一瞬、出会い系サイトのティンダーから紹介される新しい相手、スナップやツイッター上でのつぶやき——を見逃しているのではないかという不安を抱き、すぐにチェックしないではいられなくなる。

また「この写真の人をタグ付けしてください」とか「あなたの新しいリンクトインでのつながり申請を承認してください」といった、企業からのソーシャル・オブリゲーションという催促（微妙な強制）にもさらされている。フェイスブックでメッセージを送ると（相手から）「受領済み」、「既読」といったメッセージが届くので、受け取った側は返答しなければならないという無言の圧力にさらされる。「僕のテキストメッセージを受け取ってないの？一時間前に送ったんだけど」

こうしたデザインのおかげで社会的道徳観が引っ張られ、人々は一瞬のうちに関心を抱き、他に何かもっと重要なことを追求していたとしても、そこから気をそらせてしまう。我々がテクノロジーに乗っ取られるのはまさしくこういう瞬間なのだ。

かつてアップルとマイクロソフトで働き、現在はＭＩＴメディアラボの「ソーシャル・コンピューティング諮問委員会」のメンバーであるリンダ・ストーンは、「恒常的関心分散症候群」という言葉をつくり出した[31]。この種の「準同期的《セミシンク》な」コミュニケーションは、同時でも時間差でもなく、仕事がいつも少しずつ中断されるというプロセスだ。自分は表面的な会話をいくつもうまくこなしていると信じ込んでしまうのだが、実のところは、いつも中途半端に理解しているに過ぎない[32]。

パスワードを入力してスマートフォンのロックをはずし、インスタグラムやワッツアップの新しいメッセージを見るたびに、我々は注意散漫な状態になる。そんなことはさほど多くないような感じもするが、デロイトによると、平均的なアメリカ人は一日当たり四六回スマートフォンをチェックするという。スマートフォンのユーザーは一億八五〇〇万人なので、毎日八〇億回以上も注意がそらされている計算になる[33]。どの製品を選ぶかの判断は、それが幅広く使われるが故にとてつもなく大きいのだ。

我々はテクノロジー時代の「マルチタスク」について話すことが多い。これは誰もがまるで二つ以上の仕事を同時にできるかのような表現だ。同時にできる仕事が多いほど他人に自慢する。もちろん、そんなことには何の価値もない。自席に座ってスプレッドシートを見た後に、一息入れて電子メールをチェックする様を想像してみてほしい。すぐに電話が鳴るのでそれに出て、簡単なテキストを妻宛てに書き込む。この一連の作業で実際にしているのは、一つのタスクに集中していると別の作業に割り込まれてそれをする……さらに次々と別の作業に中断されるという繰り返しに他ならない。専門家はこの行動を「作業間の急速な切り替え」と呼ぶ。

グロリア・マークはカリフォルニア大学アーバイン校の情報科学部門の教授で、この切り替え全体が労働者の生産性と心理状態、精神状態に及ぼす影響を「妨害科学」と呼んで研究している。(34) テクノロジーのせいで、人々はあたかも配線をし直すかのように、常に周囲の環境に自分を調和させているというのだ。仕事の中断が増えてもそれを受け入れるのは、我々がテクノロジーを通じて条件づけられた行動基準と、新しい価値観さえも持つようになったからだ。

ある研究で、マークは研究者を典型的なアメリカ企業に送り込み、そこで働く人たちの仕事がどれくらいの頻度で邪魔されているか、あるいは仕事を「自ら中断しているか」を観察した。答えは三分ごとだった。さらに、労働者が以前の作業に集中できるようになるまでには、二三分かかる場合があるとも指摘している。[35] 二〇〇四年の調査では、情報関連業務にあたる者はおおむね三分ごとに作業を切り替えていたが、現在はそれが四〇秒ごとに近づいていることも分かった。[36]

もちろん業務の中断が何から何まで駄目だというわけではなく、有益なものもある。中断の時間が短く、深い思考をさほど必要としない限り、中断が目の前の仕事に大きな影響を及ぼすことはまずないことも判明した。たとえば、自分から仕事を中断して電子メールに対応する人は、パソコンからの通知を受ける人よりも生産性が高い。[37] 今手がけている作業に関する中断は、実のところ人々の生産性とその仕事への集中力をかえって高めるのだ。[38]

とはいえ、こうした中断のすべてに通じる大きなコストは、ストレスだ。[39] 驚くほど多くの仕事を同時にこなしているという人の自慢話を次に耳にしたら、そこにはストレスという副作用が隠れていることを思い出してほしい。

ある実験で、マークは労働者たちに典型的な事務作業（まとまった量の電子メールへの応答）を課した。一つのグループは何の中断もなく作業に集中できたが、もう一つのグループには絶えず電話やインスタント・メッセージといった邪魔が入った。その後全員がストレス測定のテストを受けたところ、仕事を途中で邪魔された人たちの方がはるかに高いストレスを感じており、邪魔が入らなかったグループよりも強い時間的プレッシャーを感じていた。

ところが、仕事の中断を何度も余儀なくされた人たちの方が、邪魔の入らなかったグループよりも早く仕事を終えていた。

マークは電子メールで特定の質問に答える能力を測定したので、仕事の質を測ることもできた。邪魔をされ続けた集団の方がメールでの応答で使う言葉が少なかったが、回答の質は大幅に落ちていなかった。人間は「邪魔が入るぞ」といったん覚悟すると、実際には妨害のコストを認識してそれを補うべく仕事を速くこなそうとするのではないか――マークはそう考えている。仕事に完璧なやり方など存在しないことは明らかだが、マークのような研究者たちが、テクノロジーが我々にどのような影響を及ぼしているのかに注目し、トリスタン・ハリスのようなデザイン倫理の提唱者たちに情報提供することは重要だ。

我々の関心や注意力が占領されるメカニズムを解明し、トリスタンも指摘した現象の一つに、技術革新者《テクノロジー・イノベーター》たちがさまざまな報償の心理学をどのように用いて、人々を電子メールの受信トレイや「キャンディークラッシュ」（同じ色のキャンディーを縦か横に三つ以上上つなげると消えるゲーム）のようなゲームに何度もはまらせてしまうのかというテーマがある。

ハーバード大学の行動心理学者、B・F・スキナーは、一九五〇年代に、報酬を与えたり与えなかったりする条件をさまざまに変える実験をしているうちに、被験者は報酬が手元からなくなるとそれを熱望するようになることに気が付いた。現在は、報酬が「変率スケジュール」（報酬がもらえる回数に制限がなく、しかもその時によってもらえる回数が異なること）

で提供されるほど中毒性が非常に高まることが知られている。[40] 被験者は次にいつ報酬を受け取れるかを決して知ることがないため、報酬を得ようと夢中になる。これがスロットマシンの中毒性の背後にある原理だ。

トリスタンは問う。「アメリカ合衆国で、映画と、野球と、テーマパークを合わせたよりお金が稼げるビジネスは」。答えは「スロットマシン」だ。ニューヨーク大学教授としてメディア、文化、コミュニケーションを講じる人類学者のナターシャ・D・シュルは、二〇一二年に『デザインによる中毒』（未邦訳）を書いたのだが、スロットマシンをする人々が「何らかの問題を抱えている」確率が他のギャンブルに比べ三〜四倍高い、という研究成果を発表している。[41] ワンプレイ一回当たり片方のレバーを一度引くだけで金を奪っていくスロットマシンには「片腕の悪党《ワンアームド・バンディット》」というニックネームがついている。その意味で、スマートフォンは「一本指の悪党《ワンフィンガー・バンディット》」と言っても過言ではあるまい。[42]

「私はポケットの中にスロットマシンを持っている」。トリスタンがドイツの雑誌『シュピーゲル』向けのエッセーでそう論じたように、「スマートフォンのデザインには中毒性がある」。[43] そして実のところ、世界中で数十億人の人たちもそうした危険にさらされている。「私は自分のスマートフォンをチェックするたびに、何を得られるだろうとスロットマシンのレバーを引いている。電子メールを確認するたびに、何を得られるだろうとスロットマシンのレバーを引いている。自分のニュースフィードをスクロールするたびに、次には何が来るだろうとスロットマシンのレバーを引いているのだ[44]」

こうした社会状況を背景に、トリスタンは、倫理的デザインにも「グリーン（環境に優しい）」ビルディングを認証するラベルＬＥＥＤ（エネルギーおよび環境デザインにおけるリーダーシップ）のような認証制度の設立を提唱しており、さらに米食品医薬品局（ＦＤＡ）のような規制当局が必要かもしれない、とすら考えている。我々は情報消費の適切な管理《ダイエット》についてのように人々が考えられるような環境づくりを検討し、知的栄養物についても食物ピラミッドに相当するものをつくるべきではないか、と。

トリスタンの発想は遠大だ。「デジタル『人権宣言』をイメージしてみてください。数十億人の人々が使う製品に遵守を義務付けるデザイン標準の概要を定めるのです……それぞれの製品が本来の目標に向かってまっすぐ進めるように[45]」。アメリカ合衆国ではジェームズ・マディソン（米国第四代大統領）、ジョン・ジェイ（米国初代最高裁判所長官）、アレクサンダー・ハミルトン（米国初代財務長官）らフェデラリスト・ペーパーズを共同執筆した面々が、市民と政府の基本的権利と責任について議論を重ねた。

トリスタンは、デジタル時代のフェデラリスト（アメリカ革命後、連邦憲法の批准を支持した人々）たちがいよいよ現れ、技術デザインに関する権利と責任を議論してほしいと願っている。この思考の一部は、シリコンバレーにいる他の自由主義的な思想家たちの意見と明らかに対立する部分がある。しかしだからこそ、まさにこの会話、いや論争が公に行われる必要がある。

こうした考え方は単なる理想主義に響くかもしれない。しかし実際には、時間の有効活用の支援を重視した製品は容易に開発できるし、かなり儲かるかもしれないのだ。トリスタンは問う。「もし、技術がこれまでと違って……私たちがそれにどれだけの時間を費やしたいかを意識して設計されたらどうなるでしょうか。もしあなたが『僕は、電子メールに三〇分使いたいんだ』と言ったときに（電子メールのシステム）担当者がチーム内にいて、時間を自分の使いたいように使えるようにしてくれたらどうなるでしょう[46]」

トリスタンの文系的な観点に基づく主張を支えるのが、理系人間としてこれまで積み上げてきた実績だ。テクノロジーはどのように開発されているのか、そしてその方法を今後はどのように変えていけるのか――そのどちらも彼はよく分かっているからだ。

「アップルやグーグルには、デザインを改善してスロット・マシンにはまるような『間欠的不規則報酬』を中毒性の低い、予測可能な報酬に転換することで、こうした影響を低下させる責任がある」。二〇一六年、トリスタンは幅広い読者を持つブログ「メディア」上に寄稿した記事「テクノロジーはどうやって人々の心を奪っているか」でこう書いた。「たとえば、一日、あるいは一週間のうちこうした『スロットマシン風の』アプリをいじりたい時間をあらかじめ設定できるようにしておき、新しいメッセージがその時間に届く仕組みはつくれるはずだ」

製品デザイナーには、自分のつくる製品が人々の幸福を侵害している可能性について、その仕組みを説明する責任がある。トリスタンはそう主張することによって、テクノロジーデザイナーたちが今人々に及ぼしている影響にスポットライトを当てる。トリスタンの声は、デザイナーたちが倫理的に従う義務を負う事例に指導力を発揮し、勢いを与えるものだ。

2 選択する自由を守る

デザイン倫理を主張する人々は、「自分の時間を守る」ことだけをテクノロジーのイノベーターと消費者に求めているわけではない。テクノロジーが我々の選択の自由にいかに制約を与える場合があるかについても、もっと意識してほしいと考えている。スティッチ・フィックスの強力なアルゴリズムでみたように、自分の選択肢が限定されることがとても便利なときがあることは確かだ。その一方で、選択に制限があるためにしたいことができない場合もあるわけで、どうしてそうなったりならなかったりするかを常に意識しておくことも重要だ。

この問題に創造的に、そして強力に光を当てた人々の中に、ジョー・エデルマンがいる。エデルマンはAirbnb型サービスの先駆企業カウチサーフィン社で、コミュニティー構成員の性質や構成員間の関係に基づき、コミュニティーを複数の部分集合に分類し、相互作用などを整理する「コミュニティー・アルゴリズム」を組み立てたエンジニアだ。現在、エデルマンはドイツの首都ベルリンにある「リバブル・メディア（快適なメディア）センター」のテクノロジー・アクティビストと哲学者を兼務している。彼の仕事は、企業が消費者に選択をどう誘導するかではなく、人々が本当にしたい選択をできるようになるにはどうすればよいか、という観点からテクノロジーのデザインを研究するというものだ。

二〇一四年に発表した論文「選択とインターフェース」では、今やほぼどのテクノロジー製品にも見かけるようになった「メニュー画面」のデザインに、それまでとは根本的に異なるアプローチをすべきだと論じている。(47) 人々が単に「便利な」選択ではなく、「よい」選択をできるようにデザインすべきだ、と。

我々が日常生活の中でスクリーンを見る時間が増えるに従い、メニュー画面の果たす役割が大きくなっている。実際、我々が下す主な意思決定の多くは、メニューに表示される選択肢の一覧を基にして行われている。製品をつくり出しているエンジニアとデザイナーが間違いを犯すことがある以上、メニューが制作者の個人的な見解から完全に免れることはあり得ない。だからこそ、せめてこの画面くらいは偏見と操作から免れるべきだ、とエデルマンは主張する。しかし、彼の主張はもう一歩踏み込んでいる。メニューはユーザーの生活レベルの向上に役立つことが理想的で、つまり自分の価値観と一致した選択をできるようにならなければならない、と言うのである。

特に、時間が経ってから後悔するような意思決定を、ユーザーがしなくて済むようなインターフェースを求めている。もっと時間をかけてそのことについて考える努力さえしておけば、もっと良い選択肢を見つけられたはずなのに、と思わずに済むようなインターフェースだ。エデルマンはそれを「『知っていればそちらを選んでいたはずなのに』といつまでも思い続ける後悔」と呼び、悪いメニュー画面が目に入った結果、ユーザーは悔やんでも悔やみきれない選択をしてしまうことが多いと指摘する。

「時間コスト、資金コスト、待ち望んでいる結果が起こりそうかどうか、予想外の結果になりそうかどうか、同じ結果をもたらすもっと安い、あるいは他の優れた選択肢はあるのか、そして我々の希望自体が変わる可能性が高いのかどうか、ひどいメニュー画面には、そうした点に対する情報が抜けているかもしれない」

別の言い方をすれば、我々のテクノロジー製品には、タバコの箱に書いてある医師からの警告や、あらゆる食品に貼ることが国に義務付けられている成分表に相当するものが欠けている。タバコに火をつける人や、数キロカロリーのブラック・コーヒーではなく、四一〇キロカロリーのスターバックス・フラペチーノを飲んでいる人がいてもいい。しかしそういう人たちは、少なくとも完全な情報が掲載されたメニューを見ている。

その具体例として、エデルマンは理系オタク向きに選んだ映画の有名なシーンを使って説明する。『マトリックス』では、主人公のネオが赤い錠剤（ネオが住んでいた仮想世界に留まる）か青い錠剤（現実世界に向き合う）かを選択するよう求められる。そして、このわずか二つの選択肢を考え抜く。

エデルマンは言う。「ネオは、おそらく自分がひとっ走りしたいのか、あるいは後になってからロブスターのディナーを食べたいのかを考えも検討もしていない。ただ自分には(ディナーの料金を)払えるのか、ガールフレンドが一緒に来てくれるかしか考えていない。いや、ネオはただ与えられた選択肢から選んでいるに過ぎない[48]」

それは我々も同じである。一組の選択肢を与えられれば、普通はその中から選ぶ。しかしそのことは、自分が何よりもそれを好んでいることを必ずしも意味しない。与えられた範囲内での最高のもの、「相対的なベスト」を考慮しているのであって、自分たちができるはずの「絶対的なベスト」の選択をしているわけではない。この問題を解決するため、トリスタンは、アプリケーションを使う時には（メニュー画面に示されたアイコンを押すのではなく）必ずスマートフォンから直接検索して立ち上げるようにしている。この「意識フィルター[49]」を通すことで、自分が行うすべての動作が明確な意思を伴うことになる。ラップトップ・コンピューターの裏側に、「目的なしに開けないこと」と書いたポストイットさえ貼り付けている。

あるインターフェースを通じてアプリを操作することは、事実上一連の選択をしていることに他ならないため、インターフェースとの関わりには本質的に限界がある。我々に関連があるか、面白そうか、我々にとって重要かもしれない――テクノロジーデザイナーたちは自分がそう決めたユーザー向けの選択肢を作成し、ユーザーはその中から気に入ったものを選ぼうとインターフェースの中を動く。しかし、デザイナーたちはどうやってそれらが人々の関心を引き、また重要であることを知るのだろう。

発売前のソフトウェアや正式公開前のネットワークサービスを、一部のユーザーに試用してもらうベータテストでユーザーから好意的なフィードバックを得て、複数の候補を実際に試行してもらうA／Bテストで消費者の愛着度が改善したことが示されたとして、それは正しいと言えるだろうか。企業の創業者、デザイナー、開発者、投資家が尋ねることのできる、そして恐らく尋ねるべき疑問は数多くあるが、中でも重要なのは、メニューのデザインが我々の潜在意識をどう操作する可能性があるか、という点である。

ニューヨーク市のタクシー内のタッチ・スクリーンで、運転手にチップを渡す際の典型的なメニュー画面を考えてみよう。運賃が一五ドルを超えた場合、ニューヨーク市タクシー・リムジン委員会（TLC）が定めているチップのデフォルト値は二〇％、二五％、三〇％の三つで、それがタッチスクリーン・メニューに大きなボタンで表示される。もちろん、自分の好きな金額を入力しても良いのだが、ほとんどの乗客は画面上の脂ぎった汚れを見て、なるべく画面に触らないように、三つのボタンのうちの一つ——たいていは真ん中の選択肢を軽く突いて、二五％のチップを払うはめになる。

シカゴ大学の二人の研究者、カリーム・ハガッグとコロンビア大学のジョヴァンニ・パーチは、ニューヨーク市のタクシーでの一三〇〇万回の乗車データを分析し、「デフォルト値」が乗客の行動にどのような影響を与えたかを見たところ[50]、チップの全額が一〇％以上上がっていることが分かった。つまり年間六〇〇〇ドルを得ている平均的なドライバーにとっては、ただこのメニュー画面があるだけで毎年六〇〇ドルの追加収入になっていることが判明したのだ[51]。これはドライバーにとっては願ったりかなったりの話だが、しかしタクシーの乗客は本当にそんなに多くのチップを払いたいのだろうか。

ジョー・エデルマンは、こうした微妙な操作の及ぼす問題（意図的にそうされたものかどうかはともかく）を何とか解決したいと考えている。要するに、消費者個人の好みを十分考慮してインターフェースをデザインしたいのだ。

この点を具体例で説明しようと、エデルマンはある特定ユーザーの朝を最適化するために、iPhone 上に仮のロック画面を設計し直した——ただし、このロック画面に接触する実際のユーザー全員を代表するような「あるユーザー」という総称的な概念を使わなかった[52]。このインターフェースは特定の個人を想定し、その人の好みに合わせてデザインされている。たとえば、仮にここで「スーザン」というユーザーを想定する。自分の朝を最適化するロック画面を使うために、スーザンは自分の理想的な朝を説明してほしいと要請される。目を覚まし、新鮮な空気を吸い、ヨガをし、日記を書いてから仕事に出掛けたいのなら、それがデザインによって最適化される。

エデルマンが考えたロック画面には、朝には彼女が追い付いていないフェイスブックの会話に関するタイムスタンプ（日時が打刻された）通知も、読まなければならない電子メールも、見なければならないエンターテインメント情報も何も映っていない。なぜならこうした要素はスーザンの「理想的な朝」には含まれていないからだ。ロック画面を見れば朝のミーティングが何時から始まるのか、そして日記を書いてシェアしたいと思う友人や、今日一緒にヨガに行く友人がいるかが分かりさえすれば良い。

画面の下にあるウィジェットを使って、理想的な日を表現する形容詞の中から――「冒険的な」とか「静かな」――といった言葉を選ぶと、そのような気分になれるような友人やアプリだけが示される。デザイナーたちは、ユーザーがどのような一日を過ごすべきかを知ろうなどとは考えず、ユーザーが自分の生活をどう送りたいかについての選択肢を常に幅広く提供しようとする。

ドナルド・ノーマンは、我々が自分の生活に持ち込むテクノロジーの「押し付けがましさ」について、それがほんの小さなものであってもいかに影響力が強いかを理解していた。「我々の社会的な判断力、スキル、そして思考さえも、自分が使うテクノロジーの影響をいつまでも受ける。しかも、その影響は身体や心の隅々にまで及ぶのだが、その力があまりに微妙なので、我々は自分の信念がテクノロジーの独断的な性格によっていかに強く影響を受けているかに気付かないことが多い……科学技術者《テクノロジスト》が技術には何ができるかを考えてものをつくるとき、往々にしてそれが人の社会にどのような影響を及ぼすかをとことん考えているわけではない。技術者はテクノロジーの仕組みについては専門家だが、その社会的影響については無知であるか、時には無関心ですらある」[53]

例を挙げて説明しよう。コンピューター上でスクロールできる技術について考える。スクロール技術は、最初はコンピューター用マウスのデザインの中に現れ、ユーザーはこれを使うと、いちいちマウスをクリックして矢印で指すことなく、ページを下に移動し続けることができるという、驚くほど便利な機能を発揮した。[54] アップルのデザイナーが、スクロール・ホイールをつくってこの技術をｉＰｏｄのデザインに組み入れた時、我々は親指をほんの少しクリックしただけで数千曲の歌を操作できるようになった。

このデザイン改良に触発されて、さまざまなウェブサイトやアプリでスクロール機能が幅広く使われるようになった。そうして我々は電子メールやインスタグラムの写真、フェイスブックのニュースフィードをチェックせざるを得ない状況へと追い込まれていった。その結果どうなったのか。あれだけ多くの写真やコメントを一気にスクロールすることが今ほど簡単でなければ、恐らくそれだけ多くのことをしなくて済んだかもしれない。「自分でそうすることを選んでいる」――そういう自己分析はあり得るだろう。しかしテクノロジーのデザインは、特定の、時に計算された方法で我々の背中を「ちょっと押す」ことで、どちらかの行動をする際の抵抗を減らしているのだ。

もちろん、デザインの干渉を通じて行動を誘発するというコンセプトは新しくない。二〇〇八年、ハーバード大学ロースクール教授のキャス・サンスティーンとシカゴ大学で行動科学と経済学の教授を務めるリチャード・セイラーは、ノーベル賞受賞者でプリンストン大学の心理学教授を務める著名な経済学者ダニエル・カーネマンの論文を基に『実践　行動経済学』（日経ＢＰ社）を共著で出版した。[55] サンスティーンとセイラーが書名にした「ナッジ」（「ヒジで軽く突っつく」の意。健康、富、幸福に関する判断力を改善させる）とは、行動を促すデザイン上の工夫のことで、まさにトリスタン・ハリスとジョー・エデルマンが提唱している「選択設計」（選択肢の提示のしかたによって人の意思決定に影響を及ぼすこと）を意識的に再構成したものだ。

テクノロジーが我々の行動に及ぼす多種多様な影響をよく理解し、その影響への意識を高める方策を考えることが、文系人間《ファジー》にとって重要な仕事になってきた。グーグルが、二〇一〇年から二〇一三年まで、現在はコロンビア大学で心理学の教授を務めるデイモン・ホロヴィッツを臨時の社内哲学者として招き入れ、ユーザー・プライバシーにどう取り組めば良いかについて様々な助言を受けたのも、文系人間が提供すべき有益な価値への関心を同社が高めていたことの表れである。

ホロヴィッツは文系《ファジー》と理系《テッキー》の橋渡し役として、専門技術者《テクノロジスト》とリベラルアーツ教育を受けてきた人々の知識と物の見方を組み合わせようと力を尽くしている。コロンビア大学で学問を学び始め、あの有名な「グレートブックス講座」（コロンビア大学教授のジョン・アースキンのセミナーを契機として広まった古典講読運動）にも参加した。哲学で学士号を取ったものの、世の中が多くの分野で進歩が立ち後れていることに不満を抱いた。ＡＩを一種の万能薬、進歩の新たな形になりそうだとみて進路を変更し、ＭＩＴのメディアラボで技術分野での修士号取得を追求することにした。

リベラルアーツ教育を受けると、人は文系と理系とをつなぐ橋を行き来する勇気を与えられるようだ。二〇一一年に高等教育専門誌『クロニクル・オブ・ハイアー・エデュケーション』に寄稿した論文「技術者から哲学者へ」で、ホロヴィッツはプログラマーであることの戦慄するほどの「恐怖」、いや「力」について論じた。「『手書きを認識する』とか『ニュース記事を要約する』といった賢い作業をできる小さなシステムを二つ、三つつくると、たぶん自分はどんな仕事でもできるシステムをつくれるのではないかと思うようになる」

ホロヴィッツは述懐する。「私は高給取りの技術者としての仕事を持ち、最先端のＡＩ関連の業務に取り組み、技術理想郷《テクノトピアン》的な素晴らしい生活を送っていた。しかし、一つ問題があった……実際に私がしたのは、せいぜい賢いツールをいくつもつくったことだった——『知の代理人』になることなど夢のまた夢、単なるオモチャに過ぎなかった[56]」。そこで、もともと専攻していたリベラルアーツに戻り、哲学で博士号を目指そうと決めた。大学院で新しい視点を学んだおかげで、ホロヴィッツのテクノロジー開発の手法は劇的に変化した。

「大学院に戻った時、私は自分が興味をもっていた課題を人類がどう探究したのかを正確に知るヒントを持っていなかった……そして、思考と言語に関する技術者としての自分の視野がいかに狭いかに気が付いた……優れたAIシステムをどう構築すれば良いのかについて役立ちそうなアイデアもほとんどなかった。しかし、大学院の研究を通じて世界に対する新しい目が開かれたのだ……こうして私は人道主義者になった。そして、人間的な感受性が豊かになるとともに、以前よりもはるかに優れた専門技術者《テクノロジスト》になることができた」

ホロヴィッツは人間的な要素を検索エンジン技術に次々と応用し、「ソーシャル検索エンジン」企業のアードバークを共同設立した。同社のサービスを利用するユーザーは質問をしたり、その質問の関連分野に興味を示したり専門知識を持っている他のユーザーとリアルタイムでつながることもできた。たとえば、「シカゴでおすすめのバーは?」といった質問に対しては、アードバークはグーグルよりも簡単だ。すぐに、他の人とチャットベースで会話でき、そのままGメールでのやりとりに入れるからだ。

グーグルはこのイノベーションと、これを開発したチームに感銘を受け、二〇一〇年に同社を五〇〇〇万ドルで買収した。[57] ホロヴィッツは、専門技術者はみんな学校に戻り、人文科学の学位を取るべきだ、と勧め、その理由を次のように述べている。

「今日我々が直面しているテクノロジー問題、つまりアイデンティティー、意思疎通、プライバシー、規制といった問題に適切に対応しようとすれば、人間的な視点が必要になるからだ……人文科学で博士号を取るのは、この業界で傑出した存在になるために最も間違いのない道である。テクノロジーを牽引するのはもはやエンジニアだけではない。コンピューターが非常に神秘的な存在で、エンジニアだけがコンピューターの能力を理解しているという時代は終わったのだ。現在は、業界全体の動きとして、経営者たちの間に『プロダクト思考』へのシフトがみられるようになった。我々のテクノロジーが使われる社会的、文化的文脈を理解するリーダーたちが輩出してきた」

幸いなことに、リベラルアーツの重要な知見を技術に生かそうとしているホロヴィッツと技術イノベーターたちは、より倫理的な機械のデザインへの道を切り開こうとしている。最もスリルに富む進歩を見せている分野に「デジタル療法」のイノベーションがある。「デジタル療法」とは人々が健康的で幸せになるための支援をするプログラムと器具のことだ。

3　予防医学で差を付ける

二〇〇六年にコロンビア大学を卒業した時、シーン・ダフィーは、世界を二者択一的な存在だと思っていた[58]。自分が好きなこと、できることはただ一つで、自分の進むべき道は医療方面だといつも考えていた。医療に引き付けられたのは、月並みな言い方だが「世界への恩返しをしたかった」からだ。学部生の時に、コロンビア大学の「コア・カリキュラム」（中核となる教育課程）を履修し、文学や現代文明、芸術、音楽、科学の最前線についてかなりハードな勉強を強いられた。そこで神経科学について知り、魅了され、専攻することに決めた。

当時はまだ医学で学位を目指すつもりだったが、卒業すると、シリコンバレーの激しい躍動感に知的好奇心を覚えた。そこでメディカル・スクールへの出願を取りやめ、駆り立てられるようにグーグルに志願して「ピープル・アナリティクス部門」で職を得た。

こうして、文系人間と理系人間の異なる視点をいかに組み合わせるかを学ぶダフィーの探求が始まった。ピープル・アナリティクス部門での仕事を通じて、人々の管理の仕方と組織心理学を学んだ。技術革新の最先端で働けたことで、ソフトウェアの開発者たちが物事をどう考えているかを深く理解することができた。彼らが問題にどうアプローチするのかを目撃し、彼らと意思疎通をするために必要な語彙も覚えた。さらに、テクノロジーそのものについても多くのことを学んだ。「ツールの作り方を知らないとしても、ツールを使うと何ができるのかを学びました」とダフィーは述懐する。

グーグルで生み出される製品の多くが人のニーズに応えるようデザインされている様を目の当たりにし、テクノロジーとは何か、いったいどうデザインすれば人のニーズに応えられるのか、といったことへの理解を深めるにつれ、自分が新たに発見した技術への理解を、昔からずっと抱いていた医療への興味に結び付けられないかと考え始めた。

二〇〇九年にグーグルを辞め、ハーバードのMD／MBA（医学／ビジネス）ジョイント・プログラムを目指すことにした。とはいえ、医療技術《テクノロジー》を構築するだけの準備はできていなかった。ハーバード大学にはわずか一年在籍しただけで退学し、シリコンバレーで有名なデザイン会社IDEOで、ヘルス・デザインのスペシャリストとして仕事を得た。こうしてシリコンバレーに戻ってみると、「フィットビット」という名前の会社が注目を集めていた。

歩数計を人の手首につけて歩数を数えるという発想は、世界中の太り過ぎや肥満の人々の数を減らす画期的なイノベーションとして人々の健康に深い影響を及ぼす、と技術ジャーナリスト等に賛美されていたが、ダフィーは確信がもてなかった。(59) データだけでは人々を健康的な生活に向かわせることができないこと、そして行動を本当に変えるように現実的な支援をするには、人間らしさ《ヒューマン・タッチ》が必要だということに気が付いたからだ。

ダフィーはIDEOの同僚、デニス・ボイルと一緒にデジタル・ヘルス製品の可能性を模索し始めた。二人は、手首に着ける加速度計の先を見据えることが重要だと考え、このツールが生活習慣病にどのような影響を及ぼせそうかを探究した。

糖尿病防止プログラム研究グループは、境界型糖尿病の人々のライフスタイル介入に関する重要な研究をすでに発表していた。そこで明らかになったのは、Ⅱ型糖尿病（アメリカ人男性の八％が罹患している）は、生活習慣を改めれば（要するにダイエットと運動をすれば）予防できるということだった。体重を七％減らすという目標を達成した人々の間では、糖尿病の発生率は五八％低下した[60]。この結果には深い意味があった。

　ダフィーは考えた。学生時代に学んだ神経科学分野の知識や、人々を管理し、その行動を理解するというグーグルでの「非」技術的な経験、医学部での学び、ＩＤＥＯで身につけたデザイン思考を、もし何らかの方法でうまく応用できれば、Ⅱ型糖尿病の解決に近付けるのではないか。自分は本来文系人間であることを自覚していたので、正しい理系人間と組めばこの問題に立ち向かえそうだと考えた。正しい問いを発する能力は、データだけ、テクノロジーだけのアプローチを取る人々よりも有利に働いた。

　ＩＤＥＯで働き続けながら、ダフィーはサンフランシスコでコンピューター・エンジニアのチームを集め始めた。そうして行動介入と行動変化のための臨床プロセスに関する文献を読み漁った。糖尿病防止プログラム研究グループの臨床試験はそれまで、患者たちをコーチし、密接な関係を持ち続ける人のカウンセラーに頼っていた。この介入には効果があったが、規模を拡大できなかった。経済的に考えると、糖尿病のリスクにさらされている数百万人のアメリカ人にそのような集中的なカウンセリングを行うのは難しい。しかし、そのような治療を、人間味《ヒューマン・タッチ》を残したまま評価するテクノロジーは開発できるかもしれない[61]。

　とはいえ、自分たちがデザインした介入が効果を持つには、患者の思考と感情を完全に理解しなければならなかった。二〇一一年、技術チームが一行目のコードを書き始める前に、当時二七歳のダフィーはジョージアの田舎町に飛び、共同創業者とともに境界型糖尿病と診断された患者たちと向き合った。それは彼にとって恐ろしい光景だった。

「私たちが話した人たちは『自分が捨てられた』と感じていました。命に関わる病気である危険性が高いことが分かると、パンフレットを渡され、ライフスタイルを変えて体重を落とせと言われる、せいぜいその程度のことしかされていなかったのです」と述懐する。患者たちは社会からの支援も、継続的な医学的指針も得られず、放っておかれていた。医師たちは責任を取ろうとせず、患者は自分で何とかしなければならなかったが、対処法を知っている人も、体質改善のために規律を守っている人もほとんどいなかった。当時、ジョージア州アトランタにある疾病対策予防センターは、皮肉なことに、感染症ではなく慢性病を「二一世紀の公衆衛生上の課題」とみなして、州全域に支援を求めていた(62)。

ダフィーは、デジタル化によって規模拡大を図りながらも、患者に対して行動介入を行い、動機付けの手段を提供し、対面式プログラムの心理的影響を維持する方法を見つけ出さなければならないと思った。そのためには、行動を変えさせる引き金となる何かを患者の手元に置いておき、彼らがⅡ型糖尿病を発症する前提条件を克服できるよう支援しなければならなかった。そこでオマダ・ヘルス社を設立し、自分たちの仕事を「デジタル治療」と呼び始めた。そして患者のライフスタイルを改善しようと、ありとあらゆる手段を使って患者を囲い込もうとした。

解決策となったのは、理系的要素と文系的要素の融合だ。小集団によるソーシャル・ネットワーク、パーソナル・コーチによる健康指導、インターネットに接続して個人の進捗状況をチェックできる体重計といったデジタル追跡型ツールを組み合わせた、証拠に基づく科学的方法だった。ダフィーは、理系人間たちとパートナーを組んで、リスクに瀕している数百万人の患者のために命と生活を根本的に改善できるプログラムを実現しようと決意し、製品開発のための費用として合弁会社で八〇〇〇万ドル以上の資金を調達した。

五年の開発期間が経過し、オマダ・ヘルスは彼のビジョンを実現している。オマダ社の主力製品は、患者の食物摂取と運動習慣、社会での交際範囲や活動の特徴、感情傾向、「変わろう」という意欲（これは患者がオンラインでの質問票への書き込み内容で測定できる）を考慮する。同社のソフトウェア・プログラムは、患者を居住地、性格、ライフステージなどで評価し、お互いに馬が合い、支え合うことができそうな小グループごとに分ける。各グループにコーチも一人配置する。グループのメンバーとコーチは自分たちの目標達成に向けてお互いを励まし合う。患者全員に共通する中心的な目標の一つが七％の減量だ。

糖尿病防止プログラム研究グループによると、七％減量するとⅡ型糖尿病のリスクが五八％低下する。全プロセスを通じてグループの全員がお互いの進捗状況を教え合うので、メンバー間にはピア・プレッシャー（仲間内での圧力）が生まれるが、これは共感とモチベーションの源泉にもなる。オマダ社の科学者たちによると、プログラム参加者の八〇％が七％の減量に成功したという。ダフィーは言う。「当社のプログラムは交響曲に似ています。オーケストラにはすべての楽器が必要なのです」[63]

ダフィーと彼のチームがオマダ・プログラムをつくり始めた時、医学界の専門家たちは、もし同社がプログラムの成果について確証を与えるデータを発表したら、医療機関の患者に対する医療行為として医療費の払い戻しが実現するのもそれほど遠くないだろうと示唆していた。私が二〇一六年春にサンフランシスコにあるダフィーのオフィスを訪問すると、彼はニッコリ笑いながら私の方に大股に歩いてきた。もうそれだけですぐに話したいニュースがあることが分かった。

「メディケア&メディケイドサービスセンター（高齢者と障害者の公的医療保険プログラムを運営する公的機関）が、ちょうどデジタル療法の医療費の払い戻しを承認したんです。医療費負担適正化法の下で医療費が返還される、正真正銘の最初の本格的デジタル・サービスになったのです」

ダフィーはこの瞬間を外科手術の世界における麻酔の夜明けに匹敵すると述べた。麻酔と強い鎮痛剤が出現するまでは、外科医のできることにはかなり制約があった。それは、医師がそれ以上のことをできなかったのではなく、リスクを取れる範囲が限られ、社会が積極的に受け入れられる範囲も今よりも狭かったのだ。

麻酔薬が登場すると、患者が痛みを感じる範囲が狭まるとともに外科手術の可能性も大きく広がった。これと同様に、デジタル療法もさまざまな境界を押し広げて予防薬の効果も高まるだろう。

デジタル療法の最先端で活躍するイノベーターは他にもいるが、中でも最も優れている人たちは、やはり技術力に人間味《ヒューマン・タッチ》を組み合わせている。『ワイアード』誌の寄稿編集者スティーヴン・ジョンソンは、テクノロジーの未来が我々の生活にどのような影響を及ぼすのかについて数多くの書物を執筆している。「行動を変えるためにテクノロジーができる本当の可能性を認識する」と題する論文の中で、ジョンソンは次のように論じた。

「内燃機関と電球のおかげで、我々人類は行動と視界の弱さを克服できた。それと同じように、我々はデジタル技術のおかげで、推理力、自制心、モチベーション、自己認識、動作主性（自分の行為が外部世界にある結果を引き起こすという感覚）が弱いという、自分の『行動変化』を非常に難しくさせるさまざまな要因を克服できるかもしれない(64)」

4 大衆に対するデジタル療法？

この見方を証明しようとしている二人のイノベーター（夫妻）を紹介しよう。彼らは非常に有効な新療法を低コストで提供するため、自分たちの理系的《テッキー》な才能と心理療法の知識を組み合わせ、メンタルヘルスの世界に大きな影響を及ぼそうとしている。

精神的苦痛に悩まされている人々は、治療よりも黙って苦痛に耐えることを選ぶ人が多い。

ロニー・フランクとオーレン・フランクは、こうした人々すべてに元気を与えるというミッションに取り組んでいる。「トークスペース」というテクノロジー・ベースの治療プラットフォームを設立し、一週間当たりわずか三二ドルという固定費用で、患者がテキストメッセージや録音された音声やビデオを通じて、免許を持ったセラピストに好きなだけ相談できる仕組みを提供している。フランク夫妻は我々のポケットに入っているあの中毒機器を、それを求める人にとっては必要不可欠なライフラインに転換しようと努力しており、トークスペースを開始して三年も経たないうちに、一〇〇〇名のセラピストが三〇万人以上の利用者に個別サービスを提供するまでに成長した[65]。

社会に出たての頃、ロニー・フランクはソフトウェアのエンジニアだった。夫のオーレンとともに夫婦療法に通ったときの経験が彼女の人生を変えた。その時の治療で抱えていた心の問題に対処できただけでなく、自分自身がセラピストになりたいと決意した[66]。

彼女は文系／理系の境を乗り越えて、ニューヨーク大学の心理分析大学院の修士課程に入学した。卒業すると、そこで身に付けた心理学の知識を、すでに持っていたテクノロジーの専門知識と組み合わせて「トークスペース」を設立した。アメリカには毎年メンタル関連の疾患と診断される人が五〇〇〇万人もいて、これだけ多くの人々が苦しんでいるにもかかわらず、治療を受けられるのはわずかその三分の一であることは学んで知っていた。

医療費がとてつもなく高いこともあるのだが、メンタルの治療を受けることが恥ずかしいという気持ちから従来の治療法から締め出されるケースは多い。ここ数十年でそうした人々は減ってきたとはいえ、「恥ずかしい」という気持ちが多くの社会では現在も障害となっている[67]。ロニーは、メンタルの治療はもっと気軽に、落ち着いて受けられるものであり、技術ツールを使えばそれが実現できることを知っていた。

患者はデジタル上で信頼できる公認セラピストを紹介され、しかも治療コストを大幅に下げられる。従来の治療であれば一時間当たり一五〇ドルを超えても不思議ではないが、トークスペースのカウンセリング費用は一カ月で一三〇ドルもかからない[68]。精神的な病にかかった人々が治療になかなか踏み切れないもうひとつの懸念はプライバシーだが、ロニー・フランクが慎重に慎重を重ねて考案した申込書をみれば、苦しんでいる人々が前向きになり、救いを求めたくなるだろう、そう彼女は願っている。

ロニーがデジタル療法のアイデアを思いついた時、夫のオーレンは広告会社の専門技術者《テクノロジスト》で、この問題に特化したスタートアップ企業を妻と共同設立することに夢中になった。ニューヨークのアッパー・ウェストサイドにある小さなロフトで働きながら、フランク夫妻は悩める人たちに抵抗の少ない入り口を提供することで、精神的治療の印象を変えようと努力している。念入りに考えたサービスを極めて低コストで提供しているため、両親を動揺させるのではないかと心配するティーンエージャーや、自分の経験したトラウマ（心的外傷）になかなか対処できずに悩んでいる退役軍人といった、助けを求めることにかなり抵抗を感じる人々も、必要な治療を得ようという気になるはずだ。

大きな市場となる可能性を期待されているのが大学のフラタニティ（社交クラブ）だ。その一つアルファ・タウ・オメガ（ATO）[69]はトークスペースと連携して一四〇の支部の全体で一万人の学部生に治療を提供している。ATOのフロリダ大学支部長、オースティン・ヘインズはこう語る。「フラタニティのような環境では、恐らく自分から声を上げるのは難しいでしょう。誰かが精神的な健康問題に苦しんでいることは十分にあり得ます」

セラピストも患者と同じくらいトークスペースに熱心だ。というのも同社はセラピストが効果的に治療を行うための患者管理ツール一式を開発したからだ。セラピストはさまざまな背景を持った新しい患者たちと交流したり、治療者コミュニティーから多くのことを学んだりできる。

しかし、トークスペースが成功した主な要因は、テクノロジーの便利さではなかった。フランク夫妻が精神療法と患者のニーズ、精神分析医の何たるかを深く理解していたからだ。五〇万人以上の人々がトークスペースを試し、一〇〇〇人のセラピストが全米五〇州のプラットフォームで働いている。それよりも、手軽な形での治療を従業員、学生、卒業生への恩恵として提供することの価値を分かり始めた組織が増えている点が重要だ[70]。

マンハッタンの秋のすがすがしい日に、私はトークスペースが設置した斬新なマーケティング施設を見に行った。いわゆる実験的マーケティングの実践場だ。有名なフラットアイアンビルの隣にあるマディソン・スクエア・ガーデンの中にしつらえられた、空気を入れて膨らませた透明のプラスチック型ドームに私は目をこらした。この都会の「イグルー」（カナダのイヌイット族が住居としていた、氷のブロックを重ねてつくったドーム状の家）にはオフィス用家具、机、大きな肘掛け椅子と植物が置いてあった。透明なプラスチック型ドームに置かれたセラピスト用の仮オフィスは、一つのメッセージを発していた。「恥じることは何もない」。通行人は気軽に入ってきて、セラピストと気軽に会話できる。(71)

同じ公園の別の施設では、トークスペースのマーケティング担当者が、ビックリハウスのゆがんだ鏡を公園の隅の歩道にいくつも並べた。(72) 一つの鏡は凹型で人々の姿をひしゃげた点のように縮めてしまい、もうひとつは凸型で、見ている人の姿を拡大するものだった。他の鏡は曲がっていて、人々の顔や手足が映るとねじ曲がったりゆがんだりした。それぞれの鏡の上にはプラカードが飾ってあり「インスタグラムを使うとこんな気分になる私」といった言葉が書いてある。鏡の列の横には広告板が並んでいて、実際にインスタグラムに投稿した写真、たとえば燃えている建物の前でニヤニヤ笑ってポーズを取る自撮り写真に「屋根が！屋根が！　屋根が燃えている！」という見出しのついた投稿が貼ってある。(73)

広告板の上には、タバコのパッケージによく見る米国公衆衛生局長官警告を模した次のような通知が書かれてある。「警告：ソーシャル・メディアを使い過ぎると周りの人々に共感できなくなる可能性があります」。「警告：ソーシャル・メディアは非常に中毒性が高く、心理的ひきこもりに結び付きかねません」

表示は挑発的で、通行人に対し、テクノロジー、地位、イメージに自分がどの程度依存しているかを考えるきっかけになることを意図していた。人々はプラカードを読んでは考え、鏡を見ては自らを省みる。近くのテーブルでは、トークスペースのスタッフが同社についての情報を通行人に手渡し、ゆがんでいない平らな鏡を立てて、その上には「これがあなたの本当の姿です（素晴らしいじゃないですか！）」という文言の標識が掲げてある。

一九九二年といえば一昔前になるが、ドナルド・ノーマンは『テクノロジー・ウォッチング——ハイテク社会をフィールドワークする』の中で、当時としては新しかった写真工業技術（とりわけビデオ録画用機器）のおかげで、人々は日々の体験を十分に堪能できなくなっているとコメントした。

「旅行するたびに私は記録用の機材を手に余るほど抱えている人を畏れと驚きをもって観察している……そういえば、かつてはテクノロジーに邪魔されずに頭の中のイベントを思い出して楽しめた時代があった。今日われわれはイベントを記録し……そして、記録する行為もイベントになってきた。何日か経ってわれわれはイベントを振り返る。ちゃんと見ていたら見えたはずのことを見るためにそのテープ、フィルム、ビデオをながめるのだ。それからちゃんと見ていたら見えたはずのことを他の人も経験できるように、記録されたイベントを見せる。その人たちが体験したくなくてもおかまいなし。ありがたいことだ」(74)

人々の関心を集めようとする「関心経済《アテンション・エコノミー》」の置かれた状況と、この驚嘆すべき科学技術の時代に刻まれる、数多くのさまざまな報酬を目の当たりにすると、我々は明らかにデザイン倫理の大義に則って進んでいく必要がある。そのためには、これまで以上に意味が深く、身体と心を癒やし、人生を充実させる形で我々が関わっていける革新的な製品が必要だ。文系人間と理系人間たちにとってこれほど克服しがいのある課題はないだろう。

製品デザインは「物語る《ストーリーテリング》」という行為の一形態であり、なおかつアナログ世界からデジタル世界への一種の翻訳でもあることを忘れてはならない。人間性の研究から得られたさまざまなヒントをベースに、文系人間と理系人間たちからの情報も得て組み立てられた製品こそが、最も魅力的な物語を語るのである。

第6章
「学び方」を高める

The Fuzzy and The Techie

Enhancing the Ways We Learn

学校はもっとＳＴＥＭ（科学、技術、工学、数学）分野に力を入れるべきかどうか。この激しい論争に関する痛烈なまでの皮肉の一つは、シリコンバレーで働くテクノロジーの専門家の多くが自分の子どもを「ソフトな」学校に通わせている、ということだ。こうした学校では、まさに大学のリベラルアーツ教育が推し進めようとしているスキルの構築を目指しており、その中心にあるのが知的な好奇心と自信、創造性、高いコミュニケーション能力、他人への共感力、そして学びと問題解決に対する愛情だ。[1]

二〇一一年に、『ニューヨーク・タイムズ』紙は「シリコンバレーにコンピューターのない学校」というタイトルの記事を掲載し、イーベイのＣＴＯ（最高技術責任者）をはじめ、グーグル、アップル、ヤフー、ヒューレット・パッカードの社員らが、どういう理由で自分たちの子どもをカリフォルニア州ロスアルトスにあるウォルドルフ・スクール・オブ・ザ・ペニンシュラに通わせているのかを報じた。

同校は全米で一六〇校ほどある「ヴァルドルフ教育メソッド」に従った教育を行っている

私立学校の一つだ。[2]「シュタイナー教育」としてもよく知られるこの教育法は、もともとルドルフ・シュタイナーの教育哲学に基づくもので、[3]ドイツ、シュトゥットガルトにあったヴァルドドルフ＝アストリア・タバコ会社の従業員の子ども向けに一九一九年から始められたことから、「ヴァルドドルフ教育学」とも呼ばれている。

同学校では身体を動かす活動と手作りの創造学習に力が入れられ、特に幼少期には遊びが、そして小学校ではソーシャルスキルや芸術的な能力を伸ばすことが重視されている。中学校段階では、批判的思考に加え、他者に対する理解と共感に力点が置かれる。シリコンバレーの中心にある学校としておそらく最も驚くべき事実は、ウォルドドルフ・スクール・オブ・ザ・ペニンシュラの教室にはコンピューターのスクリーンがまったく無いということだろう。

教育学者のマイケル・ホーンによると、子どもたちをここに通わせているハイテク企業の役員たちは「機械は膨大な仕事や作業を自動的にこなしてくれます。だからこそ我々はソフトスキルを身に付け、人間性やテクノロジーの補完方法を知ることが必要不可欠なのです。ところが現在の教育システムはそのための準備ができていない」ことを理解している、という。[4]

ハーバード大のエコノミスト、デイビッド・デミングが行った研究は、今日の、そして将来の雇用市場にとって人間味《ヒューマン・タッチ》がいかに重要かを明らかにしている。二〇一五年に発表した論文「労働市場で重要性を増すソーシャルスキル」で、デミングは科学、テクノロジー、工学分野全体では雇用市場が縮小している一方で、高度なスキルを求められる仕事で最も高成長を遂げているのは、法律や看護、企業経営など、高い対人折衝能力を求められる職業だと述べた。[5] ところが、ホーンによると、ソフトスキルを高めることが決定的に重要であるにもかかわらず、STEMスキルが重視されるあまり、この点に注意が払われなくなってしまったという。

アメリカの「K－12」（幼稚園（K）からグレード一二までを義務教育期間とする教育システム）と呼ばれる公教育の必修カリキュラムでは、具体的なスキルの指導と効果測定が重視され、厳格に定められたコア科目以外の指導に当てる時間は次第に小さくなってきている。しかも、標準テストを通じた指導の効果測定が加わる。ソフトスキルは標準テストでは容易に測れないので、ソフトスキルの教育の重要性を主張しにくくなっている。[6]

ソフトスキルはいつの間にか教育における暗黒物質《ダークマター》になってしまった。宇宙に存在するものの、測定ができず、しかし太陽系の自然現象を深いところで形成していることを天文学者たちが分かっている、とてつもない量の物質。ソフトスキルはまさにそのような存在になった。[7]

それでは、テクノロジーをはじめとするSTEM分野の基礎知識を身に付けさせながら、我々はどうやってそれほど重要なソフトスキルや創造的な自信、学びにおける冒険心、そして幅広い好奇心を子どもたちの中に育めば良いのだろう。また、正しいスキル、いわゆる

「必要な資質《ライト・スタッフ》」、つまり真っ当な性格、リーダーシップ、自信といった資質をどのように身に付けさせれば良いのだろう。(8) 教育の中に文系的《ファジー》なものと理系的《テッキー》なものをどう均衡させれば、成功の可能性を最も高められるのだろう。

幸いなことに、最近は教育分野でもイノベーションのブームが起きており、有望なアプローチャやツールが次々と生まれている。しかも技術ツールには、学び方に関する人間の知恵を組み合わせたものが多い。教育テクノロジーのスタートアップ企業は大変な人気を集めている。二〇一〇年以降、ベンチャー・キャピタリストたちは「K-12」教育を対象とする企業に二三億ドル以上をつぎ込んできた。(9) 簡単に言うと、テクノロジーと教育を組み合わせる手法は、時代遅れのおおむね効果のなかったアプローチの時代から、今まさに大きな飛躍を遂げようとしている。

1 指導における正しい均衡点を見つける

技術ツールを教育に取り込む試みは二〇~三〇年前に始まったが、ほとんどが期待外れに終わっている。たとえば、すべての授業をコンピューターで遠隔から提供する通信教育課程については、賛否両論が激しく巻き起こった。批判者は、人と人とが直接向かい合う授業ではないため教育の質が落ちると主張した。

批判の的となっている端的な実例を一つ紹介しておこう。オハイオ州コロンバスで運営されている「エレクトロニック・クラスルーム・オブ・トゥモロウ（ＥＣＯＴ）」は公的資金で運営されているオンラインの特別認可学校《チャータースクール》だ。この学校には数々の問題がある。同校は全州にわたって一万七〇〇〇人以上の学生に教育を行っており、全米でも最大級の卒業者数を誇っている。ところが詳しく調べてみると、その数はシリコンバレーの用語で言う「虚栄の指標」であることが分かる。つまり一見目を引くものの、実際には成功したという本当の指標とは到底言えない代物なのだ。[10] 二〇一六年に、『ニューヨーク・タイムズ』紙は「オンライン・スクールは、生徒はともかく関連企業を豊かにしている」という記事を掲載した。それによると、卒業生一〇〇名につき八〇名が留年か中途退学していることが、ＥＣＯＴに関する連邦政府のデータから分かるという。[11]

ＥＣＯＴが主に対応しているのは、健康上の問題といった特別なニーズを持っていたり、学校で素行上の問題をかつて起こしたりといった生徒たちだ。さらに、教室での一対一の監視や教師との個人的なつながりをもてないため、ドロップアウト問題は悪化しているようにみえる。ところで、留年／中退率の高さはこの学校だけが抱えている特殊なものではない。他のオンライン教育専門校の留年／中退率も、全米平均よりもはるかに高い。

アメリカの高等学校の平均卒業率は八二％だ。ところが、教育支援団体の共同体「アメリカズ・プロミス連盟」の報告によると、オンライン・スクールの平均卒業率はおよそ四〇％

で、オフラインの学校の半分にも満たない[12]。二〇一四年に、ＥＣＯＴの卒業生数は最上級学年総数の三九％を下回った。『ニューヨーク・タイムズ』紙はさらに、「公的資金で運営されているＥＣＯＴをはじめとするオンライン・スクールは新たなドロップアウト工場になった」とまで言い切った。

オンライン教室よりも有望なのは、近年爆発的な伸びを見せているオンライン独学用ツールだ。最も有名なのは非営利団体のカーン・アカデミーが提供しているコースと、ＭＯＯＣｓ《ムークス》として知られている大規模オンライン公開無料講座の誕生だ。これはアイビーリーグの多くを含む従来型の大学や、コーセラやユーダシティといった民間企業によって提供されている。

カーン・アカデミーの創設者、サルマン・カーンは、いとこに数学の宿題を教えている時に、学校に通う子どもたちの家庭学習を助ける個別指導の必要性を認識した[13]。そこで、誰でも簡単について行けるレベルのレッスンまで学習内容を分割した、数百のショート・ビデオを制作した。カーン・アカデミーの個別指導ライブラリーは学校の全カリキュラムをカバーするまでに成長し、演習用教材や教師向けのツールまで揃っている。

一方「ムークス」では大学で行われている幅広い分野の授業を受講でき、各分野のトップクラスの専門家から教われるコースも多い。こうしたサービスが無料かごく低料金で高度な教育を大衆に提供している事実は賞賛に値する。しかし現実には、この種のオンラインでの

「自習型」指導方式には限界がある。たとえば、ムークスの修了率は極めて低い。最も重要なことは、こうした教育ツールは従来の一対一の教育の幅を素晴らしい形で補完してはくれるものの、完全に置き換われるわけではない、という点だ。

新たなアプローチを探す教育のイノベーターたちは、テクノロジーの驚くべき能力（多数の生徒たちに教育内容を伝えられる能力、大量な情報を高速で提供する能力、対話式学習という革新的なシステムの可能性）と、教師や他の生徒たちとの個人的な関わりを通して実感できる、生き生きとした人間味とをどう組み合わせられるか、を模索してきた。

この分野の先端を走っている一人がエスター・ウォシッキーだ。カリフォルニア州のパロアルト高校（公立高校。通称「パリー」）でジャーナリズムを教える文系人間の教師だが、「ブレンド型学習」として知られる教授スタイルを数十年にわたって提唱している。彼女が始めたこの教授法は、テクノロジーの力を利用して教育効果を高めようというものだ(14)。

2　ブレンド型学習を改善するイノベーション

ブレンド型学習は、専門家によってそれぞれ独自に定義されているが、本質的には、生徒がプロジェクト・ベースで学習に自主的に取り組む際の指導に、技術のツールを組み込むことを意味するといっていいだろう。イノサイト・インスティテュート（非営利の教育シンクタンク：現クレイトン・クリスランセン・インスティテュート）が二〇一一年五月に発表したレポートは、ブレンド型学習の四八のモデルを支える四〇の教育機関を紹介している。[15]

一口に「ブレンド型学習」といっても、教師が教室で行う授業に重点を置きつつ、児童生徒がコンピューターを使って自分のペースで学ぶ時間を少し設けるものをそう称している学校もあれば、すべてのコースがオンラインで提供され、授業中に生徒たちがプロジェクトに取り組んでいると、教師がコーチまたは個別指導役として教室内を巡視して質問に答え、助言するというスタイルもある。教室内にあるテクノロジーを個人別の指導に使い、生徒たちが自分のペースで学習教材に取り組めるようにしている学校もある。

生徒が授業以外の時間に課題を家でこなすために、テクノロジーを利用している学校もある。どの学校でも、生徒たちは伝統的な授業形式を「受ける」というよりも、生徒が「自ら関わっていく」学び方を「ブレンド型学習」として受け入れている模様である。

一九八四年以降、エスター・ウォシッキーはパロアルト高校で教えながら、「ブレンド型学習」の可能性を切り開いてきた。パロアルト高校では「ウォジ」という愛称で知られる名物教師として、今も昔も生徒たちの人気は高い。ウォジはシリコンバレーで有名な三人の女性の母親でもある。ジャネットはＵＣＳＦメディカル・スクールで小児科学の教授を務めている。スーザンはYouTubeのＣＥＯだ。そしてアンは遺伝子検査会社23andMeの創業者で、グーグルの共同創業者セルゲイ・ブリンと結婚した。[16] グーグルはウォジの娘のガレージで誕生したので、ウォジがイノベーションの最先端に直接つながっていることは明らかだ。

ウォジはUCバークレー校で英語を専攻し、ソルボンヌ大学でフランス史を学んだが、決してテクノロジー嫌いではなく、実のところ、コンピューターを教室に持ち込んだ最初の教員の一人だった。一九八七年にマッキントッシュと出会って興奮し、すぐに補助金を申請して自分の生徒たちのために何台ものマックを購入した。以来、テクノロジーを使った指導法改善のためのさまざまな方法を模索し続けている。

最近は、「グーグル・ティーチャー・アカデミー」の設立に尽力した。この学校は世界中の教師を対象に、教室の指導で使用する技術ツールと、開発中の最新教授法を紹介する無償のセミナーを提供している。[17] 二〇一五年に刊行された『教育のムーンショット（大飛躍）：教室にブレンド型学習を始めよう』（未邦訳）も共同執筆した。同書はこのアプローチの可能性について、教育者たちに豊富な助言とインスピレーションを与えている。[18] その草分けとしての影響力を讃えて、ロードアイランド・スクール・オブ・デザインは二〇一六年に彼女に名誉学位を授与した。私は幸いにも二〇年近く前、パロアルト高校でウォジの生徒だった時に、学内情報誌『ヴェルデ』誌の創刊チームに入って彼女と知り合った。

ウォジのジャーナリズムの授業を受けたことは忘れられない。彼女は、初日からブレンド型学習の考え方を採用し、『ヴェルデ』誌を発刊するに当たって誰がどの役割を担うかの投票をすぐにさせた。編集担当になった者もいれば、ページ・デザインを担当する者もいて、当時は時代の最先端を走っていたアドビ・ページメーカーやフォトショップのプログラムを使った。広告取りもやった。

当時はできたてホヤホヤのスタートアップ企業で、まだウォジの娘のガレージで運営していた「グーグル」という名前の会社に八〇〇ドルを請求した（現金でなく株をもらっておけば良かった）。そしてウォジは我々に製作スケジュールを指示して励ましてくれた。ブレンド型学習は、教師から見ると最も楽な指導法だと冗談交じりに言っていた。教師はすべてを生徒に任せてしまうからだ。

しかし実のところ、ウォジが私たちにそうしたように、教師は生徒たちが自分のプロジェクトに取りかかっている様子を慎重に観察しており、生徒たちから求められればいつでも助言したり、適切に指導したりできる準備が整っている。とはいえ、ここで肝心なことは、教室での伝統的な講義スタイルで用いる厳格な統制を教師たちが手放す、という点だ。ブレンド型学習の本質はここにある。

生徒たちは指揮・統制という教室内での階層に従うことなく、自主的に自己を管理し、互いに気遣いながら仲間たちと交流し、助け合い、援助を求め、プロジェクトで協力するにはどうすれば良いかを、つまりまさに将来一緒に働くことになったときに必要なスキルを学ぶことができる。

二〇〇九年、ウォジと彼女のチームは、カリフォルニア州から職業技術教育の補助金を得て「ニューメディア・アートセンター」の設立を目指す活動を始めた。このセンターは高校教育のレベルで最先端のイノベーションを学べる創造的なスペースで、おおむね自発的に学習を進められる生徒が、テレビやラジオの生番組や、内容の充実した新聞や多数の雑誌を製作している。二〇一四年の開設記念式典に参加した有名人の中には、グーグル創業者のラリー・ペイジとセルゲイ・ブリン、『ハフィントン・ポスト』の創設者アリアナ・ハフィントン、俳優のジェームズ・フランコなどがいる。フランコはこのプログラムの卒業生で、ビル周辺の壁画制作にも加わった。

私がアートセンターを訪ねた時には、ニューヨーク市にある異常に忙しいブルームバーグTVの本社を思い出すほど、活発な活動の中心地となっていた。明るい玄関ホールにはビーズクッションが散乱していたが、そこでくつろいでいる学生は見当たらず、センターのデイリー・ニュース番組づくりに取り組んでいる者、防音設備を施したスタジオからのビデオ映像のライブ・ストリーミングをモニタリングしている者など、誰もが目的をもって動き回っていた。

玄関ホールは、講義などの定期的な公開イベントが開催できるつくりとなっている。後で知ったが、その日のステージで紹介されていたのはあるスタートアップ企業の創業者で、スティッチ・フィックスやウーバーに投資したベンチャー・キャピタル会社、ベンチマーク・キャピタルから資金を得ていた。彼は、アンドロイド・デベロッパー・クラブ（アンドロイド用のアプリをつくるサークル）のメンバー向けに自分の会社の技術体系についてプレゼンテーションを行っていた。

このセンターは、トイレのタイルに『ニューヨーカー』誌からの引用が消せないように落書きされていたり、ベンチが、（私が編集者だった頃に使われていたような）お役御免となった古いアップル・コンピューターで上品につくられていたりするなど、最先端のハイテク・ジャーナリズムの実験場だ。本当の意味でのデジタル・ハブであると同時に、人的交流とコミュニティーのための場所にもなっている。『ヴェルデ』誌の編集者、ジャック・ブロックは次のように指摘する。「ここはシリコンバレーなので、STEM分野には相当の投資が行われていますが……ウチの学校は芸術にも投資しています」[19]。実際、ニューメディア・アートセンターの隣には、二九〇〇万ドルの「舞台芸術センター」が建っている。

ランチを食べながらウォジは、ブレンド型学習によって、生徒たちには、創造的な自信と複雑な問題の解決能力が育まれると説明してくれた。動きながら学ぶという方針があるので、生徒たちはさまざまなプロジェクトに取り組んで失敗もできること、そのような失敗は避けられないもので、成功には辛抱強さが決定的に重要だということを教わる。学びと成果は、単に情報を覚えてテストでそれをはき出すことではない、ということをこのアプローチは教えてくれる。生徒は、答えを与えられるのを待つのではなく、常に創造力を働かせ、自分自身の解決法を求めて努力するよう促される[20]。

ここ数年、ブレンド型の学習ツールと学習法の支援を得て、目を見張るほどの研究成果がいくつか発表されている。二〇一〇年にSRIインターナショナルはブレンド型学習に関する研究を行い、アメリカの教育省向けに「事例に基づくオンライン学習の実践の評価」という論文にまとめた。一九九六年から二〇〇八年までに行われたブレンド型学習に関する諸研究を検討したところ、この環境で学んだ生徒たちは、すべてを人から教わった生徒とオンライン教育だけで学んだ生徒のどちらをも上回る成績を上げていた。要するに、完全に文系的なアプローチ、完全に理系的なアプローチのどちらよりも高い成果を上げた、ということだ[21]。

エバーグリーン教育集団とクレイトン・クリステンセン破壊的イノベーション研究所が二〇一五年九月に発表した一連のケーススタディでも、ブレンド型学習モデルを採用したいくつかの学校区で素晴らしい成果が示されていた。

ニューヨーク州のミドルタウンでは、ブレンド型学習教室の生徒たちは数学、読書その他の科目を学ぶコーナーを順番に回りながら、時にコンピューターを使い、教師と一緒に、あるいは他の生徒と少人数のグループをつくって学習し、州の読解力テストで一八%、数学のテストでは七%と、いずれも平均より高いスコアを獲得した。ワシントン州のスポケーン学校区の高校では、二〇〇七年の卒業率は六〇%だったが、複数のプログラムでブレンド型学習カリキュラムを導入した後の二〇一四年には八三%に上昇した[22]。

二〇一六年四月に、MITの「オンライン教育方針イニシアチブ」は「オンライン教育・・高等教育改革への刺激策」と題するレポートを発行し、どの分野のオンライン教育が高等教育に適合するかを検証した。このタスクフォースはブレンド型学習に関する大胆な提案をすべく二〇一三年に設立され、MITの学生（新入生も上級学年も含む）を対象にブレンド型学習の実践を踏まえ、学校はテクノロジーではなく、人々やプロセスに重点を置くべきだと提唱した。

特に強調したのは、「フライ・バイ・ワイヤ・システム（パイロットがコンピューターを駆使して操縦システムを制御する方式）が航空機のパイロットに置き換わらなかったのとまったく同じように、オンライン学習が教師の代わりになることはないという点だ。ただし、フライ・バイ・ワイヤという電気信号システムのおかげで、人であるパイロットが航空機を効果的に扱えるようになったのは事実だ。

これとまったく同じように、人である教師は、多数の生徒に習熟度別指導を行いながら、クラス全体の学習目的を達成できる。教師たちは、テクノロジーをうまく使いこなして、オンライン・ツールでは提供できない学びの側面、つまり熟考や創造的思考を促す教育に改めて力を入れることができる[23]」

今や大勢の教育者たちがブレンド型学習の実践方法の改善に取り組んでいる。エスター・ウォシッキーは、彼らのイノベーションを紹介し、アイデアや成果の共有を刺激するため、グーグルがスポンサーをしている「ムーンショット・サミット」の運営を手伝っている。「ムーンショット」とは非常に困難だが莫大なイノベーションを生む壮大な目標のこと。一九六一年にケネディ大統領が「六〇年代末までに月に人間を送る」ことを宣言したことに由来している。このサミットをきっかけとして、教育用アプリケーションや各種ツール、アプローチについてのさまざまなおすすめ商品があふれるほど集まった熱狂的なコミュニティーが生まれた。[24] あまりにも多くのことが起こっているため全員は無理だが、特にワクワクするような成果を上げている先駆者を何人か是非紹介したい。

3 「脱出ルーム」が生徒主導の学習を刺激する

ジェームズ・サンダースはこれまで何度も「ひらめきの瞬間」を迎えてきた。つい最近は、カナダのエドモントンにある「脱出ルーム」ゲームで遊んでいる時にそれは舞い降りた。[25] 脱出ゲームは、参加者がさまざまな種類のヒントやパズルを解きながら制限時間内に物理的な部屋から脱出しなければならない問題解決ゲームだ。推理系ゲームの「クルー」と同じように、現実世界に飛び込むスタイルのゲームでビデオゲーム・マニアにとっては、アナログのロールプレイング・ゲーム、根っからの芝居好きには「体験型シアター」とも言える。ロンドンの劇団「パンチドランク」によって上演され、マンハッタンの高層ビルで命が吹き込まれた、シェークスピアの悲劇『マクベス』をベースにした「スリープ・ノーモア」のような舞台装置だ。

一方カナダでは、ジェームズ・サンダースは高校の学生や教師のグループと一緒に「グーグル・エデュケーション・サミット」に参加し、脱出ゲームへの参加は夕刻を過ごす素晴らしい方法だという結論に達していた。サンダースは、生徒たちの集団が、何か集中的な批判的思考をしなければならないゲームで、わざわざ夜を過ごそうという気になっていることに驚いた。生徒たちが一体感と情熱をもって協力する様子を見るにつけ、これは教室で魔法が起きても不思議ではないと確信した。

サンダースは、ウェスタン・ワシントン大学で社会学と歴史を学んだ伝統的な文系学部の卒業生で、特に教育に関心を抱くようになった。大学では教育カリキュラムの改訂に関わり、その一環として技術ツールの利用法の改善策を模索した。卒業すると、「ティーチ・フォー・アメリカ」と呼ばれるアメリカ国内の一流大学の学部卒業生を、教員免許の有無にかかわらず大学卒業から二年間、国内各地の教育困難地域にある学校に常勤講師として赴任させるプログラム（アメリカの学部学生の間で大変に人気がある）への参加という名誉ある地位を勝ち取り、その後南ロサンゼルスで講師の職を得て、最終的にはロヨラ・メリーマウント大学で教育学の修士号を取得、カリフォルニア州カーソンで六年生の英語と社会の教師になった。

学校に新しい学習ツールがあまりないことを知ったサンダースは、それでもくじけなかった。二〇〇九年にクラス全体をオンライン教室にしようと決意し、アメリカで初の「ペーパーレス教師」になった。そして生徒たちをグーグルの「クロームブック」で勉強させることにした。このテクノロジーの早期採用者《アーリーアダプター》として、サンダースはグーグルから直接さまざまな装置《デバイス》を入手できた。生徒たちは喜び、グーグルは非常に感銘を受け、クロームブックのマーケティング戦略の開発への助言者としてパートタイムで参加してほしいと依頼してきた。(26)

サンダースはテクノロジー・ベースの教育にさらに飛び込もうとビデオ・ストリーミングサービスのYouTubeに入社し、同社のプロジェクト・マネジャーとしてあらゆる教育的取り組みの責任者となり、「教師用YouTube」と「教育用YouTube」をつくった。「私が入社した頃のYouTubeは、教育ビデオではなく、猫のビデオを見るサイトでした」とサンダースは当時について語る。YouTubeでの仕事は大変気に入ったが、二〇一二年頃にウォジと出会い、二人はテクノロジーで実現する教育ツール――これは教師たちが特定の科目内容を習得した生徒に褒美として与えることのできる「デジタル・バッジ」、または「デジタル賞」――というアイデアを思い付いた。

これはボーイスカウトやガールスカウトのバッジと同じで、生徒たちの学習の達成度を示すデジタル上の通過点を意味し、オンライン・ゲームの仕組みをオフラインの教室に定着させる一つの方法でもあった。デジタル・バッジは子どもたちのやる気を引き出すためのテクノロジー製品だったが、ルーツはオンライン・ゲームにあった。ゲームは、学習水準や獲得したポイントといった物を通じて関与を促す仕組みで成り立っている。二人はクラスバッジズという会社を共同設立し、教師たちにデジタル・バッジを無償で提供し、二年後には会社をエドスタートという教育プラットフォームに売却した。

これはすぐに成果の出た試みだったが、サンダースの教育イノベーションはこれで終わらなかった。デジタル・バッジの売却後、KIPPベイエリア・スクールズの客員起業家のポジションを得た。そこではサルマン・カーンと協力してカーン・アカデミーのビデオを教室の授業に組み入れるプロジェクトに従事した。その後、ホワイトハウスの大統領イノベーション・フェローズ・プログラムに参加して、二〇一八年までにアメリカの学校の九九％にWifiによるインターネット接続を実現する「コネクトED」計画の策定に携わった。[27]

サンダースの最新のイノベーションは、エドモントンでの脱出ルーム・ゲームを行った夜に思いついた「ブレイクアウトEDU」だ。これは生徒たちにある箱の開け方を考えるよう要求することで、批判的思考を実践してもらうためのツールキットだ。

もともとは、生徒たちを教室に閉じ込める「脱出ルーム」を教育に持ち込むという発想で始めたのだが、彼が集めたチームがアイデアをさまざまに研究するうちに、「子どもたちを教室に閉じ込めることは違法かもしれないことにすぐに気が付きました」と振り返る。そこで、生徒たちにヒントといくつかのアイテムを与えて鍵のかかった箱を開ける方法を考えさせるゲームに変更した。与えられた課題を達成するために、生徒たちはあらゆる種類のパズルに遭遇し、チームで協力しないとどのパズルも解けない——そういうゲームをつくろうと思ったのだ。

二〇一五年の夏に、ジェームズはディスカウント店のターゲットで大きなプラスチック箱を買い、さらに数百ドル分の色々な種類の鍵をオンラインで注文した。その後週末ごとにさまざまなアイテムや課題を組み合わせて実験を行い、三カ月後についに一台の小さな金庫、六つの鍵、ブラックライト、透明インキペン、UVライト、USBドライブを一本ずつ、そして二枚の「ヒント用カード」で構成されたキットをつくり上げた。

ノースカロライナ州エフランドのグレーブリー・ヒル・ミドル・スクールのある教師は「詩人脱走ゲーム」を考えた。そのゲームでは、生徒たちは一九三六年五月のハーレムに住んでいた詩人ラングストン・ヒューズになりきる。このゲームの参加者は『エスクァイア』誌から緊急の電報を受け取る。そこには、同誌に掲載予定の「アメリカを再びアメリカらしくしよう」という自分の詩に、作者の名前がクレジットされないと書いてある[28]。その状況を打開するには出版社に電話しなければならないのだが、『エスクァイア』誌は四五分で印刷に回してしまう。生徒たちはラングストン・ヒューズと彼の詩に関する数多くのパズルを解いて暗号を破り、鍵を開け、ついには鍵のかかった箱から制限時間内に『エスクァイア』誌の電話番号を見つけなければならない。失敗すると詩の最高傑作の一つを書いたという功績が認められないのだ。

最初の脱出用金庫こそ木製で、つまり間違いなく非理系的《ノンテッキー》だったが、物理的な課題を解き、チームで協力し、さらにインターネットで答えを見つけるなど、このゲームの学習スタイルにはさまざまな要素が混在する。

このゲームを発売後わずか一年で、ブレイクアウトＥＤＵ社は一カ月当たり数千キットを売り上げ、教師たちは新しいゲームを次々と発明した。同社のウェブサイト上に紹介されているゲームの九八％はブレイクアウトＥＤＵ社の従業員ではなく、教師たちがデザインしたものだ。

ゲームはすべて同じ基本アイテムキットを使って解かなければならない。組み立て直す方法は無限にあり、幼稚園レベルの識字力で取り組めるものからアドバンスト・プレースメント（飛び級）レベルの高校生向けの物理学や環境科学レベルまでのものが揃っている。コンピューターのコーディング用にデザインされたゲームでは、生徒たちが正しいコードを入力するとＱＲコードが現れ、それを使うと隠れたウェブサイトに到達できる。その地点から、いくつもの論理パズルを解いて物理的な鍵に近付いていく、という仕組みだ。[29]

ＭＩＴメディアラボの学習研究《ラーニング・リサーチ》の教授で生涯幼稚園《ライフロング・キンダーガーテン》グループの代表を務めるミッチェル・レズニックは、テクノロジーで実現するこうした新しいツールを教育遊具「フレーベルの贈り物」のようだと指摘する。これはドイツ人の教育者で、「幼稚園」という言葉をつくったフリードリヒ・フレーベルが開発した教育用玩具のことだ。[30] フレーベルは木製ブロックや木製ボール、糸のついた毛糸玉などさまざまな遊具を開発し、彼の幼稚園に通う子どもたちは遊びを通じて多くのことを学んだ。

一方、サンダースのブレイクアウトEDUキットは、もっと年上の子どもに協調学習を促して問題解決の喜びを促す遊具だ。子どもたちは難問を解く過程で遭遇する失敗や挫折を積極的に切り抜けようとする。しかもゲーム仕立てなので、単に答えを探そうというのではなく、自分の知性を広げ、創造力を働かせて解決策を発見しようというやる気が促される。ある問題で失敗すればフラストレーションが高まるかもしれないが、それはゲームの中の、単に勝つまでの一里塚に過ぎない。

4 生徒たちを自主学習に向かわせる

オンライン教育プラットフォームの境界を押し広げながら、どうすれば子どもたちが最高の形で学びに関われるかという文系的な意識で投資を行っているもう一人の研究者が、ニューキャッスル大学の教育テクノロジーの教授、スガタ・ミトラだ。ニューデリーのスラム街で行った彼の型破りの実験は世界中の人々の心をとらえ、映画『スラムドッグ$ミリオネア』のヒントになった[31]。

一九九九年、ミトラはニューデリーのスラム街の片隅にある自分のオフィスビルの壁に穴を開けて、そこにコンピューターを据えた。子どもたちはその機械に群がり、大人から何も教わることなく、数時間のうちにインターネットの閲覧方法を独習してしまった。すぐにビデオを見始め、電子メールを打ったり、検索機能を使って記事を読んだりするのに必要な英語を独学で覚えていった。

ミトラは、さらに自らが「壁の穴《ホール・イン・ザ・ウォール》」実験と呼んだ取り組みを始めた。子どもたちがコンピューターを使って数学や科学を自習できる環境を整えたのだ。その時点で、教師がコーチ役になるブレンド型学習モデルの先まで進み、教師がまったく関与しない方法を開発しようとしていた。学習にとって不可欠な要素はインターネットと一緒に学ぶ仲間たちだ、という信念の下、学校の指導を根本的に変えたいと考えている。大量の事実の暗記を強制する教育は、インターネット時代にはもはや古い、とミトラは強調する。

ミッチェル・レズニックのような学者でさえ、明確な正しい答えのある問いについては、教師の必要性が低下しているという点でミトラに同意する。(32) 子どもたちに大量の事実を教え込むのではなく、創造的に物事を考え、他の人たちと意思疎通がよくできるようになる方法を教えた方が良い。デジタル時代に重要なのは、問いを発し、物事を批判的に考え、ツールを利用して問題解決を図る能力なのだ。

二〇一三年、テクノロジー・エンターテイメント・アンド・デザイン（ＴＥＤ）賞を受賞。そこで得た賞金一〇〇万ドルを元に自分のアイデアを実行に移した。学習研究所を設立し、自ら名付けた「自己管理学習環境」（ＳＯＬＥ）を通じて子どもたちを情報に結び付け、さらにオンラインのプラットフォームを構築してこうした環境同士を結び付け、支援することに資金を投じた。そしてこのシステムを「クラウドの中の学校《スクール・イン・ザ・クラウド》」と名付け、二〇一三年一二月にイングランド北東部のキリングワースにある従来型の高校の中に、第一号の実験教室を開いた[33]。

ミトラのアプローチでは、子どもたちは思慮深い会話をしたくなるように設計された複雑な質問を受け、それについて調べる一定の期間を与えられる。質問は「はい」「いいえ」では答えられない「オープン型」の形式で、しかも少し検索したぐらいでは答えられない。たとえば、「この世から昆虫がなくなったら地球はどのような影響を受けるでしょうか」といった内容だ。

測定できない質問や、数多くのアプローチが存在する質問をなぜ与えるのか。第一に、世界が白黒では割り切れない存在だ、ということを教えたいからだ。世界とはそもそも事実を暗記する場ではなく、捉えどころのない課題にどう取り組めば良いかを学ぶところだ。この種の質問を通じて、子どもたちは調査方法を学び、曖昧であることの快適さを知る。ただし、曖昧な質問に答えようとする努力には勇気が必要だ。

第二に、さまざまな種類の情報源に当たることの大切さと、情報の海原をどう進んでいくべきかを教えてくれるからだ。どんな情報も同等に扱えるものなのか。他よりも厳密な、あるいは正確な、あるいは説明を求められる情報源はあるのか。実際、こうした疑問は、我々が新聞を広げたり、テレビのスイッチを入れたりするたびにまさに問うべきものだ。

生徒たちは小さなグループに分かれ、全員がコンピューターを持ち、グーグルでも、ウィキペディアでも、YouTubeでも、思い付く材料は何でも使って示された質問に答えようと努力する。他のグループが何をしているのかを調べ、仲間たちと一緒に答えを教え合うことさえ促される。このパラダイムでは、協力は不正ではない。物事の見方を互いに共有し、難問を解くための効果的な方法なのだ。競争意欲も学習の励みになる。

このモデルでは教師が参加するスタイルも取れるが、その場合、生徒たちの間に割り込むのではなく、生徒たちがヒントを求めてくるのを待つことが重要だ。教師は知識の伝達役ではなく、よい聞き手の役割を果たす。子どもたちは自分が学んだことを大人に見せたり教えたりしたがるもので、子を持つ親なら誰でもそのことを思い知らされているはずだ。

教師、あるいは（ミトラのモデルを用いる）他の大人たちは、子どもたちの達成感を強める上で重要な役割を演じることができる。したがって、ミトラは「おばあちゃんメソッド」と呼ぶ方法を採用する。七五歳の成人数人が、遠く離れた学校にいる子どもたち全員のために指導し、相談相手になるのだ。すべてスカイプを使って[34]。

子どもたちが職業生活や、まだこの世の中に存在していないので訓練しようのない仕事に備えようとするなら、問題解決の方法を教えることがベストだとミトラは考える。「知識は常に古くなっていくものだからです」[35]。生徒たちにオープン・クエスチョンを与えることは、曖昧な中でどう対応するか、問題をどう区分けするか、そしてさまざまな目標を達成するためにさまざまなツールをどう操作するかを教えることだ。この種の質問はまた、深く調べようという気を子どもたちに起こさせる。特定の知識を得るのと同様に、情報を得るプロセスを学ぶことが本当の意味で重要だからだ。

ミトラの手法は極端に見えるかもしれない。そして、実際のところ、学ぶプロセスをほぼ完全に子どもたちに任せてしまうという提案には批判もある。ポーランド、ワルシャワ大学の応用言語学教授のミッチャル・パラドウスキは、「クラウドの教室、それとも空中楼閣?」と題した記事の中でこのモデルの考え方に異議を唱えた。「我々は子どもたちに、少なくとも複数の道筋を示し、ドアを開けてやる必要がある。そうすれば当面の課題の先に目を向けられるからだ」と主張した[36]。しかしミトラがTED賞を受けたことで注目度が高まり、子どもたちの個別状況を勘案しながら、教育者を完全に排除するのではなく、従来のやり方にやや近付ける形でこの方法を試してみる教師たちが現れた。

こうして、教師の役割は、優れた問いを提案し、生徒たちが答えを見つけるために技術ツールの使い方を学ぶ手助けをすることになった。その目的は、文系人間と理系人間の最適なペアをつくり、優れた問いを発する方法を彼らに教え、機械からより良い答えを引き出す方法を身に付けられるよう指導することだ。

ミトラの方法を取り入れた教師の一人が、ドラ・ベクテルだ。彼女はオハイオ州クリーブランド州立大学にあるキャンパス・インターナショナル・スクールの二年生の生徒たちに自己管理学習環境（ＳＯＬＥ）を導入した。ミトラと同じく、ベクテルは黒か白かという正解のない「やっかいな質問」を生徒たちにぶつける[37]。

都市について学ぶセッションでは、「都市はなぜ変わるのか」という問いを元にＳＯＬＥをデザインした。ＳＯＬＥを設計するには、単に簡単には答えの出ない、幅広い範囲に及ぶような、深い問いを考案するだけでは足りない。教師の側も、子どもたちの活動が袋小路に陥らないよう見守りながら、どうすれば可能性が広がるかと、批判的に考える仕組みをつくる必要があるのだ。

ベクテルははじめ、都市に関する彼女の質問が最も達成度の低い生徒たちをいらつかせやしないかと気を揉んだ。だが仲間に加えてみると、生徒たちはビデオを使って理解が難しいコンセプトについて自ら学び、読んで理解するのが難しい文章に出会うとアプリを探して読んでもらうという工夫をした。二年生の一人が「僕たちは耳が四角くても物を聞こえるの？」と尋ねると、ベクテルのクラスは耳が聞こえる仕組みについてのＳＯＬＥをつくり、自分たちの耳がどのように機能するのかについて、物理学、生物学の両面から調べた。そのような質問は、デジタル・ツールを使う知識を探るための素材として機能しうる。

オハイオ州クリーブランドにあるMC^2 STEM高校もＳＯＬＥを採用している。九年生が取り組む卒業プロジェクトは「ロケット・アンド・ロボット」と呼ばれ、生徒一人が一台ずつのロケットとロボットを組み立てる仕事を与えられる。さらに、次の質問に答えるよう指示される。「それをつくることができるというそれだけの理由で、私たちはそのテクノロジーをつくるべきなのでしょうか」。充実したテクノロジーのおかげで、子どもたちはこうした課題に前向きに取り組むようになるし、将来の職業生活で必要になるリベラルアーツやソフトスキルを積極的に学ぼうというやる気が促される。(38)

5　コーチとしての教師

ダイアン・タベナーは、シリコンバレーに拠点を置く非営利法人サミット・パブリック・スクールズの創業者兼CEOだ。『USニューズ・アンド・ワールド・レポート』誌は、二〇〇三年にタベナーが開校したサミット・プレパラトリー・チャーター・ハイスクールを、「未来の学校」と呼んだ。(39)

サミット高があるカリフォルニア州レッドウッドシティは、シリコンバレーの中心部にあるが労働者階級の都市だ。(40) 基本的なコンセプトは、金持ちか貧乏か、勉強ができるかどうかに関係なく、同じエリア内のパブリックスクールに通う子どもたち全員を受け入れ、そのような包摂的な環境の中で、バランスの取れた学生を大学に送り出す教育を施す、というものだ。生徒の半分近くがラテンアメリカ系で、四二％は低所得層出身。開校してから最初の一〇年間で、卒業生の九六％が四年制大学に合格した。[41]

サミット高は、①認知能力、②教科内容の知識、③実生活の経験、④成功のための良い習慣を、四つの基本要素とするブレンド型学習を採用し、学生たちが大学入学後の生活で秀でた成果を上げるようになるには、この四技能が最も重要だと主張している。さらに自己認識、自主管理、社会的意識、対人関係の技術、責任感のある行動といったソフトスキルも習熟させようとしている。意思決定力向上のために思考能力の強化が重視されている。タベナーは言う。「たとえば、経済で重要なことは具体的な知識ではなく、高度な思考能力、そして絶えず学び成長しようとする能力なのです[42]」

サミット高では、テストの点数を上げるために強調されがちな暗記を重視せず、ビデオによるプレゼンテーション、セミナー、実践学習を通じた指導を行う。とはいえ、事実や数字を教えないというわけではない。教師たちは、時間と注意力という最も貴重な資源を教科内容の伝達のために浪費しない、ということなのだ。生徒には指導役《メンター》がつき、（創造性が高い者だけではなく）すべての生徒が年に四回、ヨガ、映画、音楽といった科目への学びの「旅」に二週間ずつ参加している。[43] 裕福な生徒と同程度の経験をさせたい、というのがその目的だ。[44]

教科内容の学習に当たっては、テクノロジー、しかも非常に革新的なテクノロジーに依存している。タベナーは生徒の個性になるべく合った教育を提供したいと考え、生徒たち一人一人が自分のペースで、自分の長期的な目標に少しでも近付ける魅力的なテーマを学べるように、個別度の高い指導を行うことを教師たちに認めた。さらに、「個別学習プラットフォーム」と名付けた教育プログラムを立ち上げた。これは必修の合同プログラムで、生徒たちはログオンするとその年に自分たちが取り組んでいるすべてのプロジェクトと各自の学習目標を見ることができる。

進捗を示す棒グラフは、生徒たちが各クラスのスケジュール通りに進んでいるか、スケジュールよりも早いか、遅れているかを示す。進捗状況が目に見えると、生徒たちのやる気は刺激されるし、今何をしなければならないかを全員が確認もできる。生徒たちは自分の責任で学習の方向性を決め自分のペースで学習を進められるので、大学や社会に出てから必要になる時間管理のスキルを身に付けることができる。独立心も学ぶ。これは大学、そして自立的な働き方が求められる「ギグ・エコノミー」(インターネットを通じて単発の仕事を受注する働き方や、それによって成り立つ経済形態)と呼ばれる社会で次第に必要になってくるもう一つのスキルだ。

毎年新学期が始まると、これから学ぶ標準的な教科内容のリストが生徒たちに提示される。サミット高の教師は「授業計画」をつくらない。そのリストは「プレイリスト」と呼ばれている。生徒はプレイリストを利用して自分のペースで学習を進めることができ、教師たちは生徒の様子を観察する[45]。教育ツール上に示されるコンセプトをクリックするとプレイリストが立ち上がる。そこには指導前評価が示され、生徒は自分がそのテーマについてすでにどの程度知っており、ここからどれだけを学ぶ必要があるかを確認できる。

プレイリストには、ビデオやウェブサイト、練習用素材、さらには教師の監督の下で受験する最終評価テストといった教材類が含まれている。生徒たちは各教材がどの程度役に立ったかを投票することでフィードバックもできる。しかも、プレイリスト内の教科内容の入れ替えも簡単だ。一週間におよそ一六時間をコンピューターの前で過ごしながら、従来型の教科内容のすべてを自分のペースで進んで行く。コンピューター学習のおよそ半分が授業時間内に行われ、残りは宿題となる。

教師の役割は、講師というよりはコーチに近い。教室で生徒たちと一緒に一日を過ごし、学習の進み具合をその場で確かめながら、つまずいた子を見つけると手を差し伸べる。生徒たちはこうして大学や社会で生き残るために不可欠のスキルを習得していき、一人ではどうしたら良いか分からないときに教師に助けを求めるわけだ。サミット高のアプローチは教室や教師をなくすことではない。最高のテクノロジーを教室に持ち込んで、教師の役割を根本から見直してみよう、ということなのだ。今日までに七〇〇を超えるプレイリストが作成されてきた。どれも教師の仕事を「奪う」ものではなく、「補う」リストだ。

サミット高は二〇一四年にフェイスブックの創業者マーク・ザッカーバーグと彼の妻、プリシラ・チャンの訪問を受け、莫大な支援を得た。二人はこの学校のアプローチに感銘し、自分たちに何かできないかをタベナーに尋ねた。プログラミングの専門家が足りないことが分かると、ザッカーバーグはエンジニアのチームを学校に送り、システムの欠陥や問題の解決を支援した。目標はサミット高の個別学習プラットフォームを改善し、全米の学校が無償で使えるようにすることだ。[46] 今日、同校は全米で一〇〇の公立学校に無償でツールを提供し、各校が独自のプレイリストをつくれるようになるための支援を行っている。[47]

「標準化された個別学習モデル」（この言い方はやや矛盾しているが）の価値を誰もが納得しているわけではない。しかし大事なことは、入学時には平均点を取れない子たちが多いのに、入学後の成績は常に同じ地域内で他の学校を上回っている、という事実だ。[48] 二〇一六年春、同校に入学した生徒の九三％が卒業し、その九九％が四年制大学に合格した。進学したサミット高卒業生の大学卒業率は全米平均の倍である。[49] プログラムの規模はまだ小さいが、現在の生徒数はおよそ二五〇〇名と、この新鮮で革新的な個人指導と自主学習を組み合わせた学習方法は、成功の兆しを見せ始めている。[50]

6 保護者との関わり方を改善する

レイチェル・ロケットは文系人間だが、学校と保護者向けに優れたコミュニケーション用テクノロジーを開発すれば教育に素晴らしい貢献ができると考え、スタートアップ企業のリマインドに入社した。同社は教師、生徒、保護者間の簡単で分かりやすいコミュニケーションを促す、K－12教育のSlackのようなプラットフォームを構築した。

リマインドで働くことを決断した時、レイチェルにはテクノロジー関連の業務経験が何もなかった。だが、それまで誰も気付かなかったような方法で何かを思いつくという、いかにもリベラルアーツ的な経験はあった。スタンフォード大学で人間生物学の学士号を取った後、ボルチモアにあるアニーケイシー財団で働き始め、子どもの里親探しや少年審判制度の改善に力を尽くした。この仕事を通じて、多くの子どもたちの人生にとって学校が希望への最初の関門であることに気付き、教育に関心を抱くようになった。里親制度で育ったとしても、良い学校に通えれば幼少期に負ったハンデを乗り越えられる。そこで、自分は教育に大きな貢献をしたいと思うようになった[51]。

ボストンに移って「効果的な慈善活動センター」に入り、そこで「ビル&メリンダゲイツ財団」から資金提供を受けている何百もの学校や教育者と出会った。彼女は調査用ツールをつくり、教育で本当に効果が上がっているものは何で、いないものは何かを見極めようとした。こうした経験を経て教師になりたいという気持ちにはっきりと目覚めた。要するに、現場に身を置きたくなった。

カリフォルニアに戻ると、チャータースクールのアスパイアー・パブリック・スクール（合宿研修プログラムがある）で教師になるための研修を受け、その後三年間、サンフランシスコのイーストベイ・エリアのアスパイアー・スクールで教えた。イノベーション気運に満ちあふれたシリコンバレーのエネルギーにさらされているうちに、テクノロジーを使って教育の質を高められないかと考え始めた。

リマインドについて彼女が気に入ったのは、この会社が学校にとって最も苦しい問題の一つを解決しているという点だ。「保護者と教師は、社会に最も貢献をしながら、教育現場で起きている状況に圧倒され、途方に暮れてしまうことの多い集団でもあります。テクノロジーを利用すれば、保護者、教師、生徒、学校管理者間のコミュニケーションをこれまでよりも早く、簡単に、そして安全にできるのです」とレイチェルは説明する。教師経験をもつ自分は、教育を改善するテクノロジー開発で優位な立場にあると理解しており、入社一年目にして、すでにユーザー・エクスペリエンス部門のヘッドを務めている。

レイチェルが働き始めた時、リマインドのオフィスはさぞや居心地よく感じたはずだ。天井の端から端にかかっているアーチ型の木製の梁からは、巨大な紙飛行機がぶら下がっている。通路には石蹴り遊びのできる広場があって、受付用デスクは一二インチ（三〇センチ）の木製の物差しだけでできている。ソファに置いてあるクッションには文字と数字がたくさん書いてあり、会議室に入ると、奥の壁は一見すると何でできているのかが分からない。よく見ると、壁一面にＨＢの鉛筆が縦横に整然と並び、木と、消しゴムと、鉛筆の芯がビッシりと敷き詰められたモザイクでできている。オフィスは教室のような雰囲気を漂わせているが、透明で、開放的でリラックスできるスペースがいくつもある。

学校では従来、保護者や生徒たちへの連絡には同報メールや自動電話送信（事前録音音声をボイスメール・システムに残す方式）が使われてきた。けれども、今やほとんどの人々が家に電話を持たず、ボイスメールをチェックする人もあまりおらず、電子メールのディレクトリーは古くさい。そこでリマインドは、コミュニケーション手段を変えなければならないと考えた。同社のアイデアは、受け取る人が選択した方法で各人にメッセージを届けるというものだった。

レイチェルは説明する。「数学の授業の場合だと、教師は生徒たちに8１０１０のようなショートメッセージ用の短い番号あてに「@ｍａｔｈ」と入れてメールするか、アプリをダウンロードするように伝えます。すると、クラス内の全員が同じグループ・メッセンジャーに入っていますので、その人たち全員に直接連絡できるのです」

レイチェルはコミュニティー・マネジャーとしてこのプロジェクトに加わり、教師や学校管理者と同じ立場で話し合うことができた。現在は、入社後一年にもかかわらず、すでにリマインドのユーザー・エクスペリエンス調査を一手に担い、製品開発を推進している。ビジネスは順調だ。シリコンバレーのトップクラスの投資家の何人かから六〇〇〇万ドル近くを調達し、現在は三五〇〇万人以上の教師、保護者、生徒がこれを使っている。[52]

リマインドは、保護者と学校との関わりが子どもの成績にどれほど影響を与えうるかに関する学術研究の成果を実践に移している。コロンビア大学ティーチャーズ・カレッジの経済学と教育学の教授、ピーター・バーグマンは、この分野に大きく貢献している研究者だ。[53] ロサンゼルスの貧困地域の学校と協力し、保護者が学校教育への関わりを少し深めると生徒の成績にどのような影響を及ぼすかをテストした。

六年生から一一年生までの生徒二四二人の保護者から何人かが任意に選ばれて、子どもたちの学校での様子に関する追加情報を提供されることになった。毎月数回、対象生徒の家族は、子どもの成績や宿題の提出状況についての情報を電子メールかテキストメッセージ、あるいは電話で伝えられる。メッセージは教科、宿題、生活上の問題、教科書のどのページの宿題をしていなかったのか、など詳細なものだった。

コミュニケーションがこのように改善されると、予想通り保護者たちは子どもの教育に以前よりも関わるようになった。追加情報を得た保護者が学校に連絡して子どもについて話す頻度が、それを受け取らなかった保護者に比べて何と八三%も高くなったのである。保護者会への出席率は五三%上昇した。それとともに生徒たちも勉強に精を出すようになり、以前より二五%多くの宿題を終わらせ、欠席は二八%減少し、不満そうな学習態度を示す頻度が二四%少なくなった。こうした非常に簡単な取り組みが、教師、そして自分の子どもに対する保護者の関わりに著しい影響を及ぼした。[54]

生徒たちは熱心に勉強を始め、成績も良くなった。自分の学校の成績について保護者が学校からよく知らされるようになった高校生は、そうでない生徒よりもGPA（学業成績平均値）が〇・一九SD（標準偏差）高かった。数学のテスト成績でみると〇・二一SD高かった。一方、子どもたちが、評判の高いマサチューセッツのKIPPアカデミー・リン・チャータースクールに通い始めると、数学のテスト成績は標準偏差で〇・三五、英語の成績は〇・一二SD改善した。

簡易テキストメッセージを使った保護者への連絡には、少なくともこれまで試行されてきた高校では目に見える効果が現れ始めている。こうした小さな取り組みは、それだけでは現在の教育制度が抱えている問題を解決しないだろうが、努力に見合う効果はいくらでもある。バーグマンの試算によると、この実験では子ども一人のGPAまたは数学の点数を〇・一〇SD引き上げるのにおよそ一五六ドルかかる。ただし、これは人で対応する部分をすべて教師が行った場合の費用だ。このプロセスの一部を自動化できれば、費用をその分だけ安くできるだろう。[55]

二〇一四年に、スタンフォード大学で教育学を研究するベン・ヨークとスサンナ・ローブが行った調査は、バーグマンの調査結果を裏付けた。二人は、バーグマンが高校生の保護者に使ったテキストメッセージによる動機付けの仕組みを使うと、就学前の幼児を持つ保護者が、自分の子どもの読み書き能力を向上させようという気になるかどうかを調べた。[56]

裕福な家の子どもと貧困家庭の子どもとの間には大きな言語ギャップが存在し、その格差は子どもが小さい時から現れる、という研究結果は以前から一貫して示されてきた。実際、四歳になるまでに、裕福な家庭の子どもが耳にする単語数は貧困家庭の子どもよりもおよそ三〇〇〇万単語多い[57]。この差を縮小する最も良い方法は、保護者が自分の子どもに何度も読み聞かせをし、話しかけ、言葉を発し、語呂合わせや韻を踏んだ言葉に注意を向けさせることだ。

しかし、「いつもそれを心がけてください」と呼びかけても、一筋縄ではいかない。最もよく行われているのは、定期的な家庭訪問（コストがかかりすぎる）か、長時間をかけて実施するワークショップ（保護者に子育てのヒントを集中的に伝えてそれを覚えてもらい、正しいタイミングでその情報を使ってもらうアドバイスする）だ。

ヨークとローブはそういうやり方ではなく、簡単なテクノロジー――テキストメッセージ――を使い、保護者が最も望むタイミングで助言を与えることにした。追跡対象は、子どもが公立小学校に入学する就学前児童を持つサンフランシスコ在住の四四〇世帯（大半が低所得層だった）だ。半分の家庭が、子どもの読み書き能力を高めるための取り組み事項を書いたテキストメッセージを一週間に三度受け取った。

たとえば、ある週には次のような内容のテキストが送信される。「分かっていること：子どもたちは言葉が文字でできていることを知る必要があります。文字の知識をきちんと身に付けた子どもにはしっかりした読書力が付くのです」「ヒント：雑誌の中に、あるいは街中で見かける看板やお店に、お子さんのお名前に使われている文字があったら教えてあげましょう。お子様にも同じことを試させてください。それをゲームにしましょう。誰が最も多く見つけられるでしょうか」「成長：文字を示し続けましょう。これはお子さんの四歳児教育プログラムの準備なのです！　そして今度は一文字を指して尋ねてください。『これはどんな音がする？』と[58]」。これに対して、別の群の保護者たちは二週間に一度、予防注射や幼稚園の入園手続きといった基本情報が記載されたメッセージを受け取った。

細かいテキストメッセージを受け取った保護者は、メッセージで紹介されていたような読み書き向上活動に以前よりもはるかに取り組むようになり、子どもの担任教師に連絡をとって学校生活について相談する回数が大幅に増えた。そしてここがポイントなのだが、学年末に読み書きテストをしたところ、テキストメッセージを受けていた保護者の子どもたちは、他の子どもたちよりも二〜三カ月も進んでいることが分かったのだ。さらに、この取り組みには、子ども一人当たり一ドルも費用がかかっていなかった。これに対して、家庭訪問プログラムは、子ども一人当たり一万ドルもの費用に加え、時間も相当かかる[59]。

リマインドは、テクノロジーを用いたこの種のコミュニケーションを実践している。二人の調査によればこれは非常に重要で、教師にも、生徒にも、保護者にも簡単だ。一対一でも、一対多でもやりとりができるプラットフォームで、しかもその内容は追跡可能で変更や削除ができない仕組みだ。教師または生徒の電話を使ったテキストメッセージは削除できるが、リマインドのチャネルはそうではなく、専門的に、しかも責任をもって関与するあらゆる人に安全な場所を提供する。

リマインドが何かを発表した場合も、それぞれが好みのフォーマットで受け取ることができ、保護者や生徒の第一言語が英語でない場合には、グーグル翻訳でも閲覧できる。こうした手段がなければ隔離されるかもしれない保護者と生徒も引き込んでいるのだ。

レイチェルの話。「最近、六年生を担当する英語の先生から伺ったのですが、リマインドを使って一日おきに問題児の保護者と話しているそうです。業務上の負担が増えていることは間違いないわけで、それについてどう感じているかと尋ねてみました。するとその先生はこう言ったのです。『いいえ、このコミュニケーションによって、指導の最も難しい部分が楽になりました。私たち教師が抱えている問題は、困っている生徒がいることが分かっていても、どうすれば手を差し伸べられるか、あるいは子どもたちの置かれた状況をよくするために、保護者の皆さんとどう意思疎通すればよいかが分からないということなのですから』と」。リマインドはテクノロジーを使って、人と人がつながり、人間関係を深める環境を提供しているのだ。

ポール＝アンドレ・ホワイトはカリフォルニア州セリトスにあるリール小学校の校長で、生徒たちからは「P.A.」の愛称で呼ばれている。リール小は、リマインドのシステムをかなり早い段階から採用してきた。リマインドについて尋ねられると、同社の大ファンであるP.A. は熱意を持ってまくし立てた。「まったくとてつもない仕組みです」。そう言って笑う。「おかげで当校の文化は驚くほど変わりました。保護者の皆さんは学校とはもちろん、自分の子どもたちとの結び付きを実感しています。子どものことではなかったとしても、学校で何が起きているのかに関心を払うようになりました。もし私の子どもが幼稚園の年次（アメリカの公立学校には幼稚園《キンダーガーテン》というクラスが併設されている）だとして、五年生のクラスについてのテキストメッセージも受け取るとします。すると、私の子どももいつかその学年になるのですから、五年生の斬新な取り組みや学んでいる教科のこと、どのようなことを考えるよう促されているかを知ることになる。素晴らしいことです。本当にコミュニティー全体が関わっているのです[60]」

リマインドに出会うまで、保護者との関係をどう築くかが、教える側にとって最も難しい課題の一つだった。「保護者にメッセージを伝えるために、子どもたちに頼っている状態でした」とP.A. は振り返る。今や彼のポケットには保護者七〇〇人分の連絡先が入っており、全員にいつでもすぐにテキストメッセージを送ることができる。

「重要なメッセージを広めるときにこれを使います。短縮授業日についての再通知のこともありますし、あるクラスについての話題をお伝えすることもあります。先生方は宿題を忘れないための連絡に使ったり、保護者の一人に『今日は学校でこんな事を学びましたので、どうぞ尋ねてみてください』と伝えたりすることもあります。私の息子は一年生なので、親としての対処方法もよく分かっています。『今日は何が楽しかったの？』『休み時間』『今日は何を習ったんだい？』『分かんない』、といった会話ではなく、たとえば『今日はトカゲについて勉強したんだってね。トカゲについてどんなことをどれくらい覚えたの？』と聞けるわけです。これは（私たち親が）自分の子どもと積極的に関わり、家での学習を補強する一つの方法なのです」

重要なことが一つある。P.A.と連絡を取り合う五歳児前後の幼稚園児の保護者は多くが四〇歳未満ということだ。この世代の保護者にとって、テキストメッセージングとインターネットに基づくコミュニケーションは当たり前、日々の現実だ。この人たちに意思疎通の専用チャネルをつくることで、リマインドは保護者の行動を変えることに成功した。

ある日停電が起きて、学校が三時間にわたって暗くなったことがあった。「保護者は全員がＩＰ電話を使っていて、学校に電話をかけられず、しかも、インターネットはダウンしていました」とP.A.は振り返る。「私の携帯電話は動きましたので、『リマインド』でメッセージを送りました。たったそれだけのことで、わずか数分以内に保護者の九〇％は自分の子どもが全員無事で、停電は適切に対処されていると知ることができました」

ロサンゼルス統一学校区はかつて、学区内のどこかの場所への爆弾予告があったとき、すべての学校を閉鎖した。リール小学校はロサンゼルスにあったが、別の学校区に属している。

「その日早めに学校に早く行くと、電話がジャンジャン鳴りっぱなしです。自分たちの学区が閉鎖されていないことを確認すると、私は『リマインド』でメッセージを送りました。その日当校の出席率は学区内で最も高くなりました。『リマインド』メッセージを発信すると電話はすぐに止まり、子どもたちは全員学校に来たのです」

P.A. はこのツールを一斉連絡用のシステムとして使っているが、教師たちは主にチャット機能を使って保護者と一対一の意思疎通をしている。

「チャット機能があるので、私たちは保護者の電話番号を知りませんし、保護者も私たちの番号を知りません。チャット可能な時間帯を設定し、線引きしておくことができます。メッセージは削除できません。書いたものを書き換えることもできません。したがって教師たちは守られていると強く感じることができるのです」とP.A. は説明する。

今日、自分の学区内の他の全二八校に「リマインド」を導入すべく活動している。教育長も、学区全員の校長と意思疎通を図るためのチャネル、全職員とのチャネル、そしてコミュニティー全体に広がるチャネルを立ち上げている。

P.A. は説明する。「この仕組みはツイッターやフェイスブックよりも効果があります。私はソーシャル・ネットワークのようなサービスは、その開放性から学校教育には馴染まないのではないかと思っていました。けれども、これは子どものプライバシーを守ってくれるのです……テクノロジーは私たちがしようとしていることの増幅装置です。学校の機能を高めてくれるよう設計されているアプリケーションであれば、大歓迎です」

P.A.がかつていつも悩まされていたことの一つが、学校を代表して予算問題を検討する学校協議会のボランティア委員を保護者から選ぶことだった。「昔は、この協議会について知ってもらうだけでも大事でした。ところが、『リマインド』で『委員になってもよいと思われる方は、どうぞグーグルドキュメントに名前をお書きください』と呼びかけたところ、定員六人に対して一五人の立候補があったので、選挙をしなければなりませんでした。そんなことは本当に初めてでした」

教育を取り巻くさまざまな環境をつくり直すためにテクノロジーは使われている。本章ではこうしたイノベーターの何人かを紹介したものの、重要な動きの表面をなぞったに過ぎない。イノベーションの広大な全景を見渡すと明らかなことは、一部の科学技術者たちが提唱しているのは、テクノロジーだけのアプローチではない、ということだ。最も効果的で最も人間的なソリューションはコンピューターとの共生なのだ。

7　文系と理系の最高の組み合わせ

エスター・ウォシッキーのジャーナリズムの授業からジェームズ・サンダースが創設したブレイクアウトEDU社のゲーム、スガタ・ミトラの自己管理学習環境、ダイアン・タベナーのプレイリスト・アプローチに至るまで、教師たちのさまざまなブレンド型学習アプローチで、教師たちは、テクノロジーの助けを得ながら次第にコーチになっていく。

サミット高では、生徒たちがどのように進捗し、誰が行き詰まり、誰がもっと助けを必要としているかをリアルタイムで表示するダッシュボードを教師たちが見守る。担当教師は生徒たちと同じ教室にいて、生徒はテクノロジーを使って日々のプレイリストにアクセスする。これは学校を全面的にテクノロジーに切り替えて教室の壁をなくそうというのではない。オンライン教育でもない。テクノロジーの最も優れた部分を教室に取り入れて、教師の役割を一から見直そうという試みなのだ。

ケリー・ホーガンは、チャペル・ヒルにあるノースカロライナ大学（UNC）一般教養学部で教育革新のディレクターを務める生物学者だ。ホーガンは、教室内でアクティブ・ラーニングを実践するとテストの成績が三％伸び、第一世代大学生（両親が大卒ではない学生）とアフリカ系アメリカ人の学生では伸び方が倍になることを見い出した。[61]

二〇一四年に『CBE――生命科学教育』誌に発表された論文「中身を調べる：学習コースの増大はどの程度、誰のために機能するのか」で、ホーガンはUNCで生物学基礎を履修した四〇〇名の学生について六学期分のデータを調べ、「低コース構造」と「高コース構造」のクラスの学生の成績を比較した。[62]「低コース構造」とは、従来の講義室型アプローチのことで、「高コース構造」とは、ラップトップ・コンピューターと携帯電話を使い、授業準備のための宿題と授業応答用のソフトウェアのようなクラス内活動を組み合わせるアプローチと定義されていた。

ホーガンは、学生たちにオンラインで宿題を与え、授業前にそれを終わらせるよう命じることで、チームを基礎にしたクラス内の演習を増やせるのではないかと考えた。すると、学生間の相互のやりとりが促され、教室内での講義や、指揮命令的な指導方式の割合が少なくなった。学生たちはテキストから目を上げるようになった。そして、このアプローチを取らなければ授業中に声を上げず、あるいは予習してきた内容を積極的には発表しようとしなかったはずの彼らに、劇的な変化が現れた。

全体として、学生たちは教師がコーチの役割を担うような、「ゆるやかに構造的な」バランス型スタイルの授業で良い成果を示した。テクノロジーを使った比較的短時間の学生同士の活動と、記憶定着のための休憩時間という「ゆるやかに構造的な」環境は学生たちが効果的に学べる環境をつくりやすいだろう。

ジェフェリー・カーピックはパデュー大学の心理学者で、人の学習と記憶について研究している[63]。そこで明らかになったのは、情報検索、つまり、自分の長期記憶から情報を回復させる（思い出す）練習が非常に重要だということだ。二〇一一年に『サイエンス』誌に発表した論文「検索練習は、コンセプト・マップを伴う厳密な勉強よりも多くの学びを生み出す」で、カーピックは大学生を任意の四つのグループに分け、それぞれにいくつかの科学的なグラフを与えて覚えさせた[64]。この実験では、多種多様な学習方法を互いに競争させた。教材をできるだけ何度も繰り返して読む学生、何度か断続的に読む学生、そして素材の概念地図を厳密に描いた学生もいた。

最後のグループは、題材について、自由形式のエッセーで覚えられる限りのことを書き出す「検索演習テスト」を受けた。すべてのグループが一週間後にいくつかのパラグラフについての試験を受けると、検索演習テストをしたグループが他のどのグループよりも良い成績を上げた。カーピックは、「検索演習は、単に記憶に保存した知識を声に出して読み上げることではない。知識を再構築するという行為そのものが学習効果を高める」ことを見い出した。

つまり、情報検索の練習をすると、我々の脳は後になって使える一連のヒントをつくり出しているのだとカーピックは考える。心の中にパン粉を置いておき、帰り道の道筋を残しておくわけだ。皮肉なことに、他の方法を用いた学生たちは、自分たちのやり方に過剰なまでの自信を抱くのに対し、検索技術を磨いてきた学生たちは自分たちの準備が足りないのではないかと感じながらも、実は他の学生たちよりも好成績を収めた。明らかに、情報検索演習はパフォーマンスにかなりの影響を及ぼしているのである。

テクノロジーを使って、自律的な学生が自分のペースで学ぶのを支援しながら、記憶定着と情報検索のために教師のコーチを利用すると、とてつもない成果につながる可能性がある。

テクノロジーだけを教育問題のすべてに効く万能薬としてみることはできないが、こうしたアプローチを組み合わせて、文系と理系の最も優れた事例を持ち寄れば、我々には教育を改善できるチャンスをつかめるはずだ。

第7章

今より素晴らしい世界をつくる

The Fuzzy and The Techie

Building a Better World

ガボ・アローラはニューヨーク大学で哲学と映画を学んだ。テクノロジーの行き着く先が暗黒世界《ディストピア》だと考えているわけではないが、いつも機器《デバイス》を眺めてばかりいるとどんな影響を受けるだろうと心配している。そして、夜には圧倒的な量のウェブの世界から自分を切り離そうと、Wi-Fi のルーターのスイッチを切る。「脳に何か悪い影響があるという感じがしてしまって」。自分の職業について、アローラは謙遜してこう説明する。仮想現実《バーチャル・リアリティ》（ＶＲ）映画の制作者として最新技術を駆使しながら、一人でも多くの消費者の関心を引こうと日々競合他社と競争している。

「息子はウォルドルフ・スクールに通っています。五歳で、ｉＰａｄが何かをまったく知りません。それが私にとって一種の誇りです」とアローラは言う。「といっても、私たちのテクノロジーが人類にどんなに素晴らしい貢献をしているかを理解することとは矛盾しないでしょう(1)」、そう言いながら、アローラは最先端でＶＲの可能性を探究している。

アローラは、国連バーチャル・リアリティ映画シリーズで賞を取ったこともあるクリエーターだ。これまで六本の作品を手がけたVR映画監督で、サンダンス映画祭とカンヌ国際映画祭で上映されるという栄誉も受けている。スイスのダボスで毎年開催される世界経済フォーラムや国連総会でも、経営者や政治指導者たちの前で作品を上映もしてきた。[2] テーマはシリアの難民危機、リベリアのエボラ出血熱、二〇一五年ネパール地震、中国の公害、アマゾンでの森林伐採、コンゴ民主共和国の女性の権利など、人類が直面している最近の深刻な問題だ。アローラはVR監督のクリス・ミルクと出会うまでVR映画に取り組んだことがなかった。

クリス・ミルクはVR映画監督の先駆者で、「ウィズイン」という名の制作スタジオを運営し、これまで何本もの映画を制作してきた。二人の出会いはロックバンド「U2」が開いたパーティーだった。ミルクはU2のために音楽ビデオをつくり、アローラはメインボーカルであるボノと反貧困キャンペーンで一緒に働いたことがあった。[3] ミルクは、アローラを助けてVRの力を利用し、悲劇に襲われた場所に鑑賞者たちを仮想旅行させ、その風景や音の中に身を置かせ、現実には絶対に経験し得ないはずの没入体験をしてもらった。

上映会の参加者を、ヨルダンにいるシリア難民や、リベリアでエボラ出血熱にかかって助かった人々、息子や娘を亡くしたパレスチナ人の母親に紹介した。映画『シドラ湾をおおう雲』では、ヘッドセットをかぶると、ヨルダンのザアタリ難民キャンプにある教室に入る。周りを見渡すと、ノートから一瞬目を上げた子どもと目が合う。これは本当に肚の底に感じる体験だ。映画『恵みの波《ウェーブス・オブ・グレイス》』とまったく同じように、戦争で荒れたリベリアの首都モンロビアの、廃墟となったホテルの屋根の上に腰を下ろし、女性の歓喜に満ちた声と、それに合わせて男が演奏するオリーブオイルの缶で作ったギターの音色に耳を傾けながら、潮風を頬に感じて夕日を眺め、この生き残ったカップルの強さに称賛の気持ちを抱く。

アローラは、こうした問題への人々の理解を深め、過酷な環境に耐えている人々への共感を広げることを自分の使命と考えている。正式な職務は、国連事務総長へのシニア・アドバイザーとして、国連が重点を置くべき問題は何かについて助言することだ。自分がまさか人道的な政策立案の仕事に携わるとは予想もしていなかったが、前章まで見てきた多くの文系学部出身者と同じく、学生時代に養ってきた物の見方、スキル、関心のおかげで、この仕事で素晴らしい成果を出すことができた。

「我々が経験する実際の、素のままの『現実』が危険にさらされているようだ……現状のいったい何が不十分なのだろう。どうしてそれを拡大、あるいは改善しなければならないと我々は感じているのだろう」(4)。『ニューヨーク・タイムズ』紙で長く「メディアの方程式《メディア・イクエーション》」を連載していたデイビッド・カーは、マイクロソフトが開発しているVRヘッドセットの新製品についてこう書いた。一部のテクノロジー・アナリストが、あからさまに軽蔑することはないにせよ、おののきをもって見るようになった新しい技術分野に、アローラは社会的価値のある応用方法を見つけ出そうとしているのだ。

アローラはニューヨークの世界貿易センターが受けた九・一一テロ攻撃の恐怖を経験して、人道的な仕事に就きたいと思うようになった。ハリウッドでメジャーの映画監督としてキャリアをスタートしようとしたが失敗し、故郷のニューヨーク市クイーンズ区に帰った。九・一一の後は「アメリカの外交政策とアメリカのイメージをつくり変えることに貢献したいと思いました。もしあの悲劇が起こっていなければ、国連で働こうなどとは決して思わなかったでしょう」

アローラが制作した映画は人々を動かし、国連による救済プログラムのための資金調達活動を支える強力なツールに成長した。ユニセフ（国連児童基金）はアローラの映画を世界四〇カ国で上映した。一般大衆と多額の寄付を依頼する個人に働きかけるのだが、この映画のおかげで、寄付者の説得に必要な会話は半分に減った。ユニセフによると、寄付をしてくれる人々の割合が一二人に一人からおよそ六人に一人になったとのこと。つまり、メッセージの到達率が倍になったということだ。[5]

アローラがVR映画を国連の幹部たちに初めて披露した時には、まともに取り合ってもらえなかった。[6]「そもそもヘッドセットがなかなか手に入らないのだから、誰も見ないだろう」という反応だったのだ。しかし、確信は揺るがなかった。VRは間違いなく主流になるはずで、自分のつくった映画は、幻想的な世界に逃げたり、スカイダイビングやジェットコースターに乗ったりというスリルを味わうためだけの手段ではなく、映画技術を人類に貢献する形で使える重要な先例になるはずだと固く信じていた。

アローラが人道的な仕事をしようという気になったのは九・一一テロ攻撃だったが、大学時代に哲学を学んだ経験も、自分の映画の才能が社会的利益のために使えるし、使うべきだという思いを強める結果になった。「私は実存主義者に大きな影響を受けています」と言うアローラは、特にジャン＝ポール・サルトルとアルベール・カミュのファンだという。「サルトルとカミュの著作から『人生は無意味なので、何もしてはいけない』というメッセージを学びとれるとしましょう。だとしても、逆説的ですが、この二人からすれば、自分自身の意思と行動がなければ、内面が自由だという感覚を何も得られないというわけです。サルトルもカミュも、政治に関わっていました」。アローラは、カミュが世界を変えるにはどうするのが一番良いかを教師たちに尋ねたところ、小説を書けと言われ、それを実践して広く称賛を浴びた事実に注目している。芸術には人々の心に影響を及ぼし、生き方を変えるだけの力があるとも信じている。

「私がつくっているのは仮想現実（VR）ではありません。物語《ストーリーテリング》です。小説は偉大な感情移入マシンです。VRは今や物語に高品質な音声や高解像度の映像などを用いて、あたかも現場にいるかのような臨場感を提供する技術を持ち込んで」これまで以上に強烈な没入型の状況をつくれるというのだ。アローラは一人の芸術家、そして哲学者として人の生活の質を高めるというリベラルアーツの使命の実現に全身全霊を打ち込んでおり、VRテクノロジーをこの目的の達成に生かすという世界でトップを走っている。

仮想現実は、機械学習や自然言語処理とともに、ここ数年急速に発展してきたテクノロジーだ。このコンセプトが生まれたのは一九八五年、少なくとも、ジャロン・ラニアーがVPLリサーチ社でこれを初めて開発した時期まではさかのぼることができる。[7] しかし、仮想現実の水準は世間の注目を浴びるほどの技術にはほど遠く、ヘッドセットが商業ベースに乗るまでは三〇年以上を待たねばならなかった。テクノロジー・ビジネスの巨人たちは現在、市場トップの座を確保しようと必死になって競争している。

マイクロソフトは「ホロレンズ」を開発中だ。これは、たとえば居間の壁などにホログラフィー像を投影できるヘッドセットだ。[8] フェイスブックの創業者マーク・ザッカーバーグは二〇一四年にVRの将来性に感銘を受け、フェイスブックはデバイス・メーカーのオキュラスを、同社がクラウドファンディングサイト「キックスターター」の資金でビジネスを本格的に立ち上げたときに、二〇億ドルで買収した。[9] グーグルはVRスタートアップ企業のマジック・リープ社[10]に多額の投資を行い、「デイドリームVR」ヘッドセットを開発してハードウェア市場に参入した。

しかし、その熱狂と歩調を合わせるように、仮想現実は批判にもさらされている。背景にあったのは、デイビッド・カーが案じたとおり、人々が一層多くの時間を、友達や家族とではなくテクノロジーとのやりとりに費やすようになるのではないか、という不安である。我々の生活が将来どうなっていくのかに関するビジョンの中には極端なものもある。

著作家のモニカ・キムは『アトランティック』誌の記事「仮想現実への逃避がもたらす利点と欠点」の中で、未来学者のレイ・カーツワイルの想像を紹介している。「二〇三〇年代になると、仮想現実は完全に現実的で魅力的なものとなり、人々は日常の大半の時間を仮想環境の中で過ごすようになる……誰も彼もが仮想人間になるわけだ」[11]。そんなことはまず起こりそうにないが、だとしてもそれ以外に表明されている予想や懸念はもっと深刻だ。

一九九二年、未来学者のドナルド・ノーマンは、著書『テクノロジー・ウォッチング』で「未来オタク（Event Fantic of the Future：Fantic はオタクというほどの意味）」としての仮想現実について書いた。ＥＦＦは「現実世界をテレビカメラのレンズを通して見ている……テレビゴーグルは頭にしっかりとくくりつけられ、電子回路は腰に、レンズとマイクは頭に着けられる……ＥＦＦのクラスで講義をする気の毒な教授の姿だ」と書いた。ノーマンは、示唆に富むコメントで締めくくっている。「たぶんその教授はコンピューターがつくり出したテレビ画像で置き換えられることになるだろう。人工的な人々に教える人工的映像というわけだ」と[12]。

一方、ＭＩＴで科学技術社会論の教授を務めるシェリー・タークルは、仮想現実についての懸念を最近になって表明している。タークルはＭＩＴの「テクノロジーと自己に関する取り組み」のディレクターで、テクノロジーが社会生活の質にどのような影響を及ぼすかを過去三〇年にわたって観察してきた。『一人きり：我々はなぜテクノロジーから多くを期待し、互いに期待することがなくなったのか』（未邦訳）と『一緒にいてもスマホ——SNSとFTF』（青土社）などの著書を通じ、我々がオンラインで時間を過ごすと、人としての純粋なつながりを持つ能力がいかに低下しかねないかについて、人々の意識を高める努力をしてきた。

デジタル・コミュニケーションによって我々は自分の不完全さをうまく隠し、都合のよい時に他人と関わり、自分自身の新たなバージョンをつくり出し、しかもデジタル上ではかなりの時間つながっているにもかかわらず、皮肉なことに、互いに距離を取るようになると警告する。タークルは問う。「我々は面と向かっての会話を犠牲にして、ソーシャルメディアに浸りきった生活を送っているのではないか[13]」

そして、ガボ・アローラと彼の映画制作の協力者クリス・ミルクの見方に異議を唱える。二〇一五年のTEDトークでミルクは「究極の感情移入マシン」を通じて、「私たちはお互いの関係が深まり、ゆくゆくはより人間的になっていくのです」と語っていた[14]。二〇一六年にサンフランシスコで行ったスピーチで、タークルはこう主張した。

「仮想現実の世界に入ると、誰もがある考えに囚われるようになります。それは、いろいろな問題を抱えた人たちとお互いに顔を合わせる必要がない、ということ。そうした出会いから生じる予想外の出来事、困難、問題を抱え込まなくてもこの世界では生きてゆけそうだ……つまり仮想現実は……会話がなくても、その場に自分がいなくても他人との共感を得られる、そういう気にさせてくれるのです」

タークルは具体例として、アローラの映画『シドラ湾をおおう雲』とミルクのＴＥＤトークを取り上げた。ミルクはこのスピーチで、スイス、ダボスの空調が調節された部屋にスーツを着た男たちが座って、仮想現実のゴーグルを通じて映画を見ているシーンを見せたのだが、タークルに言わせると、「この人たちは寒さも、疲れも、空腹も感じていません。どの難民とも実際には会っていないのです」と指摘した。彼女は「この映画を楽しみました」と明言した上で、それでも「テクノロジーは『ないよりはまし』から『何かよりはまし』になり、『何よりもまし』に向かっています」と指摘し、人と人との面と向かったやりとりから得られる特別な恩恵への感謝を失ってしまいかねない、と警告した[15]。

仮想現実の価値にこれほど正反対の見方があるということは、生活の質を低下させるのではなく、向上させるような技術革新を実現することがいかに難しいかを示唆している。我々の生活を変える新種のテクノロジーは両刃の剣となる可能性がある。世界に素晴らしい貢献をするかもしれないが、大変な被害を及ぼす可能性もあるのだ。あるいは仮想現実についてタークルが警告したように、我々がその次に何が起きるかが分かってしまうと、あえて何もしないという形で自分の行動を変えてしまうかもしれないのだ。

新しいテクノロジーは、効用や弊害の可能性が、使い方によって明確になる場合とならない場合がある。たとえば、自動運転車のテクノロジーで道路は安全になり、我々は長距離運転の単調さから解放される。二地点間の移動が効率的になることは明らかで、その結果、公共交通機関という政府に大きな財政負担がかかる高コストの輸送方式が、今ほど必要ではなくなるかもしれない。しかしその一方で、自動運転車が人間の行動の複雑性に対する深い理解の上に設計されていないと、大混乱をもたらす可能性があることも明らかだ。

仮想現実では、状況はもっと分かりにくい。ガボ・アローラがテクノロジーを利用して世の中に素晴らしい貢献をしていることは間違いない。同時にシェリー・タークルは、テクノロジーの限界とあり得る報復作用について警告したことを称賛されるべきだ。しかし一つ明らかなことがある。テクノロジーを最大限に利用するには、創造性、人間中心の関心、そして批判的思考がもっと必要になるだろう、ということだ。そしてこれこそまさに、アローラとタークルが、二人の受けたリベラルアーツ教育の成果として仕事に生かしている能力なのである。

おそらく、国家の安全を守るために働いている人々ほど、新しいテクノロジーの副作用を深く理解している者はいない。国家安全保障こそは、文系人間《ファジー》が理系人間《テッキー》と一緒に組んで世の中に貢献している一分野であることは間違いない。

1 我々の世界を安全にしようと連携する

テクノロジーが一見単純なインターフェースの下でかなり複雑になるとともに、我々の世界も込み入ってきた。戦争の舞台はもはや空、陸、海に限られず、今やサイバースペースでも進行している。

「イスラム国（ＩＳＩＳ）」と自称する明確な実体を持たない個人の集合体は、従来の国家を攻撃するという、国家でない存在による巨大なリスクを容赦なく現実化してきた。文系人間と理系人間との連携が、常に世の中を良くする勢力になるとは限らない。ＩＳＩＳは人類が何世代もかけて取り組んできた「心理戦」に新しいテクノロジーを持ち込み、正確な目標を狙う技術と説得技法を駆使して（つまり、我々をそそのかしてピカピカの最新小物《ガジェット》や食欲をそそるグルメ向きのコーヒー飲料に金を浪費させようとする手法と同じである）、有害な考えを人々に広めようとしている。

残念なことだが、テクノロジーの進化とともに、脅威の性質も進化していくだろう。モノのインターネット（ＩｏＴ）が発展すると、家庭用サーモスタット（温度調節器）から医療機器、自動運転車、さらには恐ろしいことだが、送電網のような重要インフラを監視・統制するコンピューター・システムに至るまで、この世の中に存在するネットワークに接続されたあらゆる装置が乗っ取りの危機にさらされる。[16] そうした装置のネットワーク化が進めば進むほど、我々の安全を脅かす攻撃も高度化する。

二〇一〇年に世界の注目を集めたスタクスネット（Ｓｔｕｘｎｅｔ）コンピューター・ウィルスのケースを紹介しよう。スタクスネットはサイバー兵器の一つで、報道によると、イランの核燃料施設のウラン濃縮用遠心分離機を標的として、イスラエルとアメリカ合衆国によってつくられた。だが、そのコードが敵に転用されると、工場や空港、石油パイプライン、発電所といった我々自身のインフラが標的になるかもしれない。[17] 通常兵器は一度しか使えないが、サイバー兵器が同時多発的に使用され、しかも同じ兵器が何度も使用される危険性がある。[18]

我々は新技術の力を利用して、過激化する脅威と何としても戦わなければならない。そのためには、人文科学と社会科学の両分野でのスキルと見識を兼ね備えた文系人間と理系人間との協力が必要不可欠だ。文系的なスキルと見識を備えていると、政治同盟の性格や戦闘とテロリズムの心理学、ソーシャル・ネットワーク（オンラインとオフライン）の性質を深く読み取ることはもちろん、チームの仕組みづくりに関する専門知識を披露して現場でのチームワークの改善に寄与できるなど、活躍の場は広いはずだ。こうした分野で教育を受けておくと、戦場においてどう高い道徳観を維持し、文化的要素を考慮するか、といった能力が養われる。

ハーバード大学の学長ドリュー・ファウストは、二〇一六年にウェスト・ポイントの米国陸軍士官学校で八〇〇名の士官候補生と教職員に対して、能力が高く、共感力のあるリーダーを育てる上で人文科学が果たすべき極めて重要な役割について講義した。

人文科学を探求すると、「私たちは危険や劇的な状況、あるいは混乱するほどの未知な事態、いわば『分厚い埃』の中にいても、手元にある物を冷静に調べる方法を学ぶことができます……自分たちのペースを緩めるためのスキル――よく考える習慣、批判的な目、人間の問題を解釈し、判断する余裕を持つための技術、情報、混乱、変化で忙しくうるさい世界に意味を見つけるための集中力、そういったものが身に付くのです。人文科学は多くのことを教えてくれますが、中でも重要なのは、他人の身になって考えること、つまり共感力です[19]」

この経験を自分自身で試そうと思い、私は一〇月のすっかり冷え切った日にウェスト・ポイントを訪ねた。四四〇〇人の下士官全員が集合し日々食事を取るワシントンホールで、私は「ファースティー」と呼ばれる最上級生から、「(兵器としての) 人を装備する」他の軍隊と異なり、陸軍は「(任務を帯びた) 人に兵器を装備する」のだということを念押しされた。

米軍の退役陸軍中将で、二〇〇九年から二〇一一年まで駐アフガニスタン大使を務めたカール・エイケンベリーが、ヘラート城塞を回復するプロジェクトなどを唱え、アフガニスタンの荒廃した文化を回復するために努力した知恵の中にその精神を見ることができる。この城塞の起源は紀元前三三〇年で、国防の要塞として輝かしい歴史を誇り、この地を次々に征服した帝国によって軍司令部として使われた。エイケンベリーは城壁を回復したことで(現在はヘラート国立美術館が建っている)、「数十年にもわたる紛争と混乱に苦しめられてきたアフガニスタンの人々に、豊かな文化と栄光の日々があった証拠を提供した」と主張している[20]。

エイケンベリー・チームで大活躍したのが国務省で働く人類学者、ローラ・テデスコだ。省内で「遺跡《モニュメント》ウーマン」の異名を持つ彼女の仕事は、アフガニスタンの古代宝物を発掘し、寛容であらゆる物を受け入れるこの国の歴史を保存することだった[21]。国務省がこの仕事を依頼した時、当時四〇歳で二人の母親だった彼女はすべてを捨ててアフガニスタンに移り住み、そこで一六カ月を過ごした。彼女の任務は、戦争を遂行する際にも、戦後の復興に取り組む際にも、エイケンベリーが「人間性の本質的価値」と呼んだ要素がいかに大切かを示している[22]。

この大義を固く信じているもう一人の学者が、陸軍士官学校で二〇年近くにわたって大衆文学を教えているエリザベス・サメット教授だ。一九九七年以降に入学した毎年一一〇〇人の新入生は一人残らず彼女の授業を受けてきた。サメットによると、伝承文学の講義を通じて、士官候補生たちは、「合法的な命令に従い、自らの道徳上の判断を決して放棄しない」ことをたたき込まれるという[23]。

サメットの教え子の一人がエミリー・ミラーだ。彼女は美術、哲学、文学で学位を取り、陸軍で大尉まで昇進し、イラクとアフガニスタンで従軍した。第七五レンジャー連隊(トップレベルのタリバンやアルカイダの司令官を標的とするエリートの特殊部隊のことだ）とともに夜襲に備え、実際に加わった数少ない女性の一人だ。大型輸送用ヘリコプター《チヌーク》が敵陣の内側にチームを運び、そのエリアの女性と子どもの安全を確保する任務を負っていた。一九名の女性からなる統合特殊作戦部隊のリーダーとして、アフガニスタン人女性たちとの信頼関係を築くことを目指した。彼女は当時をこう振り返る。

「私たちは毎晩偵察に出掛けました。任務は女性と子どもたちと協力することでしたから、アフガニスタンの歴史と文化についてできる限りのことを学んだのです」。アフガニスタンでの功績でブロンズ・スター（青銅星章）とコンバット・アクション・バッジ（戦闘活動記章）を獲得し、勇気と力を前線で示せる仲間に加わった(24)。

ミラーはアフガニスタン人の苦しみに深く同情し、帰還後に、ルミ・スパイス社を共同設立した。最初の資金調達は世界最大のクラウドファンディング用プラットフォームのキックスターター上で行い、世界で最も高価な香辛料サフランを、アフガニスタンでの偵察のときに敵陣の奥で出会った女性たちから直接購入して輸出している。今日、ルミ・スパイス社は、シカゴのサウスサイドにある「プラント」というワークショップを拠点に「ルミ」ブランドのサフランを全米の最高級のレストランに販売し、アフガニスタンの女性たちの経済基盤を支援している。

社会科学の知識は、戦闘とその原因という複雑な問題をどう捉えれば良いのかという物の見方や、先の見えない戦場でテクノロジーの限界を見極める情勢判断力を与えてくれる。

テロリストを追撃する際に無人の空中輸送手段（「ドローン」としてよく知られている）を使用すると発生する「ブローバック効果」（攻撃の段階では予期できない二次的、三次的な悪影響）がこの必要性をよく示している。こうしたハイテク精密兵器が多くのテロリスト指導者の攻撃に効果を発揮してきたことは事実だが、同時に水平線のはるかかなたから敵の攻撃能力を連れて帰ってくる可能性もある。なぜならば、兵士は意図していない犠牲者や結果から物理的にどんどん遠ざかり、攻撃の様子を見えないからだ。

技術兵器は、戦場で人の判断という当てにならない要素を排除し、兵士は直接的な戦闘に関与せず着実に守られる――これは確実な方法に見えるかもしれない。しかし実際には、胆力や勇気と言った曖昧な「力」が戦争遂行上で重要な役割を果たしているし、今後もそれは変わりそうにない。

だからこそ、現在もロードアイランド州ニューポートにあるアメリカ海軍大学校では「戦争ゲーム」の演習が活発に行われているのだ。海軍でトップ級の人材を養うべく一八八四年に設立された同校を私が訪問した時には、カリキュラムは時代を超えた普遍的な科目とタイムリーな科目の間で、つまりトゥキュディデスやクラウゼヴィッツといった古典教材と、サイバー戦争に関して刻々変化する課題とがほぼ均等に提供されているという説明を教官たちから受けた。訓練の目玉は、数日かけて何度も繰り返される戦争ゲームだ。なぜならば、戦場には複雑な状況が多すぎて、人間が判断しないと最新の技術ツールでも対応し切れないからだ。

幸いなことに、政府部門でも民間企業でも、技術革新を起こそうとする人々は、個々のケースに応じて人と機械をうまく組み合わせながら、我々の生活を安全にしようと努力している。文系人間と理系人間との新たな協力体制によって、脅威を素早く見つけだし、厳格に監視し、排除して新しい精密機器を配備するための優れた手段がつくり出されているのである。

一つの重要な取り組みは、文系人間と理系人間を一堂に集めて協力させ、シリコンバレーの技術イノベーターによって開発された手法を米軍に適用する試みだ。

2 リーン・スタートアップの仕組みを軍事防御に用いる

米国防省はシリコンバレーの技術者を軍隊に呼び込もうと長年努力してきた。ところが二〇一五年に、アシュトン・カーター国防長官（当時）はそれまでのやり方を変えて、軍をシリコンバレーに持ち込もうと決断し、国防イノベーション実験ユニット（ＤＩＵｘ）を立ち上げた。安全保障をテクノロジーの世界に持ち込んで生まれた成果の一つが、スタンフォード大学に設けられた「国防のためのハッキング」講座だった。

担当したのはアメリカ陸軍のジョー・フェルター大佐とピート・ニューウェル大佐で、二人は、今日の軍人と政策決定者への圧倒的な要求に応えるには文系人間と理系人間が両者の垣根を乗り越えて全面的に協力する必要があることを理解していた[25]。

フェルターは、アメリカ陸軍特殊部隊を退役し、陸軍士官学校のテロリズム対策センターのディレクターを務めていたが、現在はスタンフォード大の「紛争に関する実証研究」プロジェクトを運営している。政治学で博士号を取り、その専門知識を生かしてテロの脅威に対応する効果的な手法を開発した。

ニューウェルは三二年間を制服組として過ごし、イラク中部の都市ファルージャの戦闘を指揮した勲功でシルバー・スター（銀星章）を授与され、陸軍のイノベーション・チーム「緊急装備隊（ＲＥＦ）」の創設を主導した。ＲＥＦは軍人とさまざまな分野の研究者を結集して次々と持ち上がる問題の解決にあたった。フェルターとニューウェルはスタンフォード大教授で連続起業家《シリアル・アントレプレナー》のスティーブ・ブランクと協力してこのコースを創設し、三人は教鞭も執っている。

ブランクは「顧客発見」として知られる手法をつくり出したイノベーターだ。「顧客発見」とは、顧客から試作品へのフィードバックをもらいながら改善を何度も繰り返し、人々のニーズと願望になるべく合った新製品をつくろうという手法である。この手法の眼目は、顧客が直面している最大の問題についての理解を深めることだ。ブランクの学生だったエリック・リースはこの手法を利用し、「リーン・スタートアップ」アプローチを生み出して会社を設立、同社はその後リースが『リーンスタートアップ　ムダのない起業プロセスでイノベーションを生みだす』（日経BP社）を著して知られるようになった。

「国防のためのハッキング」講座はリーン・スタートアップ・アプローチと同様の考え方を取り入れ、軍人のグループと情報収集《インテリジェンス》コミュニティーからコースのウェブサイトに提出された実際の問題への解決法を探っていく。学生たちは、軍人たちが直面する課題について、自らをその立場に置いて理解しようと努める。訓練キャンプで匍匐前進を経験し、アメリカ海軍特殊部隊のスキューバダイビングの必要性を理解するためにダイビングスーツを着用し、爆発物処理班の対爆スーツの仕様をよく理解しようと空軍基地を訪問する。この講座はどの学部の学生も受講できる。目的は創造的な協力を推進することだ(26)。

誰かがこのクラス向けに投稿された問題を調べる時には、テクノロジーをどう開発・展開するかについて文系的な発想を駆使することが求められる。たとえば、米空軍第一五作戦支援飛行隊によって投稿された課題が「飛行体の意思疎通、順応性、耐久力、特殊能力を高める、有機的で、チームワークのある、あるいはネットワークを重視する組織構造をつくること」であるとする。その課題説明にはさらにこう書かれている。「我々は、各メンバーが組織内で重要なポジションを獲得し、飛行隊内の他のどのメンバーとも自由に意思疎通できるような組織構造を必要としている……この課題は組織変革に重点を置いている。テクノロジーは役立つだろうが、頼りすぎてはならない」

あるいは、アメリカ陸軍サイバー司令部からの別の課題が「高まり続けるデータマイニング、機械学習、データサイエンスの能力をどう利用すれば敵からのソーシャルメディア攻撃を理解し、混乱させ、対抗できるかを考える」ことで、重要なポイントとして、「現在のツールでは、ユーザーは敵のソーシャルメディアコンテンツが何を意味しているのかを理解する方法が分からない……現在のツールと手法を使えばソーシャルメディアの流れを監視し、量（情報量、適合性、検索）を測定することはできるのだが、実際の意味の大半が転送されているサイトからそのコンテンツ（質）を把握することができない。これが欠点だ」と指摘されていたとする。

このコースはかなりの関心を集め、二〇一六年秋の教育者向けのクラスには七五名の参加者があった。二〇一七年には、ジョージア工科大学、ピッツバーグ大学、南カリフォルニア大学、ジョージタウン大学など一三大学も独自の「国防のためのハッキング」講座を始める予定だ。どのコースも国防省や情報収集コミュニティーから提供される課題セットに取り組むことになる[27]。

二〇一六年に、ブランクとフェルターは「外交のためのハッキング」講座の創設にも尽力した。テクノロジーによる解決方法の構築を目指した国務省向けのコースで、ホワイトハウス国家安全保障会議で開発と民主化担当のディレクターを務めていた政治学者ジェレミー・ワインスタインも教諭陣に加わった[28]。学生たちは、たとえばＩＳＩＳのような過激派組織と対抗するツールの構築に取り組む。問題解決には、機械学習のアルゴリズムの力を使ってオンライン上の数多くの情報源から抽出したデータと、敵の文化と心理に対する曖昧な理解を組み合わせることになるだろう。

3 世界で最も手に負えない問題を解く

高性能技術が開発されているこの時代に、これまで何代にもわたって人類を苦しめてきた最も基本的な問題に今も地球上の多くの人々が悩まされているのは、大いなる皮肉である。人々は政治紛争と軍事衝突の悲劇にとどまらず、飢餓と病気、教育の不足、経済発展の停滞に苦しんでいるのだ。しかし最近は、この世界を良くしたいという真の情熱を持った圧倒的多数の人々がリベラルアーツ教育を受け、新種の技術《テク》ツールの素晴らしさに気付き、理系人間《テッキー》のパートナーと協力しながら、こうした問題のいくつかを解決する、驚くようなイノベーションをつくり出すようになった。

これら創造者《クリエーター》たちの多くは民間セクターでスタートアップ企業を創業している。ネイト・モリスはケンタッキー州レキシントンを拠点とする一〇億ドル企業ルビコン・グローバルを立ち上げた。同社は自治体による廃棄物処理を支援する「ゴミ収集界の『ウーバー』」と呼ばれている。(29) モリスは政府の政策と公共政策で複数の学位を持つ。テキサス州オースティンでは、エイブル・レンディングの創業者、エヴァン・ベーハーが「フォーチュン五〇〇」に属する中小企業に資金を貸し付けたいと考え、すでに一億ドル以上を調達してビジネスを開始した。

ベーハーは国際関係論を学び、宗教学を専攻、特に「法と倫理」を中心に研究して文学修士号を獲得した。非営利の社会的事業サービスを最先端で引っ張る起業家もいる。MBAの学生を中小企業と結び付けるプログラム「MBAsアクロス・アメリカ」を立ち上げたケーシー・ジェラルドもその一人だ。学生時代に政治学と起業家精神を学び、人々には「ビジネスの現場で使うための新しいマニュアル」と、現状を受け入れる時の「慎み深い疑い」が必要だと考えている。[30] サンスクリット語で「平等」を意味するサマソースの創業者レイラ・ジャナは、発展途上国の労働者にデジタル関連の仕事を紹介している。[31] ジャナはアフリカの経済開発を研究した。

他にも、おそらくあまり知られていないものの、多くの人々が昔から実績のある救済組織の中で働いていて、それぞれの任務を果たすべく現代テクノロジーに精通した新しいアプローチを試みている。このように、世界的な人道支援の舞台で活躍する主要プレーヤーが、それぞれの力と経験を生かして革新的なソリューションに向かおうとしているのは、将来に大きな期待感を抱かせる動きだ。たとえば国連に目を向けてみよう。傲慢で無駄な官僚主義の象徴として描かれることの多いこの組織の廊下にも、変革の可能性を見ることができる。

ガボ・アローラは国連の先頭で新しい技術《テクノロジー》ツールを世界的な問題に使ってみようという数少ない革新者《イノベーター》の一人だ。

国連でテクノロジーの先頭を走っているもう一人の文系人間はマッシミリアーノ・〝マックス〟・コスタだ。コスタはトリノ大学で文学の学位を取り、その後イタリアの有名なクーネオ音楽院でバイオリンと音楽学の学位も取った。北イタリア中の多くのオーケストラで演奏し、その後政策学、テクノロジーへと迂回した時にはプロのバイオリニストになる途中だった。

「音楽家になると、寝ても覚めても天才たちと一緒に過ごします。バッハやブラームスを弾き、その夢を見るのです。音楽は私に忍耐を教えてくれました。私は何千時間も自分のバイオリンと過ごしました。けれども、何かを学ぶと何かをつくりたくなるのです」と振り返る。

コスタはアゼルバイジャンの首都バクーに、エネルギー政策の大使館員として派遣されたことをきっかけに、コロンビア大学で国際問題の修士号を取り、卒業後にボストン・コンサルティング・グループに入社した。現在はドイツのベルリンに拠点を置き、世界の貧困の根絶を担当する国際連合世界食糧計画（ＷＦＰ）に勤務している。そこで、ＷＦＰが資金提供しているアップル・iＯＳアプリの「シェア・ザ・ミール」の立ち上げに力を尽くした。これは世界中の市民が献金をしてシリア難民の子どもたちに給食費用を支援できるアプリだ。コスタはセバスチアン・ストリッカーとともにWFPに入った。

ストリッカーはウィーン大学から国際関係論の博士号を得て、イタリア、ローマのWFPでビジネス革新アドバイザーとして働いていたが、飢餓と闘うためにスマートフォンの機能向上のアイデアを思い付き、WFPイノベーション・アクセラレーターを率いるバーナード・コワッチュとチームを組んだ。二人は、現在地球上で飢えた人一人に対して二〇名のスマートフォン・ユーザーがいるので、そのユーザーが一人当たり毎日五〇セントを寄付すれば飢餓は完全に根絶できるとの結論を出した。[32]こうしてストリッカー、コスタと彼らのチームはアプリの開発を決心し、資金を求めてシリコンバレーにいる何人ものアーリーステージ企業への資金提供者に近づいた。

ところが世間の反応は芳しくなかった。彼らのアイデアには欠陥があり、そんなことをする暇があれば巨大なサプライチェーンと物流システムを生かして、十分に使われていない食料を再配分することに力を注ぐべきだと諭された。しかし三人はひるまなかった。国際支援と食料安全保障に何年も費やしてきたので問題を正しく理解しているという自信があったし、ベンチャー業界からの巨額の資金援助がなくても、アプリをつくれるだけのエンジニアを雇えることも分かっていたからだ。

そして実際のところ、アプリが配信されてから一カ月で、ユーザーからは一二万件の寄付が集まり、レソト王国の学校に通う子どもたちのために一七〇万日分を超える給食費を調達することができた[33]。本稿執筆時点で、このアプリは五〇万回以上ダウンロードされ、五七〇万食以上の資金が集まっている。さらに、このアプリは、テクノロジーを使うとどんなに大規模なことを成し遂げられるのか、そのことを彼らに確信させた出発点に過ぎない。最終目的は「シェア・ザ・ミール」の技術を別のプラットフォームに組み込んでその影響力を拡大することだ[34]。たとえば、iPadを使った小企業向けPOSシステムを運営するスクエアのような企業と協力して、消費者が地元のカフェで自分の食料を買った時にそれをシェアする仕組みを提供できるかもしれない。

新技術の性能向上の分野でパイオニアとして活躍する国連の文系スタッフには、他にエリカ・コーチとクリストファー・ファビアンがいる。二人はユニセフ（国連児童基金）のイノベーション部門を共同で率いている。エンジニアのチームと協力し、ウガンダの農村で二人が起こしているイノベーションは色々あるが、中でも際立っているのは、石油用ドラム缶を耐久性の強い、簡素な、ソーラーパネルからの電力で動く教育用コンピューター端末につくり変える方法を考え出したことだ。『タイム』誌はこの「デジタル・ドラム缶[35]」を「二〇一一年で最高の発明」と呼び、スミソニアン協会はクーパーヒューイット・スミソニアン・デザイン・ミュージアムで特別展示した[36]。

コーチもファビアンも理系の教育を受けていない。コーチはロンドンにある東洋アフリカ研究学院で経済学と日本語を学び、ファビアンはエジプトのカイロにあるアメリカン大学で哲学を、そしてニューヨーク市のニュースクールでメディア学を専攻した。二人とも人道支援分野に進み、国連とテクノロジーの世界を結ぶ優れた翻訳者として活動し、コーチが二〇一一年に『フォーブス』誌のインタビューで答えたように、「社会開発の実践とテクノロジー／デザインのさまざまな分野との間に橋を架けた[37]」

二人が先頭を走るその他のイノベーションには、「ラピッドSMS」と呼ばれるオープンソースのフレームワークがある。開発現場にいる人々はこれを使ってデータを集め、整理し、あらゆるスマートフォンをデータ収集ツールに変え、ラストワンマイル（最終拠点からエンドユーザーへの物流サービス）の配送メカニズムに組み込んだ。たとえば、ザンビアとマラウイでは、モバイル機器を使ってHIVテストの結果を通知するので、遠方の地域にいる人々でもテスト結果をすぐに理解して治療を受けられる。今日、ファビアンはブロックチェーン（公開台帳）のような最先端の技術を利用して、紛争地帯に生まれ、出生届もないために医療からも教育からも見放されがちな五歳未満の子どもたち二〇〇万人に住民登録させる方法を探っている[38]。

変化をつくり出すにはどれが最も効果的な方法なのか、あるいはスティーブ・ブランクの講座のように、社会が直面しているさまざまな問題に組織が関与して明快な道筋を与えるべきなのか、など、どの組織にも次々と立ち上がるイノベーション部門には、解決しなければならない課題がある。しかし、コーチとファビアンが提供した革新的な解決法を見ると、世界であまりにも多くの人々を今も苦しめている数多くの長期的な問題が、解決に向けて新たに大きく一歩を踏み出せるのではないか、という熱い期待も抱けるのだ。

そして実のところ、大規模な社会問題に取り組んで最大限の効果を上げるには、イノベーションが必要だ。イノベーションは、特定の問題への具体的な解決策を提示するだけでなく、政府をその気にさせて、変革の実質的な触媒として機能させることもできる。政府はさまざまな問題をこれまで以上に機敏に解決し、市民のニーズと権利にしっかりと対応する必要がある。そしてそのような変化を促すには、透明性を高めなければならない。幸いなことに、それがまさに、戦争でぼろぼろになったアフガニスタン政府の様子を目の当たりにしてアメリカの統治の透明性を高めようと考えた、元は政治学専攻のある法律家の任務だった。

4 政府を開放する

多くのテクノロジー・スタートアップ企業は車のガレージで設立された。六章で紹介した、ウォジの娘がグーグルの創業者たちに貸したのもまさにその一例である。しかし、ザカリー・ブックマンの物語はちょっとちがう。アフガニスタンの首都カブールにある輸送コンテナに住んでいた時にオープンガブ（OpenGov）社の設立を思いついたのだ。同社は国や地方の政府が自らの財務データを閲覧し、分析しやすくし、そのすべてを市民に向けて透明化するソフトウェアを提供するスタートアップ企業だ。

ブックマンはメリーランド大学の政治および政策学部で学士号を取り、イェール・ロースクールで法学士を獲得し、さらにハーバード・ケネディ行政大学院で外交とガバナンスを学んだ。ケネディ・スクールでの研究の一環として、アメリカ外交団とともにパキスタンを訪問し、部族の長や州知事と会ったこともある。フルブライト奨学金を得てメキシコシティのメキシコ情報アクセス・データ保護連邦組織で働き、ガバナンス問題の専門性も磨いた。

そこでは、「政府情報の透明性とアクセスに関する連邦法」という空前の透明性を確立した法令が、メキシコ政府部内でいかに導入されているかを学んだ。二〇〇二年に議会を通過したこの法律は、ブックマンがメキシコでの見聞を基にある法律評論誌の記事に書いたように「各国の政府内でも、また国際機関でも、市民が自分の生活を統治する政府機関の仕事についてよく知り、さらにはそこに参画していくという国際的な機運が高まる中で」画期的なものだった。[39]

背景説明が少し必要だろう。メキシコ政府は、長年にわたって制度的革命党（ＰＲＩ）による厳格な統治下に置かれてきた。ＰＲＩはマスコミによる情報アクセスを制限し、腐敗した利益誘導政治システムで選挙を支配してきた。この法律を契機に透明性の確立に向けた大きな一歩が踏み出されたものの、ブックマンの目には、多くの政府高官がこれに抵抗し、法律を骨抜きにしようと努力しており、同法が腐敗の減少にさほど大きな影響を及ぼしていないように見えた。そして「透明性を求める地域社会《コミュニティー》は、自由を獲得するために戦い続けなければならないし、その努力を緩めてはならない」という結論に達した。

帰国後に、米国連邦裁判所第九巡回区控訴裁判所の書記となり、訴訟実務への関心を高めた。その後、サンフランシスコにあるケカー・アンド・ヴァン・ネスト法律事務所の所属弁護士となり、契約や営業秘密に関する紛争で顧客の代理人を務め、背任・横領などのホワイトカラー犯罪を担当した。仕事には満足していたが、ガバナンス問題で培った専門性は使えず、そのうちにパキスタンとメキシコで経験したような業務につきたいと思うようになった。

そこで、自分の情熱をガバナンスと透明性の改善に生かそうとキャリアの再構築を図り、合同統合調整機動部隊「シャファフィヤット（透明）」でアメリカ軍司令長官を務めていたH・R・マクマスターのアドバイザーの任務に応募し、採用された。「シャファフィヤット」とはアフガニスタンの首都カブールに本部のある国連治安支援部隊に配置されていた反汚職機動部隊のことだ。ブックマンはサンフランシスコの贅沢な生活を飛び出して、太平洋を越えたはるかかなた、アフガニスタンに異動した。

到着するや否や、作戦兵站の分野で高度に発達した米軍のような組織さえも苦しめていた非効率にさっそく直面する。まず、実際の着任までに数カ月もかかった。アメリカ中央軍が彼の雇用契約書を発付するのに議会予算局の承認を得る必要があったからなのだが、与野党間の政治論争のせいでいつまでも決着が付かなかった。ようやくアフガニスタンに到着しても、無駄や混乱に次々と襲われた。誰も、ブックマンの着任に備えた準備を何もしていなかったらしく、受け入れ部署の担当者は、ブックマンに適切な安全用具一式を用意するために、誰がどこに連れて行けば良いかを大慌てで確認しなければならなかった。

兵士たちは彼を助けようと、混乱の中でありとあらゆる疑問と格闘しなければならなかった。「誰が（ブックマンを）車で案内できるのか。ブックマンは武器用のホルスターを持っているのか。ホルスター用のベルトを持ってるか。ホルスターをベルトホルダーに結び付けるレザーマン社ツールを持っているか。そのツールが置いてある機械工場の守衛はどこにいるんだ[40]」

ブックマンは国連治安支援部隊の施設に出頭することになっていたが、建物に入るための手続きを知っている者は誰もいなかったらしく、次のような質問が繰り返された。「私たちが使えるのはどのゲートですか。どうやって入ればよいのでしょう。鍵がかかっていたらどうなりますか。彼の宿舎はどこですか。宿営を承認する書類はどこにありますか。部屋の鍵はどこに。ベッド用の毛布はどこで手に入りますか?」。結局、ブックマンには完全に間に合わせの寝室が用意され、施設の駐車場にある貯蔵品コンテナにベッドを置いて寝ることになった。とはいえ、彼はそれを楽しそうに振り返る。

ブックマンの任務は、重大な汚職問題の解決をアフガニスタン政府に迫り、農村が国土の五分の四を占めるこの国で軍と協力して司法制度の実施状況を監視することだった。現地で

は、司法制度を採用するよう主要連合国からアフガニスタン政府に対して圧力がかかってい
た。だが、それは自分たちの様式を頑なに守ろうとする気位の高いアフガニスタン人たちに
は、正式ではあっても馴染みのない制度だった。この国の八〇％では、善悪を判断するのは
高齢者たちで、しかもほとんどすべてが彼らのコンセンサスで決められていたからだ。

ブックマンは、アフガニスタン政府の腐敗ぶりと、市民の基本的人権が十分に守られてい
ない事実を目撃し、どちらも新政府によって正される必要があると考えた。また、連合国が
現地の人々に外国のモデルを押し付けようとするどんな場所でも、「影の裁き」がなされて
いる実態も目の当たりにした。「アフガニスタンの安定に向けて解決すべき課題ははっきり
しているように見えました。『国は自らの目の届かない所でどうすれば正義を実現できるか』
です」。二〇一二年に『ニューヨーク・タイムズ』紙に書いた記事の中で当時のことをこう
回想している。(41)

ブックマンは大型輸送用ヘリコプター「チヌーク」に乗り込み、岩だらけの峰や茶色に濁
る川を乗り越えて遠方の村々に出向き、連合軍が導入した司法制度の実施状況を見たが、ア
フガニスタンの人々にとって何が最善の仕組みかを見極めるのは大変だった。どんな政府の
仕組みにも透明性を確立するのは非常に難しいことを思い知り、そしておそらく自分の国で
実施されている方法にも同じ疑問を抱くべきではないかということに気が付いた。

「政府が説明責任をもっと果たせるように、透明性を高めるための革新的なソリューショ

ンを見つけ出そう」。アフガニスタンでの経験を経て、ブックマンはそう決意した。まだアフガニスタン駐在中にどういうアプローチを取るかを考えていた時に、専門知識を持つ複数の友人に連絡を取り、どうすればデータが理解しやすくなるのか、そのためにテクノロジーをどう生かせるかを教えてほしいと依頼した。一般の人々が政府のデータをもっと容易に閲覧できる仕組みをつくりたかったからだ。そして帰国するとすぐに、（サンフランシスコの）パロアルト市の市長室を訪ね、自分が集めたチームで市の予算データのトレンドを示す可視化プログラムをつくる実験を行いたい、そうすれば市政府が予算を分析しやすくなるだけでなく、税収不足があればその影響を市民にきちんと伝えられるし、納税者のお金がどう使われているかを正確に説明できると説得した。

ブックマンは、パロアルト市はシリコンバレーの事実上の首都なのだから、データとテクノロジーは整って然るべきだ――そう考えていた。回想によると、市の幹部は喜んで彼らの求めるデータを提供しようと言った上で「ところで、市の予算データをどうやってお渡しすれば良いですか」と尋ねてきたという。

その時になって、データを可視化するための仕組みだけでなく、システムからデータを取り出す基本的な手段も政府には必要なことに気が付いた。市の予算局は、同じ会計システムを三〇年使っていた。これはインターネットが始まる前にさかのぼるデータだ。ブックマンによると、「私たちは『これは僕らが解決できる仕事だ』と考え、『オープンガブ』を始めたのです」

それが二〇一二年。今日、「オープンガブ」は、クラウドベースのソフトウェアサービスとして、政府が財務データを管理するだけでなく、一般市民が支出や予算の問題についての情報を簡単に得られる仕組みとして提供されている。現在は、サンタフェ、マイアミ、ピッツバーグ、ワシントンDC、ミネアポリスをはじめ千を超える州と地方政府がオープンガブを使って透明性の改善に取り組んでいる(42)。

同社のサービスは、当初からのデータの可視化にとどまらず、効率的な作業プロセスや計画立案の簡素化の促進など数多くのツールを提供できるまで進化した。主な目標は、予算設計を支援して市職員の仕事を効率化し、さらに予算策定に関する政府の仕事を一般市民に分かりやすく説明できるようになることだ。使命は重く責任範囲は非常に広い。「全米のすべての政府の仕事を任せてもらいたいと考えています」とブックマンは言う。

この使命を果たすには、財政の専門家としてのキャリアが長いチャーリー・フランシスの尽力が大きかった。新しいツールを理解しようとする意欲さえあれば、技術革新の推進はだれにでも、常に広く開かれている――フランシスはそのことを示す生き証人だ。すでに六〇代後半なのでいつでも引退できるのだが、引退から「脱落」してオープンガブのチームに加入して以来、自分の仕事でこれほど生き甲斐を感じたことはないという。フランシスの経歴を振り返ると、データの回収、分析、透明性の質を上げる必要性がどれだけ高いかを雄弁に物語る。

5 動き出したオープンガブ

初めてオープンガブについて耳にした時、フランシスはこのサービスにいきなり飛び付いて、早期購入者《アーリー・アダプターズ》の一人になった。市職員としてのキャリアをスタートして以来、あらゆる計算用ツールが出回るようになったとはいえ、政府部門がデータ分析と報告の質を高める必要性を痛感していた。実際、一九七一年にデンバーで都市財政の仕事に初めて就いた時、オフィスには計算機が一つもなかった。当時はあまりにも高価だったのだ。そこで、六枚の帳簿用紙を貼り合わせ、作業用の小テーブルの上に広げてデンバー都市再生局の三五の口座の数値を書き出し、縦横の数値の合計を三日かけて手計算したものだった。そんな経験をしていたので、数年後にテキサス・インストゥルメンツが一台二五〇ドルの計算機を売り込みに来た時には、上司に一台購入してほしいと懇願し、それが承認されると、一七ページのマニュアルをすべて覚え込んだ。すると、以前には三日かかった計算がわずか半日で終えることができた。その褒美として、上司から二日半の休暇をもらうことができた。

フランシスはテクノロジーに夢中になり、計算機の大きなイノベーションが起こるたびに積極的に採用した。デンバー市を辞めてフロリダ沿岸の小さな町で財政担当ディレクターに就任した直後に、最初のデスクトップ・コンピューターが売り出された。

フランシスのオフィスが購入したコンピューターには「ロータス1―2―3」や「エクセル」の前身にあたる「ビジカルク」と呼ばれる表計算ソフトが搭載されていた。これでもう、帳簿用紙と計算機が必要なくなった。フランシスはチャンス到来とばかり、見つけられる限りのありとあらゆる町財政のデータをそれに打ち込んだ。作業を始めてみると、その町では何年も監査が実施されておらず、小切手が不渡りで戻ってくることもよくあった。しかし懸命な作業を続けた結果、一年も経たないうちに、政府財務官協会から政府の財政専門家として最高の賞、「財政報告優秀達成認証」を受賞した。「私は町政府のお気に入りでしたね」とフランシスは笑う。[43]

一九八三年、「ロータス1―2―3」が発売された時には、このプログラムを使うとデータからグラフを作成でき、町の財政情報を可視化できることに気が付いた。その結果、経費削減をもっと進められるさまざまな方法に行き着いたのだった。

たとえば、市内五カ所の海岸駐車場からの毎週の売上高一〇年分を打ち込んで、その後毎年の売上高の推移を追ったグラフをつくると、毎年、一週間だけ（しかも同じ週に）駐車場のパーキングメーターからの売上高が大幅に落ち込む週があることに気が付いた。フランシスは、一体どうして収益が落ち込むのかを突き止めようと必死に考えた。

「ある晩シャーロック・ホームズを読んでいた時に、ホームズがこう言うのです、『ワトソン、すべての可能性を取り除いたら、不可能なことが本当になるはずだ』。翌日私は警察署長の元に出向き、『来年のこの週にこの駐車場に出向いて張り込みましょう』と進言ました」。フランシスの勘は当たった。「その週の最初の晩に、駐車場泥棒の一団が現れました。彼らは、メーター会社に勤める共犯者からマスターキーを入手し、料金メーターから金を盗み出して夏休みの費用を捻出していたのです」

数年後、フランシスはサンフランシスコのすぐ北側にある海のリゾート地、サウサリート市の管理サービスディレクター兼財政管理者になった。「新任の財政担当ディレクターとしてサウサリートに就任した直後に二〇〇八年の景気後退を迎えました。市当局は労働協約を見直して一時解雇を行い、給与や福利厚生の削減を始めました」

ほとんどの市や町でフランシスの立場にいる者は経費削減を推進しており、フランシスも上司からそのような要請を受けた。しかし、データを基に検討すると、サウサリートには不況を乗り越えられるだけの十分な資産があることに気が付いた。そこで、市は劇的な経費削減ではなく、景気刺激策を実施すべきだと提案した。そして、懐疑的な市幹部を説得するために、実に苦労してさまざまなシステムからデータを引っ張りだし、財政の専門家ではない人々も閲覧できるようにした。

ところが、これだけ長期にわたって都市財政に関わってきたが、フランシスは、一般市民に対してはもちろんのこと、幹部職員にデータの内容を明確に説明できるツールを持っていなかった。二〇〇九年に初めてオープンガブを目にした時のショックを今でも覚えているという。「デモ操作を見た瞬間に惚れ込んでいました」

その時、ザカリー・ブックマン（そう、あのブックマンだ）は政府幹部にデモ操作を個人的に見せていたのだが、フランシスが個人のクレジットカードを取り出してそのサービスを買いたいと申し出ると、ブックマンは言った。「契約書に署名してください、フランシスさん。大丈夫です、サウサリート市が支払ってくれますよ」。市は契約し、フランシスは市のデータを見事に透明化し、あらゆる事柄の報告もできるようにした。

二〇一二年には、オープンガブと協力してサウサリートの公共情報をシステムに組み入れ、すべての内容を目で閲覧しやすい体裁にした。次に、市の財政データを整理し、一三年間の財政履歴をカバーする八本のレポートをまとめた。今や市職員も一般市民も二〇〇二年までのトレンドを確認でき、さらに二〇二六年までの予測数値までを見渡せる。「こうした作業は市民からの信頼を得るのに役立ちました。自分たちは正しいことをしていると皆さんに示せたのですから」とフランシスは回想する。

たとえば、市の予算の中で消防部の費用が増えており、将来予算不足になりそうな気配に気付くと、消防士の労働組合と話し合って説得し、新たな雇用契約を結ぶだけでなく、市民に対してもなぜ新たな合意が必要だったかを説明できた。また設備投資に資金調達が必要になると、そのための支持も得ることができた。市民の多くがそうしたプロジェクトに必要な少額の増税に賛成する中で、声を大にして反対する少数者もいた。「私はオープンガブを使って、歳入がどのように使われるかを正確に示し、資金が年金や経常経費には使われず、全額が設備投資計画に投じられると説明しました」。最終的に、住民投票で六三％が賛成票を投じてプロジェクトは可決された。フランシスは言う。

「オープンガブのおかげで、地方政府と財政に対する私の情熱は完全復活しました。六五歳になって、私は仕事に少し疲れてきていました。そこにこいつが現れて私を完全に変えてしまったのです」

二〇一五年八月、ザカリー・ブックマンの招きに応じて、フランシスは市政府に辞表を提出し、南に一時間のレッドウッドシティに引っ越し、ディレクター兼技術顧問としてオープンガブに入社した。今の役目は、地方政府のトップや幹部職員にオープンガブを紹介し、自分と同じくらい興奮させることだ。全米を回りながら、各地の財政担当ディレクターが、かつての自分と同じようにデータの持つ力を理解できるようになるためのワークショップを開催している。

「これは革命的なことです。私は自分のような引退間近の年老いたベビーブーマーを〝改宗〟させたいのです。地方政府で働いていてもたいして報われるわけではなく、罰を受けるのが関の山です。この種の革命的なツールが幅広く受け入れられるには、多くの人々を説得してパワーユーザーのような使い方をしてもらわなければなりません。ある時、テキサス州のバーネットという小さな町で一人の女性と出会いました。彼女はほぼ私と同じ年齢でしたが、私と同じくらい興奮してオープンガブを使っていました」

今日、フランシスは同社製品の伝道者として四〇年に及ぶ地方政府での経験を基に、これまでの物事の進め方に疑問を投げかけ、理系人間と協力して数万人の政府職員の仕事をしやすくし、北米全体の政府の透明性を高める仕事に携わっている。

若者にとっても、長年にわたってキャリアを積んできたベテランにとっても、新しい技術ツールを適用して社会的利益を高める機会が無限にあることには疑問の余地はない。もちろん、新しい技術進歩が我々の生活をどう変えていくかを懸念するのは、理にかなっている。テクノロジーは使い方次第で大きな害をもたらす可能性があるし、我々の生活をよくする目的でつくられたものだったとしても、予想もしない不幸な結果になるケースはいくらでもあり得るからだ。

テクノロジーを使って安全を確保し、社会的な問題を解決し、世界中の苦難を緩和する最善の方法は、スタンフォード大学での「国防のためのハッキング」講座やユニセフのイノベーション・センターに代表されるような、より創造的な協力体制を積極的に促進していくことだ。

我々は今や素晴らしい力を持った技術ツールキットを手にしている。したがって、意思と創造力に自信さえあれば、誰もがこの世界をより良い場所にする活動に大きな貢献ができる。

しかし、組織、都市、政府のリーダーとして、我々が考えなければならないのは、どうすればもっと多くの理系人間を育成できるかだけではない。なかなか解決しない深刻な問題に対処するには、理系人間と文系人間をどう協力させれば良いか、ということなのだ。

第8章
仕事の未来

The Fuzzy and The Techie

The Future of Jobs

シリコンバレーはイノベーションの中心として知られている。だが、新しい技術《テク》ツールが最も進んだ形で使われている仕事のいくつかは、そこからはるか遠く離れたところ、地球の反対側、オーストラリアの内陸部で行われている。

南西オーストラリアの沿岸にあるパース市は、世界で最も外の世界から隔絶された中心都市の一つで、広さ数十万平方マイルに及ぶ砂漠地帯に囲まれ、(陸地の)どの方角を見ても、くっきりと青い空が接する地平線には赤土がこびりついているように見える。オーストラリアの西海岸にあるパースと東海岸にあるシドニーの、両都市間を走るのがインディアン・パシフィック大陸横断鉄道で、この鉄道はまさに名前の通り、インド洋と太平洋をつないでいる。パースから西を向くと、五〇〇〇マイル(八〇〇〇キロ)もの海が延々と続き、ついに東南アフリカの海岸にたどりつくまで遮るものは何もない。

パースは、カリフォルニア州サンディエゴのような気候で、そよ風の吹く静かで優雅な地平線を楽しむことができ、他の主要都市からこれほどの遠隔地にありながら繁栄を続ける大都市となった。これはカリフォルニア沿岸の都市に人々が定着したのとまったく同じ理由による。つまり貴金属の鉱脈で囲まれているからだ。BISインダストリーズとリオ・ティントなどの鉱山会社がパースのビジネスの発展を盛り上げている。

鉄鉱石や金の採掘で大金を稼げるという見通し(年平均の所得は一六万ドルを超える)が、一〇〇年以上にわたって全国から何千人もの若者たちを引き付けてきた。(1) ところがこの一〇年、鉱山企業は機械による自動化《マシン・オートメーション》を進めて作業の安全性と効率性を高め、最も自動化の進んだ産業の一つになった。スウェーデンで製造されたボルボ社製の自動運転トラックは、オーストラリア中の大規模な露天掘り鉱山で使われている。スウェーデンの世界的なエンジンメーカーのスカニア社はGPSとLIDAR(光検出と測距)センサーで最適な運転効率を実現し燃料消費を最小に抑えたトラックを初めて製造した。このトラックは燃料効率を一五〜二〇%高めたと言われている。(2) 鉱業資源コングロマリットのリオ・ティントは製造工程の自動化で製造効率を一二パーセント向上させ、原油および天然ガス費用を数百万ドル節約しただけでなく、ゴムの消費量も削減した。(3)

自動運転トラックを採用する前は、人がCAT797などのダンプカーを運転していた。CAT797は四〇〇〇馬力を持つ山吹色のトラックで、四〇〇トン(八〇万ポンド)の荷物を運ぶことができる。コストは一台当たり約五五〇万ドルで、タイヤだけでも一本当たり四万ドルを超える。「タイヤ一本でそんなに……」と思う向きは、いかにそれらが巨大で強力かを考えていただきたい。一台のトラックでブリヂストン製の59／80R63XDRタイヤが六本必要なのだ。このタイヤは高さが約四メートル、重さは約五四〇〇キログラム。タイヤ一本に鉄約九〇〇キロ（これだけで小型車二台を十分製造できる）が使われ、標準的な乗用車用タイヤを六〇〇本つくれるゴムに包まれている(4)。

リオ・ティントはゴムをそんなに調達して、いったいコストをどれだけ節約したのだろう。実は、人がスピードを上げたり下げたりして円形のランプ（出入り口）を運転すると、必要以上にブレーキを踏むせいで、タイヤの交換率が高くなる。実際、リオ・ティントなどが自動運転トラックに替えた理由の一つはゴムの節約だ。自動運転トラックは必要な時にしかブレーキを使わないため、高価なタイヤの寿命を延ばせるのだ。

オーストラリアの北西部にある、人もほとんど住んでいない、「ピルバラ」として知られている乾燥した地域で、リオ・ティントは二〇〇八年以来無人ダンプトラックを用いた運搬と掘削システムをつくり上げてきた。六〇台を超える無人トラックを運行させ、二〇一二年以来の延べ走行距離は三九〇万キロに達する。抽出した鉄鉱石を同社の「オートホール」という、世界最初の完全自動長距離貨物鉄道システムに積載する。リオ・ティントはこれを「未来鉱山」と呼んでいる。

このシステムでは、数百マイル先離れたパース事業所から鉱山操業を遠隔操作し、四〇〇人のスタッフが合計一五の鉱山と三一の鉄鉱石採掘ピット、四カ所の港湾ターミナル、一六〇〇キロの鉄道を管理する。遠隔操作を可能にしているのはデータ可視化ソフトウェアだ。これが（各鉱山に配置されている）無人自動装置内のセンターから送られてくる大量のデータを解析して、ピット管理者や地質学者、爆破掘削チーム、採掘活動の監視担当者が読みやすいディスプレイを生み出す。この自動化技術のおかげで機械《マシン》は危険な掘削ピットで自動的に動けるため、人々は作業をする必要がない。(5)

自動化が達成されている産業の数はますます増加しているが、その偉業とともに、マーティン・フォードが『ロボットの脅威』で予言する大量失業懸念が高まっている。(6) 研究論文も警笛を鳴らし始めた。頻繁に引用されるのは、オックスフォード大学の経済学者、カール・フレイとマイケル・オズボーンが二〇一三年に発表した「雇用の将来：コンピューター化に対して人の雇用はどれだけ脆弱か」という研究だ。著者らは機械による自動化《マシン・オートメーション》の結果、今後一〇～二〇年の間に「アメリカ合衆国の全雇用者の四七％は自分の職種が失われるリスクが高い」と結論付ける。(7) さらに、そのうち、どれだけの雇用が人の担える新たな仕事で置き換わるかが非常に不明確なのだ。

人が機械のせいで仕事を失うことは、一般に「技術的失業」と言われている。大量の労働者が仕事を失う（しかもそれに置き換わる仕事が見つからない）という議論は、産業革命の黎明期や二〇世紀初頭の大恐慌の時などに何度も繰り返されてきた。ジョン・メイナード・ケインズは、大恐慌時代の失業は、技術発展によって「労働力の新たな利用方法を見つけるよりも速いペースで労働力を節約する手段」を生んでしまうと主張した[8]。

ところが、歴史を振り返ると事実はこの理論通りには進まなかったことが分かる。これまでも技術革新の波で多くの仕事が奪われてきたが、その代わりに何千もの様々な仕事が新たに生まれて、失われた分は結局埋められたからだ。産業革命では、農業従事者の圧倒的多数の仕事が工場労働に置き換わり、一九〇〇年にはアメリカ人労働者のおよそ半分が農場に勤めていたが、今日その割合は二％に過ぎない。そして、二十世紀の半ばから後半になると、アメリカや先進諸国では、ロボット技術が工場に導入されて、製造業の仕事の多くが自動化されるか発展途上国へと「出荷」された。しかしここでも、サービス業では新しい職が次々と生まれて製造業で失われた分を埋めてきたのだ。

とはいえ、以上の点を踏まえてもなお、現在起きている技術革新の波は過去に我々が経験したよりもはるかに厳しい失職をもたらすだろう、とマーティン・フォードは主張する。要するに「今回は違う」というのだ。機械は今や多くの手作業を人間と同じくらい上手にできるだけでなく、知的作業の一部もこなせるようになっており、将来は人間の知能の模倣もうまくなるはずだ。その結果、機械は人間の手作業だけでなく高水準のホワイトカラー的な仕事の多くに取って代わると予言する。

本章で考察するのは、技術革新が進むにつれて（そのことは疑いがないのだが）、我々の人間性を掘り下げること、とりわけリベラルアーツ教育で養成されるソフトスキルを磨くことが、自分の職を守るための最善の方法になるという、直感に反する事実だ。

1 ソフトスキルへの旺盛な需要

ソフトなソーシャルスキルがビジネス・チームの効率性をいかに高めるかという、ハーバードのエコノミスト、デイビッド・デミングの研究については第二章でふれた。デミングは労働市場におけるソフトスキルの価値について画期的な調査を実施し、「マネジャーや教師、看護師、セラピスト、医師、法律家、そしてエコノミストといった最も速く拡大している知的職業にはいずれも、人と人との相互作用がかなり必要だ」ということを発見した。つまり、こうした職業で良い成果を上げるには、人間性を十分に理解し、他人とのやり取りの中でそれを示せるという文系的《ファジー》なスキルを本当の意味で磨いておかなければならない、というのである。

全米経済研究所のワーキングペーパーに発表した「労働市場におけるソーシャルスキルの重要性の拡大」で、デミングはソーシャルスキルの重要性の高い仕事が労働市場全体に占める割合は一九八〇年以降でおよそ一〇パーセント高まったと報告した。皮肉なことだが、STEM（科学、技術、工学、数学）分野では雇用市場が三パーセント低下したことも判明した。実際、デミングは「高度なスキルを求められる仕事の伸び率は、STEM関連の仕事で鈍化している」と述べ、こうした職業の中では、「エンジニア」、「プログラマーとテクニカル・サポート」、「工学と科学技術者」の縮小スピードが最も速いと論じた。(9)

コンピューター・サイエンス、数学、統計といったＳＴＥＭ分野内での他の仕事は伸びている。とはいえ実際のところ、高いソーシャルスキルを必要とする仕事よりも伸び率ははるかに低い。(10) さらに、二〇一六年に『ウォール・ストリート・ジャーナル』紙が実施した調査によると、九〇〇人の経営者のうち九二パーセントがソフトスキルは「専門的技能《テクニカル・スキル》と同じくらいかそれ以上に重要だ」と回答し、さらに八九パーセントの経営者は、こうした必須技能を身に付けた候補者を見つけることは「非常に、あるいはある程度難しい」と述べた。(11)

技術ツールが次第に直感的に使えるようになって、誰でも手に入れられる時代はすぐそこに来ている。しかも発展途上国では技術力の高い労働者の養成が大規模に進んでいる。そうなると、ソフトスキルを持つ人材への需要がさらに高まって、ＳＴＥＭ分野の雇用喪失のペースに一段と拍車がかかるだろう。過去数十年間、グローバル化によって製造業の仕事が大量にアウトソースされ、知識労働者の仕事がそれに続いた。それとまったく同じように、アメリカの労働者が担ってきた多くの技術的仕事が今後は外国に「出荷」されるはずだ。

第一章で紹介したニューヨークに拠点を置くアンデラ社のケースを、もう一度取り上げたい。同社はナイジェリアのラゴス、ケニアのナイロビで「テクニカル・リーダーシップ・プログラム」を運営し、急速に増大している理系人間を養成している。このプログラムへの需要は相当高く、入学希望者に対する合格率は一％を下回り、ＣＮＮによると「ハーバード大より難しい」[12]。二〇一六年には定員わずか二八〇人に四万人の志願者があり、ナイジェリアとケニアでは二〇〇人のプログラマーがすでに働いている。

このプログラムは高度なプログラミング・スキルを教えるとともに、技術チームのサービスを有料で提供しており、マイクロソフトやＩＢＭといった一流のＩＴ企業が同社のサービスを採用してきた。アンデラは、海外での科学技術者という将来莫大な数に増える労働力のほんの一部を提供しているに過ぎないが、すでにマーク・ザッカーバーグとグーグル・ベンチャーズが関心を寄せており、二〇一六年には両者からおよそ二四〇〇万ドルが出資された。教育ジャーナリストのヴァレリー・シュトラウスは『ワシントン・ポスト』紙に「リベラルアーツをゴミ箱に投げ捨てることが事実上一種のスポーツになってしまったようだ」と嘆いた[13]。リベラルアーツに対するマーク・アンドリーセンとビノッド・コースラによるリベラルアーツ学部出身者を見下したコメントは第一章に引用した通りで、二人はシュトラウスの指摘した大騒ぎに一役買っている。

確かに、こうした非難は特に政治家の間で流行しており、有権者を意識した発言であることは間違いない。ケンタッキー州のマット・ベビン知事は、フランス文学を専攻する学生への授業料補助を削減することをほのめかしたし、フロリダ州の元知事で大統領選挙に出馬したこともあるジェブ・ブッシュは、「おい、そこの心理学や哲学といった大層な学問を研究

STEM分野の職業

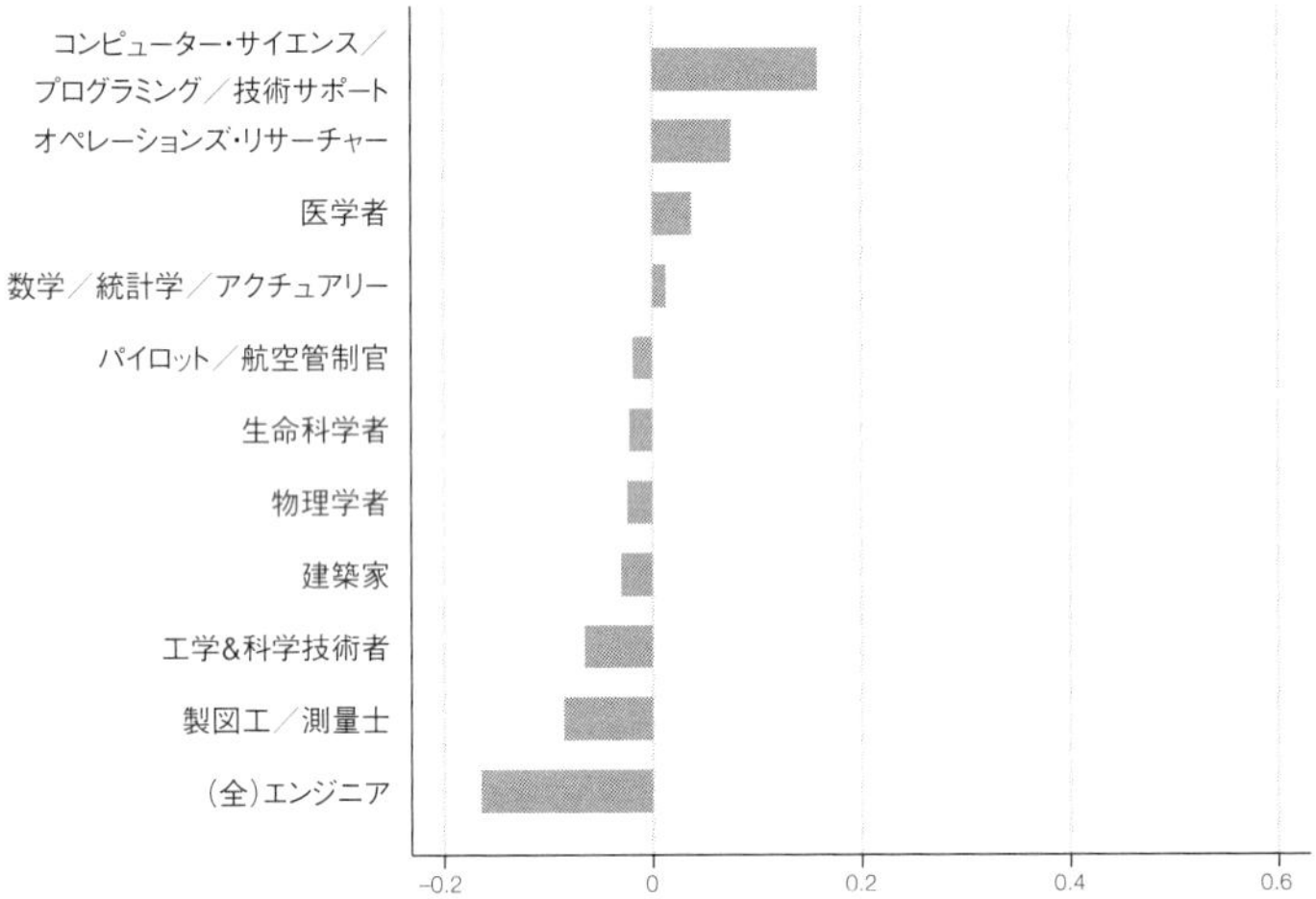

なさっておられる諸君、実にご苦労なことだ。確かに、リベラルアーツを学ぶことは重要だろう……でもな、君たちは結局チックフィーレ（アメリカのチキン専門のハンバーガーショップ）で働くのが落ちなんだぞ」と、大学は学生に警告すべきだと述べた。フロリダ州選出のマルコ・ルビオ上院議員は、溶接工は哲学専攻出身者よりも稼いでいる。「なぜならばギリシャ哲学者の就職口などほとんどないからだ」と誤った主張をした[14]。

　しかし、こうした非難にとっての大いなる皮肉は、現在も、そして将来にわたっても雇用への道が最も確実に開かれているのは、リベラルアーツ分野と、その教育で培われる非常に人間的な能力であり、これは機械には近付くことさえでき

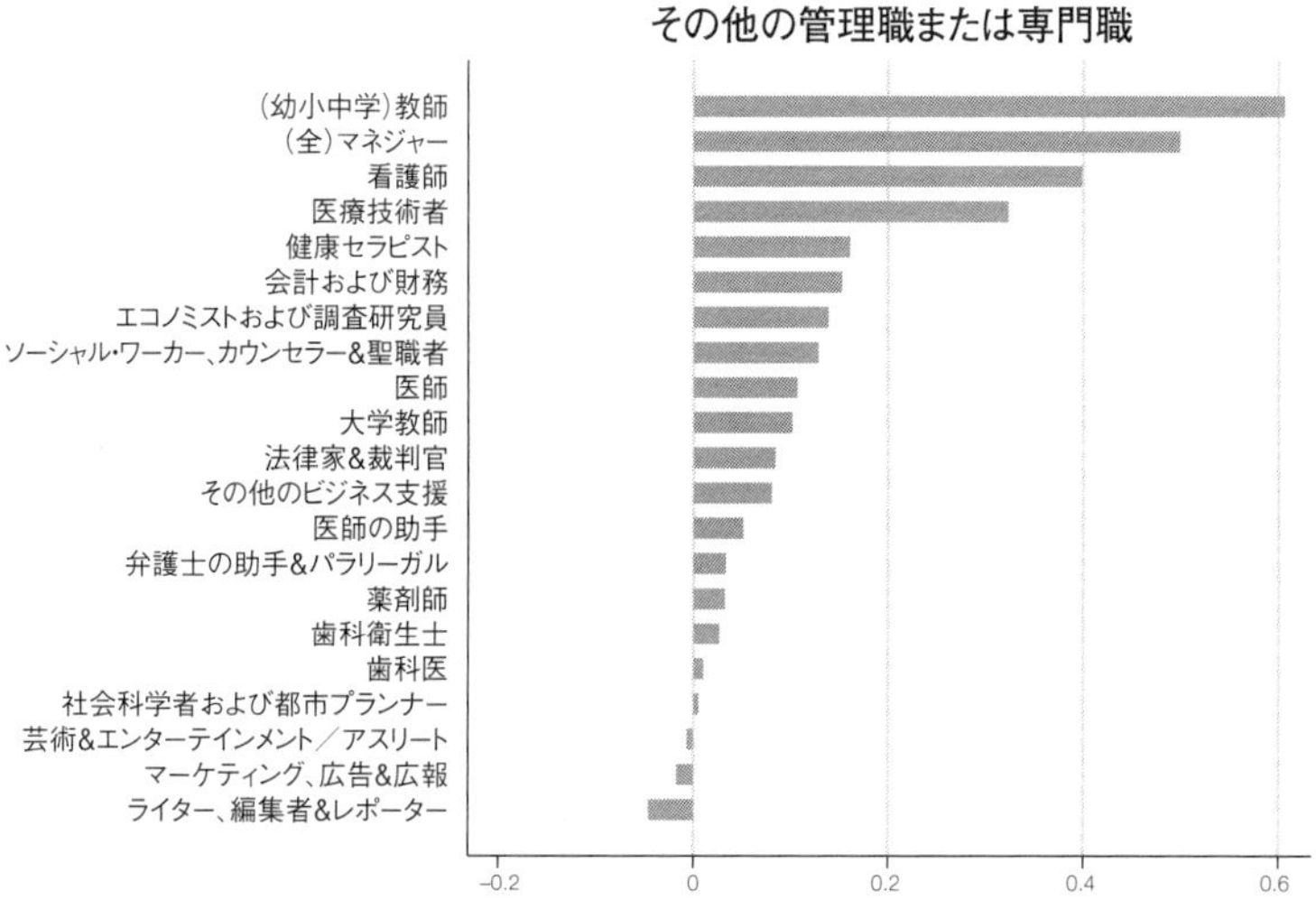

知的職業のシェアの変化（二〇〇〇〜二〇一二年）
（雇用全体に占めるシェアの変化率:%）
出所二〇〇〇年国勢調査と二〇一一〜二〇一三年ACS（米国コミュニティー調査）

ない領域だ、という点だ。

デイビッド・デミングが共同研究を行ったハーバード大学のローレンス・カッツ教授（労働経済学）はこの点を指摘する。「非常にしっかりとしたリベラルアーツ教育がなされていれば、その価値は将来高まっていくでしょう。そう私は確信しています。そして、成功は、アルゴリズムに落とし込めない課題に取り組むその人の能力によって決まるはずです。つまり、無秩序に散らばった問題にいかにうまく対処し、未知の状況をいかに切り抜けられるかということなのです[15]」

2 「ソフトスキルが奪われる」という主張は大げさすぎ

デミングの調査は、過去のデータ、つまり一九八〇年から二〇一二年までの、現在の機械学習が離陸したばかりの頃のデータを利用したものではないかと異議を唱える人がいるかもしれない。グーグルのディープマインド社が開発したプログラムが、囲碁の世界チャンピオンを破るなど、最近は機械が驚くほどの偉業を成し遂げるようになった。こうした事実を目の当たりにすると、テクノロジーがここまで進み、今後も同じように進歩し続けると、マーティン・フォードが断言しているように、リベラルアーツのソフトスキルが重要な役割を果たしている仕事の多くも、そのうち本当に機械に乗っ取られてしまうような気もしてくる。本当にそうなるのだろうか。

二〇一六年の夏、『マッキンゼークォータリー』誌は、八〇〇種類の職業について、この点を掘り下げた分析結果を発表した。研究者たちは、それぞれの職業を構成する二〇〇〇を超える作業のうち、どれが機械による自動化《マシン・オートメーション》の影響で奪われやすいかを評価した。そして、「今後一〇年のうちに自動化で完全に不要になる職業はほとんどないが、どの職業も、仕事の種類に応じてある程度は影響を受ける」と結論付けた。(16)

マッキンゼー・グローバル・インスティテュートの研究者たちは、将来の技術的失業をめぐる論争で、これまで十分な関心を払われてこなかった重要なポイントを指摘している。つまり、我々の仕事の多くは部分的には機械に取って代わられるが、少なくとも当面は、全体が奪われてしまう職業は多くないだろう、と。実のところ、大半の機械的な、極めて退屈でつまらない作業を機械が担当してくれるおかげで、我々の仕事の質は単純に高まる。もちろん、人間が行う仕事のうち、機械で置き換え可能な時間の割合が過去数十年の変化率よりも高くなる職業分野はある。

マッキンゼーの研究者たちは、自動化される仕事の割合は全体のわずか五%と見積もっている。これは、四七%の仕事が、機械による自動化にさらされる「危険性が高い」というオクスフォード大学の研究とはまったく対照的な結果だ。マッキンゼー・グローバル・インスティテュートの研究者たちは、アメリカの職業のうち六〇%で、活動または作業のおよそ三〇%が変わることを発見した。しかしこのことは、環境は変化するだろうが、労働者は卓越した柔軟性を発揮してそれに対応できる、と言っているに過ぎない[17]。

近い将来、機械はどのような仕事で人に置き換わるのだろう。人はどのような職業を守れるのだろう。リベラルアーツ教育で培われたソフトスキルは、何故人間にとって今後も競争優位になるのだろう？　こうしたことをよく理解するには、MITのエコノミスト、ダロン・アセモグルとデビッド・オーターの分析を利用すると良い。二人は、新しいテクノロジーが労働市場に及ぼす影響と、どの職業が機械によって奪われる危険があるかを分析する。その評価を行うために、オーターがフランク・レヴィ、リチャード・マーネインと以前に取り組んだ仕事を元にして簡単なフレームワークをつくり、それを利用することにした(18)。

あらゆる仕事は知的か手作業的か、あるいは定型的《ルーティン》かそうでないか、に分類できる。アセモグルとオーターは、そのうち定型的作業《ルーティンタスク》は、知的なものか手作業的なものかにかかわらず自動化できるが、非定型的《ノンルーティン》な手作業や抽象的な知的作業は、少なくとも今後しばらくは自動化されにくいだろうと主張する(19)。

ここで「定型的作業」とは、手順や内容を人が十分に理解しているので、その具体的な一連の指示をプログラムとして書き出すことで、機械に運用を任せることのできる作業、と定義される。

「一つの作業をコンピューターに自律的に実行させるためには、柔軟性に欠け判断力もない機械がプログラマーの定めた手順通りに間違いなく履行できるように、作業内容が十分明確に定義（スクリプト化）されなければならない。つまり、プログラマーがスクリプト化できる作業については、コンピューターとコンピューター制御装置は非常に高い生産性で信頼度の高い仕事をこなすことができる。ただし、それ以外のことについてはあまり役立たない」

非定型的作業は、そのような一連の指示に落とし込めない作業のことで、単に「高度な技術」という意味ではない。手を使うことはもちろん、非常に抽象的で、創造的で独創的な思考が必要とされる。つまり本当の意味での問題解決能力と直感、説得力、創造性が必要なのだ。

一方、定型的作業は多くの仕事にとっての要である。とりわけ中レベルのスキルが求められる仕事には多くの手作業と知的作業を伴うのでその重要性は高い。マッキンゼー・グローバル・インスティテュートが実施した同じ研究では、定型的な肉体労働——溶接、組み立てライン上のはんだ付け、商品の梱包、食品加工——の七八％以上はすでに機械で置き換え可能となっており、特定の職種では、そうした作業の九〇％がいずれ自動化されるとみられている。モメンタム・マシーンズという会社は一分間で六〇個のハンバーガーをつくれるハンバーガー製造機を開発した。また、ホテルのチェックインや一部のカフェテリアでも自動化が進んでおり、マッキンゼーの分析では食品のサービスと宿泊関連業務の七三％は技術的には自動化できる。在庫管理、物流、商品の出荷など、我々のあらゆる活動の最大五三％は自動化されても不思議ではない。

もちろん、技術的な実現可能性は、自動化がいつ実現できるのか、そして実際いつ実現するのかの決定要因の一つに過ぎない。言い換えれば、テクノロジーと労働は完全に補完し合うものではない。タイミングはテクノロジーに投資するコストによっても決まる。もちろん、テクノロジーの代替手段である労働コストもそうだろう。機械と人間とのこうした置き換えに関する基準や規制も非常に重要なはずだ。たとえば、人件費が非常に安い中国の工場では製造業労働者一万人の人件費はロボット三六台分に相当する。一方、人件費が圧倒的に高いドイツでは二九二台、日本では三一四台、韓国では四七八台だ。[20] しかし、テクノロジーを作業環境に組み込む費用は今後必然的に下がっていくだろう。すると、いつか両者が逆転し、人間を機械で置き換えた方が安上がりになる日が必ずやってくる。

一方、アセモグルとオーターは、非定型的作業においては、手作業も知的作業も人間の領域として残ると強調する。知的業務を行うには高度の教育が必要だし、手作業の多くにそれほど教育がいらないことは事実だが、どちらも技術的な自動化の影響をはるかに受けにくいというのだ。

3 重要なのは環境

どの仕事が機械に奪われるかを判断するために二人が示したフレームワークは非常に強力だ。ただし二人の考察では、どのような状況で仕事をするのか、という多様な状況の整理ができていない。仕事とはそれを構成している一連の作業だけを意味するのではない。労働環境も非常に重要なのだ。それともちろん、職場の性格も。

第二章で紹介したアンドレアス・クセナキスの経験をもう一度振り返ってみよう。彼は「ブルー・リッジ」に乗艦し、南シナ海に存在するあらゆる物の動きに関するデータの洪水を監視している。クセナキスが向き合っている状況は非常に複雑だ。まず、上官にどんな報告をすべきかを考えなければならない。データの内容はもちろんのこと、領有権を主張している国同士のさまざまな関係なども加味して助言する必要があろう。こうした要素は固定的ではなく常に変動しており、それぞれの戦略的利害ももちろん変化する。

クセナキスは人間行動のささいな性癖も考慮しなければならない。人が実際の戦略的利害に反して行動してしまうことも少なくないからだ。さらに、関係各国が解釈を誤ったり偶然の事故が発生したりする可能性にも警戒を怠れない。中国の沿岸警備艇がベトナム漁船と衝突したのも、漁船の航路に突進する意図はなく、漁船の側が単に警備艇のスピードの計算を間違えて、警備艇を避けきれなかっただけなのかもしれない。だからこそ、高度な訓練を受け深い知識を持つあれだけ多くの人員がC４Ｉモニターを担当し、精力的に話し合って瞬間瞬間に評価を下しているのだ。[21] 多くのさまざまな事象が同時に次々と起こり、それに対する人々の行動や反応が連鎖的に影響を及ぼし合っていく。

局面ごとの特徴を考慮に入れつつ、一つの仕事をきちんとこなすにはどのような技能が備わっているべきか。それを決定する強力な手法が、研究者のデイビッド・Ｊ・スノウドンと経営コンサルタントのメアリー・Ｅ・ブーンによって開発された。二人は、「クネビン・フレームワーク」と呼ばれる思考／行動体系を提案した。特に企業の経営幹部の業務を支援しようと開発されたものだが、一般社員にも適用できる。二人によると、企業リーダーは、さまざまに大きく異なる状況に実際に対応しなければならないときに、どれにも効きそうな万能薬のようなアプローチを取りがちだという。しかし本来は、異なる状況に応じて臨機応変の経営アプローチを取る必要がある。二人の手法は、機械が独自にできる仕事と、当面はまだ人が担う仕事との間を明確にする上で大いに役立つ[22]。

「クネビン」とは、ウェールズ出身のスノウドンが選択したウェールズ語の用語で、他の言語では説明に一フレーズを必要とするような概念を一語で表現している。スノウドンの翻訳によると、この語の意味は「人間は自分を取り囲む環境と自分の経験では決して理解できないさまざまな要素の影響下にある」という意味だ。このフレームワークは経営者が直面する状況を「単純」「込み入った」「複雑」「カオス」、そして「無秩序」の五種類に分類する。リーダーはまず、自分が置かれている状況を評価して、このどれにあたるかを決めなければならない。最善の戦略を決定してこれに対処するためだ。カテゴリーごとに必要なアプローチは異なる。たとえば、「単純な状況」と「込み入った状況」は、どちらも因果関係が誰の目にも明らかなので、リーダーは事実を評価して何をすべきかを決められる。ところが、「複雑な状況」と「カオス的な状況」では、明白な因果関係が見えないため、データにせよ行動にせよ、そこに現れてくるパターンと特徴に応じた行動を迫られる。

五つ目のカテゴリー「無秩序」になると、単純なことにさえうまく対処できなくなる。それは、おそらく一つの組織内に対立する派閥が複数あるか、どの行動を取るのがベストかについて異なる見方が多数あって、どれをどの順番で処理すべきかを決める明確な方法がないからだ。すぐに行動を起こすべき問題があまりにも多く、どの問題もそれに本当にふさわしい注意を払われていない、ということかもしれない。

ダロン・アセモグルとデビッド・オーターによる定型的業務と非定型的業務の区別にこのフレームワークを組み合わせると、曖昧な文系学部の卒業生がなぜ多くの仕事にとって今後も価値が高いかを高度な視点から評価できる。

単純な状況の下での定型的な手作業と定型的な知的作業は、厳密に分類すると一連のベスト・プラクティスを抽出できるので、次第に自動化されていくだろう。たとえば、物流業務では、商品の包装と出荷、あるいはパレットを使った製品の回収などが機械に奪われている。ドイツの高速物流会社DHLは、物流施設の二〇%がすでに自動化され、「バクスター」というロボットのメーカー、リシンク・ロボティクス社と試験的な協力関係を結んでいる。

また、すでに紹介したように、宿泊ビジネスの世界では自動化がすでに進んでおり、将来は、エレベーターやホテルのロビーが高度に制御され、チェックインやルームサービスの自動化などが実現するはずだ。ヘルスケアなど他の産業でも、たとえば准看護師は手作業での健康情報収集に労働時間の三分の二を費やしている（もっともその一部は受動型センサー技術を通じて収集が可能になってはいるが）[23]。こうした仕事はすべて手作業の割合が高いので手順がルール化されやすい。しかも比較的単純で、予想可能な環境の下で行われる。

クネビン・フレームワーク

単純な状況：因果関係が誰の目にも明らかで容易に識別できる。最善のアプローチはこの状況を評価し、分類し、成文化された台本である「ベスト・プラクティス」を用いて対応する。これは「何がわかっているかを認識している（known knowns）」領域だ。

込み入った状況：因果関係は認識できるが、専門家による分析や調査が必要だ。ここで最も有効なアプローチは問題を把握し、分析し、対応すること。リーダーの役割は、さまざまな専門家から可能な限り情報を集めて、断固たる行動を取ることだ。ベスト・プラクティスは、「単純な状況」のように成文化されていないものの、事実に基づいている。これは「わからないと認識している（known unknowns）」領域だ。

複雑な状況：因果関係は見えるかもしれない――しかしそれは後になるまでわからない。最初の二つの状況では正解が間違いなく存在するが、複雑な状況でははっきりとした正解がない。リーダーは状況に対して秩序を押し付けようとするのではなく、まずはパターンが現れるのを待ち、次にその情報を使って今後何が起こりそうかについて最善の賭けをする。これは「何がわからないかも認識していない（unknown unknowns）」領域だ。

カオス的な状況：すべての変数がめまぐるしく動いているため因果関係をはっきり

させることは不可能だ。この状況で何が何の原因かを突き止めようとすることはほとんど不可能なので、トリアージ（戦争や災害時の救急医療で、治療優先順位に基づく負傷者の選別）の方が重要になる。つまりまずは血を止めようとし、行動を起こして基本的な秩序を取り戻し、カオス的な状況を複雑な状況に移行させる。そうすればデータからパターンを抽出するためのツールが見つかるはずだ。

無秩序な状況：最善のアプローチは状況を個別の要素に分解し、それぞれを他の四つの状況に分類し、先に述べた管理方法に従ってこれに対処する。

多くの知的作業もおおむね定型的で、もはやテクノロジーから完全に無縁というわけではない。非常に均一な作業なので、プログラム化できる。知的業務の多くはベスト・プラクティスに落とし込める作業の比率が高いため、従業員は事前に決まった方法での対応が義務付けられる。たとえば顧客サービス部門への問い合わせに答えるときがそうで、実際、多くの企業は事前に用意した台本を従業員に提供している。

この種の知的業務が自動化の影響を非常に受けやすい現状にあることは、現在、顧客サービス「チャットボット」の急速な拡大にみてとれる通りだ。「ボット」とは、自然言語プロセスを通じてテキストを読み取ったり、人間そっくりの音声で話したり、顧客の質問（テクノロジーが人並みの流暢さでなかなか対応できないことに対する不平不満が多い）を自動的に聞き取ることができるコンピューター・プログラムだ。しかも、自動化に弱いのは低水準の知的業務だけではない。

マッキンゼーによると、テクノロジーを利用すると、小売部門では売り場担当者の仕事の四七%が、そして会計監査、帳簿記入、会計といった業務だと、最高で八六%までの自動化が可能だという。[24] 手作業的な仕事よりも、高度なスキルを必要とする知的業務の方が自動化されるリスクが高いというわけだ。別の分野に目を向けると、たとえばウェルス・マネジメント(富裕層向け総合金融サービス)では、アドバイザーが資産配分の選好度とリスク寛容度を考慮して、ベスト・プラクティスの原則に基づいて運用するのだが、この業務も自動化されやすい。いわゆる「ロボアドバイザー」は、すでにポートフォリオの最適化に寄与しており、ファイナンシャル・プランナーにはこれまで以上にソフトなリレーションシップ・マネジメントや対人スキルの向上が求められるようになってきている。

製造業はおおむね厳格なルールに従い、比較的分かりやすい環境、つまり高度に制御された工場の組み立てスペースという環境の中で業務が行われているので、自動化はすでに相当進んでいるのだが、今後さらに機械に置き換わっていくことは間違いない。室内での水耕栽培といった、骨格の固まった環境での仕事は、牧畜のような、多様性の高い業務よりも自動化されやすいはずだ。しかし、忘れてはならないのは、このような高度に構造化された環境でさえ、ロボット化の初期段階にあるという点だ。世界屈指の高度な倉庫システムを持つアマゾンでは、「キバ」という小さなオレンジ色のロボット三万台が倉庫内のあちこちに商品の持ち運びをしているが、それでも能力は限られている。

ロボット工学者アンドレア・コーラーによると、「倉庫用のロボットをつくる方が自動運転車よりも難しいのです……倉庫は、作業環境があまりに多種多様で、幹線道路や高速道路ほど構造的ではないからです」とのこと。[25] これだけ高度に制御された環境でさえ大きな課題を抱えているのだ。

「複雑な状況」での業務では、機械が人間の役割を引き継ぐ能力は一段と限定される。定型的かそうでないか、知的作業か手作業かを問わず、こうした環境下では自動化が可能な作業があるかもしれない——機械学習はそう示唆しているようにみえる。たとえば自動運転車は、多くの点で非定型的な知的作業と手作業をこなしている。とはいえ、自動運転車が非常にうまく走行できるような多くの環境でさえ、よく見るとまだ「込み入っている」と分類されるかもしれないのだ。

たとえば、幹線道路の走行は、市街地よりは予想しやすいが、工場のように制御された環境で行われているわけではない。自動化が鉱山に定着した理由は、作業環境が人間にとって危険だとしても、状況が「複雑」までには至らず、「込み入っている」からに他ならない。自動運転車があらゆる局面で安全に走行できるようになるまでに対処すべき問題の多さを考えると、たとえグーグルの自動運転車がマウンテンビュー市の周辺を快調に走り、ウーバーの自動運転車がピッツバーグのストリップ地区の町中を走り回る段階*になっているとはいえ、研究しなければならないことがまだまだあるのだ。自動運転車の実用化は、安全性基準を一つ一つクリアしながら段階的に進むことになるだろう。

グーグルとテスラが追求しているオール・オア・ナッシングの「逐次的な自動化《シリアル・オートメーション》」に対し、MITコンピューター科学・人工知能研究所のディレクター、ダニエラ・ルスは、「平行的な自動化《パラレル・オートメーション》[26]」あるいは「守護天使《ガーディアン・エンジェル》システム」を提唱している。これは人間のドライバーを監視して、社内センサーが事故の可能性を察知したときにはシステムが運転を補佐してくれる仕組みだ。高速で、しかも非常に複雑な環境の中で自動走行させることの難しさを考えると、(トヨタがMITと協力して切り開こうとしている)運転者を補佐するというこの「高度に知的な」アプローチは有望に見える。

というのも、「複雑な」状況になる、そして「カオス的」および「無秩序な」状況であればなおさら、完全自動化への道のりは非常に長く、人間に完全に置き換わることは永遠に不可能かもしれないからだ。こうした環境下では能動的で、非定型的で、瞬時の解釈とそれに基づく即興的な分析と行動が求められる。手を動かすにせよ知力を働かせるにせよ、それぞれの事態に応じて繰り返しの作業があることは間違いなく、その部分は人から機械に引き継がれるだろう。しかし、実際に運転する前にあらかじめプログラムしておくことも、教えておくこともできず、その場での学習が必要になるのだ。

飛行機の操縦は、作業の多くが長く自動化されている仕事の例だが、それでもパイロットはお払い箱になっていない。テクノロジーという「足場」は、飛行のベスト・プラクティスやグッド・プラクティスまでも含めて、ほとんどあらゆる作業を担うことができるが、それでも複雑な状況になると人によるインプットを必要としている。実際、ボーイング社は高度に自動化された航空術と自動操縦コックピットを実現しているにもかかわらず、今後二〇年で毎年三万八五〇人のパイロットが必要とみている。[27] 航空機を操縦する技術は「込み入った状況」から「複雑な状況」へ、時には「カオス的な状況」、つまりパイロットとしての判断や経験が適切に対応できなくなる状況にまで、すぐにでも変貌しうるからだ。

チェズレイ・B・〝サリー〟・サレンバーガー三世は、機長としてエアバスA320機がラガーディア空港を離陸した直後にブロンクスの上空約九〇〇メートルで両エンジン停止状態に陥った。その際、サリーは豊富な飛行経験を生かして、勇敢にも同機をニューヨークのハドソン川に着水させることに成功した。重装備で超音速のF—4ファントム戦闘機のパイロットとして長年にわたって素晴らしい実績を上げてきたので、[28] 動力がない状態での下降を遅らせる方法と理論を知っていた。だからこそほんの数秒で状況を把握し、大胆な行動を取ることができた。皮肉なことに、このとてつもなく難しい偉業は、航空機の自動化されたフ

＊……ウーバーの自動運転車については、二〇一八年三月にアリゾナ州テンピでの走行実験中に歩行者を死亡させる事故を起こし、公道実験を九カ月間中止した。

ライト・コントロール・システムのせいで一段と難しくなっていた。サレンバーガー自身が後で説明したように、このシステムの特徴の一つは、(大惨事を免れるための仕組みなのだが)、低速時には「パイロットが操縦桿のサイドスティックをいくら強く引いても、フライト・コントロール・コンピューターが作動して、パイロットは飛行機を失速させて浮力を失わせることができないのです」。しかしこれはまさにサレンバーガーがハドソン川上空でしなければならないことだった[29]。

飛行機の機首を固定して水上の対気速度を減速しようとしても、コンピューターの制御装置システムのおかげでそれがほとんどできなかったのだ。航空機が北大西洋上で乱気流に巻き込まれると、前方に腰かけている経験豊かなパイロットが、システム設計者たちの想像以上に幅広く、包括的な専門知識を駆使できるはずだと、乗客らが考え、そう祈るのには十分な理由があるのだ。

4 深層学習は真の知能になれるのか？

機械学習(時に深層学習と言及されることもある)の能力が非常に高まって、AIがさらに大きく飛躍する日も近いという予測が出始めている。機械が実際に特定の用途や目的に限定せず、自律的な思考などを行う汎用人工知能のレベルに達し、あらゆる意味で本当に人間のような能力を持つ可能性があるのだ。そうなると、イノベーションに文系人間が果たす役割はどうなるのだろう。

機械がこの能力を得る可能性については熱い論争があり、もしそれが可能だとしても、実現まではまだ何年もかかるだろう。[30]汎用人工知能がどれだけ早く実現するかを考えるにあたっては、AIについて最近達成された最も素晴らしい偉業について、その限界を考えることがヒントになるだろう。

ディープマインド社は、ユニバーシティ・カレッジ・ロンドンの計算脳科学ユニットから発展した企業で、二〇一四年にグーグルに買収され、その後「アルファ碁」と呼ばれるプログラムを開発した。[31]機械学習、決定木《けっていぎ》、アルゴリズム（これらのツールをまとめたものを我々は「AI」と呼んでいる）の組み合わせを使い、AIのあらゆる要素を用いてアルファ碁を訓練して中国の伝統的なゲームである囲碁を練習させた。その目的は機械が囲碁の世界チャンピオンを破ることにあった。[32]

「三目並べ」、「チェッカー」、「モノポリー」、「クルー」、「チェス」など、コンピューターは多くのボードゲームを制覇してきたが、アルファ碁の勝利は、これらとはまったく異なる次元の偉業といえる。それは、コンピューターの計算力を使った力業で達成されたものではなかったからだ。[33]他のゲームの場合、コンピューターはプログラムでゲームのルールを記憶し、人のプレーヤーが一手動くと、その計算力とスピードを最大限に発揮して、考えられる限りの「次の一手」を計算して最善手を評価していた。機械の方が優勢なのは単に計算力と記憶力が高かったからで、人間の知能に近付いていたからではない。こうした、事前にプログラムされたアプローチの場合、「何が分かっているかを認識している（known known）」環境の中で一手を選ぶので、コンピューターの最大の功績は人間のような知性を得た、というよりもむしろ、それぞれのゲームの一見複雑な状況を分かりやすい形にまとめたことにあった。

しかし、ディープマインド社が国際的な関心を呼んだのは、それとは異なるアプローチを用いて囲碁で勝利したからだ。南アフリカ共和国の起業家でテスラとスペースXの創業者、イーロン・マスクはこれをAIにおける「一〇年分の躍進」と歓迎した[34]。汎用人工知能の夜明けと呼ぶ声もあった[35]。

この勝利がどれほどのものであったかを理解するには、囲碁というゲームについて少し説明する必要がある。碁盤には縦横それぞれ一九本の線が引いてある。プレーヤーは小さな白黒の石を線の交差点に置く。いったん盤上に置かれた碁石は動かすことができず、相手方の石に囲まれると、「捕られて」しまう。ディープマインド社の勝利の意味合いが相当大きいと多くの人々がみなしているのは、囲碁はあり得る局面の数があまりにも多いため、かなり強力なコンピューターをもってしても次の一手を検討し尽くし、取り得る手を見積もることが不可能だからだ。

アルファ碁のエンジニアたちは、莫大な数の石の置き方のパターンをプログラムに事前に教え込むのではなく、機械学習のアルゴリズムを書いてプログラムに囲碁のやり方を教えた。まず過去に行われた数千の対局の棋譜を使ってトレーニングし、その後は人と対局することでパターンを「学習」させた。さらに、アルファ碁に似た別の深層学習用マシンを構築して、それ自身の知性を用いて両者を対戦できるようにした。こうしたことはすべて、プログラムをなるべく多くの可能な状況に「さらす」、言い換えれば「経験させる」ために行われた。

囲碁は、ゲームで起こり得る展開や石の組み合わせがあまりにも多く、事前にプログラムすることは不可能だ。したがってアルファ碁は、曖昧な条件の下で合理的に知りえた情報を基に判断しなければならなかった。まさに我々人間と同じである。このプロセスを促進するため、プログラマーたちは「検索の深さ」を限定した。つまり、機械は可能な動きをすべて見つけようとするのではなく、得られた情報に基づいて関連性のある動きの中から最も見込みのありそうな動きを選ぶよう可能な解をより分けるのだが、その程度（深さ）に上限を設けたのだ。(36)

素晴らしく優秀なプログラマーたちでも「ベスト・プラクティス」を体系化できるほどにゲームの複雑さ（あるいは「次元」と言い換えてもよいかもしれない）を低下させることはできなかった。しかし「グッド・プラクティス」を使う程度のパターン認識力を機械につけさせることはできた。

この微妙な違いに目を向けてみよう――我々人間は、選択肢を可能な限り徹底的に考え抜いてから行動を起こす。自分たちにできることを測り、分析する。しかし分析で明確に何をすべきかが分からない場合には、直感、信念、あるいはまったくの偶然に身を任せることもある。ハンガリー系イギリス人の哲学者、マイケル・ポランニーはこの能力を「人々が言葉では表現しきれない知識」、つまり「暗黙知」だとコメントした。[37] アルファ碁の「検索の深さ」を限定したことによって、機械は、あたかも人の意思決定プロセスのように――人の直感的思考に近いプロセスを通じて――碁石を置けるようになった。碁の置き方も過去の手の機械的手順による評価ではなく、独自に考えた結果にみえた。

しかし、アルファ碁は自らの決定に暗黙的に気付いていたのだろうか、それとも単に人よりも速く確率を計算していたに過ぎないのだろうか。

あたかも人間の棋士が自分のプレースタイルを確立するように、アルファ碁は独自のプレースタイルを開発したようにも見えた。囲碁の有段者は経験を積むにつれて得意戦術を開発する。アルファ碁と棋士のチャンピオン、イ・セドル九段は韓国ソウルで対戦したが、それを見ていた観客たちは、機械が見せた驚くべき戦術には一種の美があったと報告した。[38] しかし、アルファ碁がゲームで見せた驚愕の手筋は、実際には、単に機械が確率に基づいて、一人の棋士を超える計算能力を駆使して動いていたからに過ぎない。アルファ碁は、エンジニアたちによって選択肢を制限されたからこそ、人間のような手を打たざるを得ないようになって勝利した。しかし、結局のところ、並外れた計算力があったからこそ勝利したのだ――皮肉以外のなにものでもあるまい。

アルファ碁の偉業が、ＡＩの発展過程で画期的なことであることは疑いがない。しかし、自分の能力を自分で開発する人間の「ウェットウェア」――コンピューターの「ソフトウェア」と「ハードウェア」に対して、人の脳を表すために用いられる用語――と、最も優秀な人間の頭脳による高度なプログラミング――この点を忘れてはいけないのだが――を必要とするアルファ碁のようなプログラムとの間には、はっきりとした違いがある。知性を再生産しているという点ではアルファ碁もこれまでのプログラムと本質的には変わらないのに対し、おそらく創造的な人工知能は新たな知性の形態になるはずだ。

ヨーロッパ囲碁選手権を三度制したファン・フイは、アルファ碁に五連敗したとき、アルファ碁の勝利を決めた打ち手を「人間の手ではない」と呼んだ。しかし、そうであってもなお、自分の内部で論理を組み立て、どこかにある「制御室《コントロール・ルーム》」からそれを監視し、それに従ってデータを取得するというプロセスを与えたのは人間なのだ。その意味で機械は完全に人に頼っている。一方、人の心は自分が知っていることの大半を自ら学んでいる。[39] もちろん、囲碁を打つといった単一の作業については、機械は人の能力をはるかに超えているのであり、これがまばゆいばかりの技術的進歩であることは間違いないのだが。

もう一つ考えておきたいことがある。以下は、アインシュタインとタゴールの対話にも登場する「真理は人間の意識と無関係に存在しうるのか」という難問に一ひねりをくわえたものだ。もしこの世にアルファ碁しか存在せず、それを観察している人が誰もいなかったら、それは完全に独立した、知的な存在とみなせるのだろうか。現在までの証拠を見る限り、真の汎用人工知能への突破口はまだ開いていないと私は思う。実際、アルファ碁の製作者の一人であるデビッド・シルバーによると、このテクノロジーは多くの深い意味で社会を助けるための目的にも使えるが、真の汎用人工知能の実現には「まだ数十年はかかる」とのこと。(40)

5 機械《マシン》は直感で知ることも、創造することも、感じることもできない

人間の能力全体については、AIはまだ真似することさえできない。たとえば、機械《マシン》は真の意味で新しいアイデアを創造することができない。画像加工アプリのプリズマを考えたロシアのプログラマーたちは、ニューラルネットワークを利用して、自分の最新の写真をヴァン・ゴッホやピカソ風の芸術作品に仕上げる方法を見つけ出した。非常に素晴らしくとても楽しいアプリであることは確かだが、この作業には独自性が一つもない。(41)

ピッツバーグにあるアンディー・ウォーホル・ミュージアムの中を、現代美術史を学ぶ学生一人を伴ってゆっくり歩いてみる、スペインのマドリードにあるソフィア王妃芸術センターに展示してあるピカソの「ゲルニカ」の前に立ってみる、あるいは芸術を知るためにア

メリカの彫刻家のリチャード・セラの冷たく、波打つような鉄の彫刻に沿って自分の指をなぞってみるとよい。私の言っていることの意味が、分かるはずだ。

機械は人間の感情をなぞることも、したがって共感することもできない。グーグルは同社のＡＩエンジンに二八六五本の恋愛小説をインプットして感情的な言葉や状況に慣れさせることはできるが、しかしそんなことをすれば本当に共感力がつき、愛や欲望を理解できるようになるのだろうか。[42] 我々の機械はジェーン・オースティンとともに笑い、トルストイの悲哀を感じるのだろうか。笑いと悲哀、この二つは人間の意識として知られている神秘的な現象の主な特徴に過ぎないが、今日最も賢い機械ですら保有していない感情だ。

映画『イミテーション・ゲーム／エニグマと天才数学者の秘密』は、コンピューター時代をもたらしたアラン・チューリングが、第二次世界大戦中にいかにしてドイツのエニグマ暗号機を利用した通信の暗文を解読したのかを描いた作品だ。これを観た人は誰でも、彼の機械の成功の陰に文脈と人の直感が中心的な役割を果たしたことを思い出せるだろう。そして、今から四〇年以上前の一九七二年、ＵＣバークレー校の哲学教授だったヒューバート・ドレイファスは『コンピュータには何ができないか――哲学的人工知能批判』(産業図書)でＡＩの概念上の限界を指摘した。[43] それは計算(機械が非常に得意)と意識(機械は所有していない)との違いをめぐる問題である。

ドレイファスの議論は、当時のハイテク・コミュニティーからは無視あるいは馬鹿にされたが、今日もなお続いている。二〇一一年、ハーバード大で哲学科の学科長を務めていたシーン・ドーランス・ケリーとともに、ドレイファスは次のように述べた。「IBMのコンピューター『ワトソン』がクイズ番組で勝利したことによる最大の危険……は、機械が我々を改善したバージョンになりうることを証明しているのではなく、我々が機械よりも劣ったバージョンであるとつい誤解してしまう点にある[44]」。今日、AIで最先端にいる研究者たちの間では、機械学習のアルゴリズムが一段と強力になり、自然言語処理の能力がさらに高まっても、人間の知能に近付くことができず、それらはまだ「試験管内のフェーズ」にあるというのが共通認識だ[45]。

ネットスケープの創業者にして億万長者のベンチャー・キャピタリスト、マーク・アンドリーセンでさえ（かつて「リベラルアーツを学んだ学生は『将来は靴屋で働くことになるだろう[46]』と揶揄した話は第一章で紹介した通りだ）、二〇一四年に『フィナンシャル・タイムズ』紙に寄稿したエッセーで、ロボットが人のすべての仕事を奪うとは考えていないと主張した。「多くの人々が今日の仕事でしていることと、ロボットとAIが置き換え可能なことの間には大きなギャップがある。そしてその差が埋まるには数十年かかるだろう……ロボットとAIが今よりずっと強力になる時代になっても、その時にもまだ、人々にはできるがAIにはできないものがたくさんあるはずだ。たとえば、創造力、イノベーション、探検、芸術、科学、エンターテインメント、他の人々を思いやる、といったことなど。機械にどうやってこうしたことをさせるのか、我々には皆目見当も付かない」

フェイ・フェイ・リーは、スタンフォード大学の人工知能研究所のディレクターで、ＡＩはデータ依存型の深層学習を超えるはずだと主張しているが、知性の文系人間的な、つまり情緒的、社会的な要素を理解している。彼女は言う。「私たち（人間）は、莫大なデータの計算は恐ろしく苦手です。けれども、物事を抽象的に把握し、創造性を発揮することは実に得意なのです[47]」

正しい問いを発するには思考の多様性と好奇心が必要だが、この二つはリベラルアーツを通じて培われる。最新ツールに必要なあらゆる学問分野をすべて集めて専門知識を得ようという、情熱ある人々が必要なのだ。最先端のＡＩ研究所であれば、どこでも人類学者、社会学者、心理学者が揃っていなければならない。「皆さん自身の『イーリアス』（古代ギリシャの長編英雄叙事詩）を枕の下にもっていてください」。ハーバード大学の学長、ドリュー・ファウストは、二〇一六年の陸軍士官学校で行われた講義で、数百人の士官候補生にこう助言した。「人としての経験と、経験から得られた人間的な洞察力という伝統——すなわち、リベラルアーツを学んだ者たちの代表として、リーダーシップを発揮してください。リベラルアーツで身に付けたことの重要性を認識し、生活の中にその存在を意識し、他の人の生活のためにその大切さを説きなさい。……人文学にとって——つまり人類の可能性にとって世界最高の力になってください[48]」

テクノロジーの将来は偉大だが、それと同等にリベラルアーツが必要なのだ。文系人間と理系人間が手に手を取って人類共通の目標を追求していくために。

最終章

文理融合の最強タッグ

The Fuzzy and The Techie

Partnership Goes Both Ways

次々と生まれてくる新たなテクノロジーを使って世の中を変えるほどのイノベーションをつくり出す――本書は、リベラルアーツ教育を受けた、基礎的な教養を身に付けた文系人間《ファジー》がそのために果たしうる役割に焦点を当てた。理系人間《テッキー》はその対等で重要なパートナーであると同時に、文系と理系の間に橋を架けられるし、架けなければならない。このプロセスに必要不可欠な存在として、かつては想像すらできなかった、世の中を切り開くようなイノベーションをこれからも牽引し、誰もが最もワクワクする新製品や新サービスを世の中の先頭に立って次々と生みし続けるだろう。

南アフリカ共和国出身の起業家イーロン・マスクは、電気自動車の採用と宇宙旅行の民主化に力を尽くしてきた。グーグルの共同創業者であるラリー・ペイジとセルゲイ・ブリンは世界中の情報を閲覧可能にしたが、現在はインターネットを世界中の誰もが利用できる環境をつくり出すという新たな課題に挑戦している。リシンク・ロボティクスの創業者、ロドニー・ブルックスは、人々のモノづくりをロボットがどう手伝ってくれるのかという新たなフロンティアを創り出した。

他にも、テクノロジーに自分の声で命令を出すシステムを改善して、我々が「見ているもの」ではなく、「言っていること」の重要性を高めるべく自然言語プロセスを切り開こうと努力している理系人間もいる。[1] たとえば、アマゾンは、「アマゾンエコー」で音声アシスト「アレクサ」を提供しているが、その音声命令技術を利用したいイノベーターに「アレクサ・スキル・キット」を提供している。このツールキットは無償で、同社は一億ドルの投資ファンドを設立して、その活用方法に関するアイデアを思いついた起業家を支援している。[2] その結果、ピクサーの開発に携わった理系の面々が設立したプルストリング（PullString）などの企業が、Slackやフェイスブック・メッセンジャーからの質問に答えて基本的な会話ができるチャットボットを簡単につくれる機能を搭載している（ちなみに、「プルストリング」という社名は映画『トイストーリー』の主人公ウッディの「ひもを引っ張って（pull my string）！」に由来する）[3]。

アルファ碁で使われたようなグーグルの深層学習でさえ、同社の「TensorFlow」という機械学習用ライブラリーを通じて誰もが手に入れることができ、現在は驚くべき方法で利用されている。[4] 日本の自動車関連のエンジニアだった小池誠は、テンソルフローを使った機械学習で両親の生活を楽にする仕組みを考え出した。「Arduino」ハードウェアと呼ばれる、グーグル・ラズベリー・パイのインターネット接続コンピューター・ボード（コストはおよそ三五ドル）と、既製品のカメラを組み合わせて、キュウリ農場を営む父親のためにキュウリを品質によって精度七〇％で仕分けできる機械を開発した。まず数千本のキュウリを一本ずつ撮影して手作業で分類し、撮影した画像を学習用データとして使い、キュウリのどのような特徴が品質を決めるのか、そしてこれから写真でどの部分を見極めれば良いかをテンソルフローに教えたのである。

理系人間は、文系人間が興味を示すようなことにはほとんど見向きもしない「オタク」集団として一緒くたに見られがちだ。しかし、現在のテクノロジー時代にリベラルアーツの価値を過小評価するのが間違いであるのと同様、この決めつけは正しくない。実際は、理系人間は文系と理系の分断をまたぐ多くの協力体制を牽引してきた。実に効果的に橋渡し役を果たせる存在だ。

ペイジョイの共同創業者でCEOのダグ・リケットのケースを紹介しよう。以前はグーグルのソフトウェア・エンジニアで、マーク・ヘイネンとチームを組んで同社を起業した。ヘイネンはアマースト大学で歴史と移民研究を専攻した文系人間だ。二人はグーグルマップのチームで出会い、アフリカの地図製作で協力した仲間同士だった。リケットは、グーグルを退職後、テクノロジーの専門知識を広げようとコンピューター画面の前を離れてガンビアという小さな西アフリカの国へと旅行し、貧困地域向けに太陽エネルギー機器の提供を試みている「d.light」という社会的企業で働いた。

同社のエンジニアリング部門のディレクターとして香港を中心に活動していた時に、人類学の研究者になり切って、アフリカの村落で何カ月も過ごすことにした。そこに住む人々は資金を借り入れる手段も方法も一切持っていない、将来の顧客候補だと思ったからだ。資金を借り入れできないと、ソーラーパネルの初期費用は高すぎてとても手が出ないことが分かった。その一方で、同じアフリカの人々が地元の売店でプリペイド式の携帯電話プランを購入していることも分かった。「ソーラーパネルも同じように買えるはずでは」と考え、d.light社の顧客が一回当たりの支払いを少額にして、時間をかけてソーラーパネルの新製品を購入できるためのソフトウェアを開発した。

アメリカに帰国すると、同じ基本モデルを使って、借金のできないおよそ四五〇〇万人のアメリカ人も、今日で最も偉大なツール「スマートフォン」を買える仕組みをつくろうと決意した。(5) ヘイネンとチームを組んで彼に営業責任者になってもらい、二〇一五年にペイジョイのサービスを開始し、人々は他の手段よりもずっと安い金利の長期ローンでスマートフォンを買えるようになった。営業開始後わずか一年で、ベンチャー・キャピタリストから一八〇〇万ドルを超える資金を調達した。(6) 同社の最終的な目的は、アメリカ市場だけでなく地球上のあらゆる人々がスマートフォン、あるいは新しいタイプの機器を購入できるようにすることだ。

文系人間の役割を強調するのは、何も彼らが現在開かれている機会を独占していると言いたいからではない。文系人間と理系人間が組むことが、最も世界を変えられる、最も成功するイノベーションを生み出す公式だからだ。取り組むべき多くの難問を最も効果的に解決しながら、最も人間的な形で我々の生活をより良くしてくれる、そういうイノベーションを生み出せる可能性が高いからだ。ダグ・リケットのような理系人間が、文系人間の物の見方や調査方法を学んでイノベーションを推し進め、努力を重ねて大きな利益を得られたように、文系人間が理系人間と組んで科学技術の基礎的素養を身に付ければ、その能力は一段と高まるだろう。

今後人類がますますテクノロジーの進んだ未来へと歩みを進めるのであれば、教育システムの目標を文系人間と理系人間との溝を埋めていくことに置くべきだろう。子どもたちの最も初期の学習経験から大学、そして大学院への研究まで、社会は文系と理系の二本柱で成り立っているという前提に立脚しなければならないのだ。

二つの文化を結合する

イギリスの政治家チャールズ・パーシー・スノーは一九五九年にケンブリッジ大学で「二つの文化」と題した有名な講義を行った。専門の教育を受けて物理学者になり、小説家でもあったスノーは、自然科学と人文科学との断絶が大きくなっていることを嘆き、「相互の無理解と……それに端を発した敵意、そして嫌悪」が定着してしまったと嘆いた。しかし二〇世紀が進んでコンピューター革命が始まると、この深い溝《キャズム》の片側、ハードサイエンスに情報技術が加わった。今やこの断絶にもっと多くの橋を架ける時がやってきたのだ。スノーはその講義でこうも言っている。「二つの物質、二つの分野、二つの文化――ついには二つの星雲ほど互いに異なるもの同士がぶつかり合う点は創造の機会をつくり出すだろう」[7]

これはまさに文系人間と理系人間の融合に他ならない。この深い溝の両面を深く理解し、創造的な大飛躍を遂げるには、多くの起業家たちが製品やサービスのイノベーションにもたらしたのと同じような情熱でもって、教育に革新を起こす必要がある。教育こそが、新たなテクノロジーの可能性を着実に広げるだけでなく、（ここが重要なところだが）人々が将来の仕事に備えるためのベストの方法なのだ。

自動運転車を安全に走行させるために新しい仕事が生まれている。スティッチ・フィックスはファッション・スタイリストという新しい職種を二五〇〇人分もつくりだした。それとまったく同じように、新しいタイプの職業と仕事がこれからも次々と生み出されていくはずだ。経済学者のジョン・メイナード・ケインズは、大恐慌の後に多くの新しい仕事が現れることを予言できなかった。それは現在も同じである。どのような仕事が今後生まれるかを正確に予測することなど不可能だ。もっとも、その数が膨大になると推測するアナリストは少なくない。

アメリカ労働省はあるレポートの中で、現在学校に通っている子どもたちの実に六五％が、これまでに存在しなかった職に就くだろうと予測した。[8] 今日生まれた人であれば、二〇八〇年代にまだ働いていてもまったく不思議ではない。そう考えた時、その時の人間にとって自立と創造力が必要なことまでは分かるとしても、それ以外を予測できると考えるのは我々の放漫だろう。

子どもたちが将来就く仕事が何かを今の我々が知ることはできないが、しかしそのすべてとは言わないとしても、ほとんどの子が科学技術に関する基礎的な素養、つまり科学技術リテラシーを必要とすると考えてよいだろう。意欲が高ければ、現在手に入る豊富なツールを使って、テクノロジーを十分身に付けることができる。ケイトリン・グリーソンは革新的なヘルスケアIT企業であるエリジブル社を立ち上げる前にまずそうしたし、カトリーナ・レイクはデータ・サイエンティストのエリックと組んで、テクノロジーを身に付けてからスティッチ・フィックスを創業したのだから。しかし、もし技術ツールの性質やその運用原理の習得がリベラルアーツ教育の標準的な科目になっていて、そのシラバスに含まれていれば、おそらくもっと多くの文系人間が理系人間と協力できる本当の力を習得できるだろう。

教育プログラムの中にその溝を埋めるカリキュラムを含めるとどんなに素晴らしいかを確認するには、一九八七年から一九九一年までスタンフォード大学の学生部長だったトム・ワソーらの教授グループが始めた「シンボリック・システムズ」という専攻課程を見れば十分だろう。「学部教育がどうあるべきかを考えるのに私は多くの時間を費やしました」とワソーは振り返る。(9) ワソー自身は、リード大学では数学で学士号を、MITでは言語学の博士号を取得した。つまり理系と文系を組み合わせて学んできた。

こうしてワソーは、言語とコンピューティングの境界面で働き、さまざまなヒントを提供しては自然言語処理の実現に貢献してきた。理系人間と文系人間のスキルを組み合わせると素晴らしい恩恵が得られることを見通せたので、シンボリック・システムズでは、コンピューターのクラスと哲学、論理学、言語学、心理学のクラスを統合した。

それは、従来のSTEM対リベラルアーツの図式とは異なる形で学ぼうという専門課程で、リンクトインの創業者リード・ホフマン、インスタグラムの共同創業者マイク・クリーガー、iPhoneとiPadのソフトウェアを生み出したスコット・フォーストール、そしてグーグルの初期の経営陣の一人で、ヤフーの元CEOだったマリッサ・メイヤーなど、のちに起業家になったそうそうたる顔ぶれの卒業生を輩出した。フェイスブックの最高製品責任者（CPI）のクリス・コックスも、このプログラムの卒業生だ。コックスはグーグルの副社長としてアンドロイド向けの製品管理を担当し、クローム・ウェブ・ブラウザーの立ち上げにも力を尽くし、シンボリック・システムズで学位を取得し、心理学で修士号も獲得した。マーク・ザッカーバーグは、このプログラムが「世界で最も才能ある人々」を輩出してきたことを認めている。(10) ワソーは、我々の高度な技術世界のまさに中心にいる、物静かで鋭い判断力のある文系／理系融合型の人物だ。

　もちろん、両者に橋を架ける学問分野はこれにとどまらない。心理学、言語学、神経科学がまとまったのが認知科学だ。社会学と土木工学が組み合わさって都市政策ができ、コンピューティングとデザインでデータの可視化が可能になり、心理学とコンピューティングからユーザビリティ調査が生まれた。さらに、もっと明白な形での文系／理系専攻も積極的に推進されるべきだ。

　心理学と工学を組み合わせた「設計倫理」や、人類学とデータサイエンスを組み合わせた「データ・リテラシー」、社会学と統計学からの「ヒューマン・アナリティクス」、文学とコンピューター・サイエンスを組み合わせた「ナラティブ・サイエンス（科学を語ることで説明する、の意）」などがその代表だ。その背景にあるのは構築《ビルディング》である。こうした声に応えている一つの教育機関がロードアイランド・スクール・オブ・デザイン（ＲＩＳＤ）で、Airbnbの二人の創業者はここで学び、エスター・ウォシッキーは二〇一六年に同校の卒業式でスピーチをした。

　ＲＩＳＤはいわゆるＳＴＥＡＭ教育を提唱する。「ＳＴＥＡＭ」とは理科系科目（ＳＴＥＭ）に芸術とデザイン（Ａ）を混合した教育で、現在着実に注目を集めつつある。マサチューセッツ州アンドーバーの公立学校はＳＴＥＡＭ教育を主要目標に掲げている。テキサス州デ・ソートでは、デ・ソート・ウェスト・ミドル・スクールが「iSTEAM 3D マグネット・アカデミー」

を提供している。生徒たちはものづくりゲームの「マインクラフト」を使って都市計画について学んで都市を設計し、「メーカーボット2」3Dプリンターを使い、ビルや道路の立体模型を制作して都市に生命を与える。(11)

生徒たちは、「フォールドイット」で化学を学んでいる。これはタンパク質の構造予測を行うコンピューターゲームで、子どもたちは遊びながら科学者が病気を治せるかもしれないタンパク質の新たな構造を、クラウドソースに頼りながら見つけ出していく。二〇一三年にRISDの学長だったジョン・マエダは、超党派の議会STEAM総会の開催に力を尽くし、STEAMは国家的優先課題に引き上げられた。(12)

もはや「STEM教育対リベラルアーツ教育」という誤った二分法で争うべき時代は終わった。我々はデータを集めながら、それをどう使うかを必死になって考えなければならない。器具を製作するのなら、デザインを徹底的に検討しなければならない。アルゴリズムを組み立てるのであれば、その前提条件に疑問を抱き、バイアスのかからない方法を考え付かなければならない。データサイエンティストを養成するときには、高いデータ・リテラシーを求めるべきだ。我々は文系人間《ファジー》と理系人間《テッキー》を対立軸に置いて考えるべきではない。どちらも同じくらい重要なのだから。新しいツールが出現すると、人々はテクノロジーの力を利用できるようになる。だからこそ、機械《マシン》は人間性への影響を常に配慮しながら発達する必要がある。

「最初は肉体労働、つぎが単純な事務、それから、たぶん、ほんとの頭脳労働の領分ってわけですね」。機械による自動化について、カート・ヴォネガットは一九五二年の書籍『プレイヤー・ピアノ』に書いた[13]。確かに、我々は何十年にわたって技術変革に魅了されてきた。他方で、今日の不安は楽観論によって無批判にごまかされてはならないのだ。これからの予測不可能な激動の時代を生き抜くために何が必要か考えた時、自分たちのコミュニティーの中から真のスキルを養う一つの方法は、自分が何者で、何を求め、なぜ重要なのかといったリベラルアーツ的な探究心を敬遠するのではなく、育てることだ。文系に理系を、そして理系に文系を組み合わせれば、我々はこの加速度的に変化している世界を乗り切ることができる。

技術を梃子に急速な進化を続けるであろう未来。その先にある無数の機会をしっかりとつかみとるためには、我々の教育、製品、制度のあらゆる側面に文系《ファジー》的な要素と理系《テッキー》的な要素が共存してなければならない。それが私の理想である。

謝辞

テクノロジーが主導する世界の背後に数多くの文系人間《ファジー》がいるのと同様、上梓される一冊の書物の背後には多くの影響と協力者たちが隠れている。本書は、エミリー・ルースの素晴らしいサポートがなければ実現しなかった。彼女の優れた知性と鋭い眼力のおかげで、私は自分の議論を深めることができた。心から感謝したい。見事な補足をしてくれたシェイ・マウンツとバーバラ・リヒターに感謝する。シャラーム・メーサーとレベカ・リーフ、君たち二人がいなければビル・タンサーに会うことができなかった。ビルが私をエージェントであるトライデント・メディアのメル・フラッシュマンに紹介の労を執ってくれた。メル、三年にわたったあなたの底知れぬ情熱があったからこそ本書が生まれた。

リック・ウルフとホートン・ミフリン社の優秀なスタッフの皆さん、初めて本を書く私のために力を尽くし、いつも勇気づけてくれたおかげで、誰の予想よりも早く本書を世に送り出せた。どうもありがとう。サンフランシスコ、ピッツバーグ、ロンドン、ベルリン、そしてアメリカの西部を横断した列車、ウェスト・ビレッジやウイリアムズバーグの数え切れないほどのカフェで私が本書を執筆できるよう、さまざまな場を設定してくれた世界中の友人たちに心から感謝する。ビッグデータ、AI（人工知能）、機械学習について忍耐強く私の議論に付き合い、正しい方向に導いてくれたトミー・ダイヤー、プラタップ・レイナード、サム・セルバンテス、アーロン・レーベンシュタット、ピーター・メイマウンコフ、どうもありがとう。

本書のために貴重な時間、物語、情熱を提供してくれた皆さん（最終的に本書に登場しなかった方々も含めて）には、それぞれのアイデアを生み出し、それを追求していく大変な、しかし実に実りの多かったプロセスに貢献していただいた。書籍は、スタートアップ企業とまったく同じで、どの単語も、パラグラフも、ページも何度となく修正される。練り直され、変更され、常に進化を続け、決してこの作業が終わることはない。その意味で、これは最終製品ではなく、タイムカプセルになるのだ。皆さんのことをよく知り、私も全力を尽くして創造に向けた皆さんの勇気と不屈の精神を紹介したことは、挑戦でもあると同時に、とてつもなく光栄だった。

私の師であり、外交問題評議会に私を誘ってくれたリチャード・N・ガードナー（元スペイン駐在アメリカ大使）に、そしてビル・ドレイパー、お二人の友情とご指導に感謝する。ジョナサン・ツィトレインは、情熱は一つだけでなく多く持つほどよいとアドバイスしてくれた。シェリル・サンドバーグは、事例を選ぶ際には公共セクターか民間セクターかを思い悩む必要がないと言ってくれた。二人ともありがとう。

キャサリーン・バー、アレン・モーガン、エド・ツィマーマン、そしてヴィル・ポーテウスの支援があったからこそ、私はベンチャー・キャピタリストとして独り立ちすることができた。アブハス・グプタのおかげでサンドヒルロード（スタンフォード大学から南西に走る道路。この道路に沿った周辺地域がベンチャー・キャピタルのメッカ）ではとても楽しい生活ができている。スコット・ソイヤーへ。数年前、あの部屋でこのプロジェクトを始めた時に示してくれた君の友情と励ましに感謝する。僕が執筆中に足下の周りをぐるぐる回ってくれたクレア・ロスと可愛いピピーへ。この何カ月もの間、いつもいつも僕の気持ちを明るく、楽しい思いにしてくれた君たちの愛と支えに心から感謝する。

最後に、私の家族へ。超一流のライターである妹のアンナ。そして両親のクレイグとスーザン。みんなの情熱と好奇心、そしてもしスティーブ・ジョブズが言ったように、「信じた道をがむしゃらに」追い求めれば、絶対にどんなことでもできると信じてくれたその気持ちに心から感謝したい。

注

著者より

(1) Marc Andreessen, "Why Software Is Eating the World," *Wall Street Journal*, August 20, 2011, http://www.wsj.com/articles/SB10001424053111903480904576512250915629460.

第1章　理系社会における文系人間の役割

(1) "Eligible," Crunchbase, August 2016, https://www.crunchbase.com/organization/eligible-api#/entity.

(2) 著者のケイトリン・グリーソンへのインタビュー（2016年5月29日）。

(3) "Most Creative People 2013," *Fast Company*, May 13, 2013, https://www.fastcompany.com/3009150/most-creative-people-2013/73-katelyn-gleason.

(4) "2015 Forbes 30 Under 30: Healthcare," *Forbes*, September 2015, http://www.forbes.com/pictures/eidg45hdkg/katelyn-gleason-29/#75b1c02369f1.

(5) Eligible, accessed June 2016, https://eligible.com/.

(6) George Anders, "That 'Useless' Liberal Arts Degree Has Become Tech's Hottest Ticket," *Forbes*, August 17, 2015, accessed June 2016, http://www.forbes.com/sites/georgeanders/2015/07/29/liberal-arts-degree-tech/#263a3e6c5a75.

(7) "Company Overview of Palantir Technologies Inc.," Alexander C. Karp, Bloomberg.com, http://www.bloomberg.com/research/stocks/private/person.asp?personId=45528685& privcapId=43580005.

(8) Neal Ungerleider, "RelateIQ, Salesforce's $390 Million 'Siri for Business,' Grows Up," *Fast Company*, September 15, 2015, https://www.fastcompany.com/3051088/elasticity/relateiq-salesforces-390-million-siri-for-business-grows-up.

(9) Eugene Kim, "Not Every Silicon Valley Leader Is an Engineer, Including These 9 Super Successful Liberal Arts Majors," Business Insider, August 1, 2015, http://www.businessinsider.com/9-silicon-valley-leaders-that-didnt-study-engineering-2015-7/#ben-silbermann-is-the-cofounder-of-pinterest-the-11-billion-photo-sharing-and-social-media-service-but-silbermann-studied-political-science-at-yale-and-went-on-to-work-in-online-advertising-before-coming-up-with-the-idea-for-pinterest-8.

(10) Stanford University, "Steve Jobs' 2005 Stanford Commencement Address," YouTube video, 2008, https://www.youtube.com/watch?v=UF8uR6Z6KLc.

(11) Jonah Lehrer, "Steve Jobs: 'Technology Alone Is Not Enough,'" *The New Yorker*, October 7, 2011, http://www.newyorker.com/news/news-desk/steve-jobs-technology-alone-is-not-enough.

(12) Erik Brynjolfsson and Andrew McAfee, *The Second Machine Age: Work, Progress, and Prosperity in a Time of Brilliant Technologies* (New York: W. W. Norton, 2014).（邦訳『ザ・セカンド・マシン・エイジ』村井章子訳、日経BP社、2015年）

(13) Steve Kolowich, "How to Train Your Draconian," Inside Higher Ed, March 1, 2011,https://www.insidehighered.com/news/2011/03/01/gates_tells_governors_they_might_determine_public_university_program_funding_based_on_job_creation.

(14) Vivek Wadhwa, "Engineering vs. Liberal Arts: Who's Right-Bill or Steve?," TechCrunch, March 21, 2011, https://techcrunch.com/2011/03/21/engineering-vs-liberal-arts-who's-right-bill-or-steve/

(15) Vinod Khosla, "Is Majoring in Liberal Arts a Mistake for Students?," *Medium* (blog), February 10, 2016, https://medium.com/@vkhosla/is-majoring-in-liberal-arts-a-mistake-for-students-fd9d20c8532e#.85j9edu5q.

(16) Jay Yarow, "Marc Andreessen at the DealBook Conference," Business Insider, December 12, 2012, http://www.businessinsider.com/marc-andreessen-at-the-dealbook-conference-2012-12.

(17) Dana Remus and Frank S. Levy, "Can Robots Be Lawyers? Computers, Lawyers, and the Practice of Law," *SSRN Electronic Journal*, December 30, 2015, doi:10.2139/ssrn.2701092.

(18) Etelka Lehoczky, "This Startup Trains African Programmers for the Best Software Developer Jobs in the World," Inc.com, March 2016, http://www.inc.com/magazine/201603/etelka-lehoczky/andela-training-african-programmers-tech-workers.html.

(19) Allie Bidwell, "African Company Pays People to Learn Computer Science," *U.S. News and World Report*, May 14, 2015, http://www.usnews.com/news/stem-solutions/articles/2015/05/14/andela-an-african-company-paying-people-to-learn-computer-science.

(20) Charles Kenny, "Why Factory Jobs Are Shrinking Everywhere," Bloomberg.com, April 28, 2014,http://www.bloomberg.com/news/articles/2014-04-28/why-factory-jobs-are-shrinking-everywhere.

(21) Klint Finley, "Estonia Reprograms First Graders as Web Coders," *Wired*, September 4, 2012, https://www.wired .com/2012/09/estonia-reprograms-first-graders-as-web-coders/.

(22) Charlotte Blease, "Philosophy Can Teach Children What Google Can't?—and Ireland Knows It," *Guardian*, January 9, 2017, https://www.theguardian.com/commentisfree/2017/jan/09/philosophy-teach-children-schools-ireland.

(23) Scott Hartley, "Startups for Retirees, Not Just Drop-Outs," *Medium* (blog), August 5, 2014, https://medium.com/@scotthartley/startups-for-retirees-not-just-drop-outs-6ee007b6584f#.ddnmb3iuv.

(24) Fareed Zakaria, *In Defense of a Liberal Education* (New York: W. W. Norton, 2015).

(25) Stanford University, "Steve Jobs' 2005 Stanford Commencement Address."

(26) Christina Farr, "Zuckerberg Admits: If I Wasn't the CEO of Facebook, I'd Be at Microsoft," VentureBeat, October 20, 2012, http://venturebeat.com/2012/10/20/zuck-startup-school/.

(27) Nicholas Kristof, "Starving for Wisdom," *New York Times*, April 16, 2015, http://www.nytimes.com/2015/04/16/opinion/nicholas-kristof-starving-for-wisdom.html.

(28) John O'Connor, "Explaining Florida Gov. Rick Scott's War on Anthropology (And Why Anthropologists May Win)," StateImpact NPR, October 20, 2011, https://stateimpact.npr.org/florida/2011/10/20/explaining-florida-gov-scott-war-on-anthropology-why-anthropologists-win/.

(29) Brett Berk, "How Nissan's Using Anthropology to Make Autonomous Cars Safe," The Drive, November 24, 2015, http://www.thedrive.com/tech/999/how-nissans-using-anthropology-to-make-autonomous-

cars-safe.

(30) Danny Yadron and Dan Tynan, "Tesla Driver Dies in First Fatal Crash While Using Autopilot Mode," *Guardian*, June 30, 2016, https://www.theguardian.com/technology/2016/jun/30/tesla-autopilot-death-self-driving-car-elon-musk.

(31) Mahita Gajanan, "Tesla Driver May Have Been Watching *Harry Potter* Before Fatal Crash," *Vanity Fair*—Hive, July 2, 2016, http://www.vanityfair.com/news/2016/07/tesla-driver-may-have-been-watching-harry-potter-before-fatal-crash.

(32) Anjana Ahuja, "Hail the Algorithms That Decode Human Gestures," *Financial Times*, September 6, 2016, https://www.ft.com/content/6b23399a-743c-11e6-bf48-b372cdb1043a.

(33) Andy Sharman, "Driverless Cars Pose Worrying Questions of Life and Death," *Financial Times*, January 20, 2016, https://www.ft.com/content/b1894960-a25a-11e5-8d70-42b68cfae6e4.

(34) J.-F. Bonnefon, A. Shariff, and I. Rahwan, "The Social Dilemma of Autonomous Vehicles," *Science* 352, no. 6293 (2016): 1573-76, doi:10.1126/science.aaf2654.

(35) J. D. Greene, "Our Driverless Dilemma," Science 352, no. 6293 (2016): 1514-15, doi:10.1126/science.aaf9534. (2016年8月にアクセス)

(36) "Elliot Katz—Overview, People," DLA Piper Global Law Firm, https://www.dlapiper.com/en/us/people/k/katz-elliot/.

(37) Fiona Ng, "Tinder Has an In-House Sociologist and Her Job Is to Figure Out What You Want," *Los Angeles Magazine*, May 25, 2016, http://www.lamag.com/longform/tinder-sociologist/.

(38) Nathan Jurgenson, "Digital Dualism Versus Augmented Reality," *Society Pages*, February 24, 2011, https://thesocietypages.org/cyborgology/2011/02/24/digital-dualism-versus-augmented-reality/.

(39) Jordan Novet, "Snapchat Is Starting Real Life, an Online Magazine About Technology," Venture-Beat, June 16, 2016, http://venturebeat.com/2016/06/16/snapchat-is-starting-real-life-an-online-magazine-about-technology/.

(40) Anders, "That 'Useless' Liberal Arts Degree."

(41) Khosla, "Is Majoring in Liberal Arts a Mistake?"

(42) Charles McGrath, "What Every Student Should Know," *New York Times*, January 8, 2006, http://www.nytimes .com/2006/01/08/education/edlife/what-every-student-should-know.html.

(43) Linsey Fryatt, "Zach Sims from Codecademy—the 22-Year-Old CEO," *HEUREKA*, January 22, 2013, http://theheureka.com/zach-sims-codecademy.

(44) Felix Gillette, "Flirty Frat App Goes Philosophical: Snapchat Has Its Own Sociologist," Bloomberg.com, October 03, 2013, https://www.bloomberg.com/news/articles/2013-10-03/flirty-frat-app-goes-philosophical-snapchat-has-its-own-sociologist.

(45) Elizabeth Segran, "Why Top Tech CEOs Want Employees with Liberal Arts Degrees," *Fast Company*, August 28, 2014,http://www.fastcompany.com/3034947/the-future-of-work/why-top-tech-ceos-want-employees-with-liberal-arts-degrees?utm_campaign=home.

(46) S. Georgia Nugent, "The Liberal Arts in Action: Past, Present, and Future," The Council of Independent Colleges, August 2015, http://www.cic.edu/meetings-and-events/Other-Events/Liberal-Arts-

Symposium/Documents/Symposium-Essay.pdf, 28.
(47) Anders, "That 'Useless' Liberal Arts Degree."
(48) Hart Research Associates, "It Takes More Than a Major: Employer Priorities for College Learning and Student Success," *Liberal Education* 99, no. 2 (Spring 2013), https://www.aacu.org/publications-research/periodicals/it-takes-more-major-employer-priorities-college-learning-and.
(49) Alice Ma, "You Don't Need to Know How to Code to Make It in Silicon Valley," Official LinkedIn Blog, August 25, 2015, https://blog.linkedin.com/2015/08/25/you-dont-need-to-know-how-to-code-to-make-it-in-silicon-valley.
(50) Peter A. Thiel and Blake Masters, *Zero to One: Notes on Startups, or How to Build the Future* (New York: Crown Business, 2014).（邦訳：ピーター・ティール、ブレイク・マスターズ著『ゼロ・トゥ・ワン 君はゼロから何を生み出せるか』関美和訳、NHK 出版、2014 年）「何らかの社会変革」: Sam Altman and Mark Zuckerberg, "Mark Zuckerberg: How to Build the Future," YouTube video, August 16, 2016, https://www.youtube.com/watch?v=Lb4IcGF5iTQ.
(51) Michael E. Porter and James E. Heppelmann, "How Smart, Connected Products Are Transforming Companies," *Harvard Business Review*, October 2015, https://hbr.org/2015/10/how-smart-connected-products-are-transforming-companies.

第 2 章　ビッグデータに人間的要素を加える

(1) Erica S. Downs, "Business and Politics in the South China Sea: Explaining HYSY 981's Foray into Disputed Waters," Brookings, June 24, 2014, https://www.brookings .edu/articles/business-and-politics-in-the-south-china-sea-explaining-hysy-981s-foray-into-disputed-waters/.
(2) 著者のアンドレアス・クセナキスへの電話インタビュー（2016 年 5 月 25 日）。
(3) 著者のザック・クーパーへの電子メールによるインタビュー（2016 年 9 月 21 日）。
(4) Shen Dingli, Elizabeth Economy, Richard Haass, Joshua Kurlantzick, Sheila A. Smith, and Simon Tay, "China's Maritime Disputes," A CFR InfoGuide Presentation, 2016, http://www.cfr.org/asia-and-pacific/chinas-maritime-disputes/p31345#!/?cid=otrmarketing_use-china_sea_InfoGuide.
(5) Jane Perlez, "China Building Aircraft Runway in Disputed Spratly Islands," *New York Times*, April 16, 2015, http://www.nytimes.com/2015/04/17/world/asia/china-building-airstrip-in-disputed-spratly-islands-satellite-images-show.html.
(6) Mike Ives, "Vietnam Objects to Chinese Oil Rig in Disputed Waters," *New York Times*, January 20, 2016, http://www.nytimes.com/2016/01/21/world/asia/south-china-sea-vietnam-china.html. *under international law*: "A Freedom of Navigation Primer for the Spratly Islands," Asia Maritime Transparency Initiative (AMTI), 2015, https://amti.csis.org/fonops-primer/.
(7) Andrew S. Erickson, "The Pentagon's 2016 China Military Report: What You Need to Know," *National Interest*, May 14, 2016, http://nationalinterest.org/feature/the-pentagons-2016-china-military-report-what-you-need-know-16209.
(8) Alexander Neill, "The Submarines and Rivalries Underneath the South China Sea," BBC News, July 11, 2016, http://www.bbc.com/news/world-asia-36574590.

(9) David Pilling, "US v China: Is This the New Cold War?," *Financial Times*, June 10, 2015, https://www.ft.com/content/a301aa60-0dcf-11e5-aa7b-00144feabdc0.

(10) Ernest Z. Bower and Gregory B. Poling, "China- Vietnam Tensions High over Drilling Rig in Disputed Waters," Center for Strategic and International Studies, May 7, 2014, https://www.csis.org/analysis/china-vietnam-tensions-high-over-drilling-rig-disputed-waters.

(11) 著者のザック・クーパーへの電子メールによるインタビュー（2016年9月21日）。

(12) "Andreas Xenachis," Truman National Security Project, 2016, http://trumanproject.org/home/team-view/andreas-xenachis/.

(13) Tim Harford, "How to See into the Future," *Financial Times*, September 5, 2014, https://www.ft.com/content/3950604a -33bc-11e4-ba62-00144feabdc0.

(14) "Aggregative Contingent Estimation (ACE)," Office of the Director of National Intelligence (IARPA), https://www.iarpa .gov/index.php/research-programs/ace.

(15) Stephen J. Dubner and Philip Tetlock, "How to Be Less Terrible at Predicting the Future," *Freakonomics* (podcast), January 14, 2016, http://freakonomics.com/podcast/how-to-be-less-terrible-at-predicting-the-future-a-new-freakonomics-radio-podcast/.

(16) "The Good Judgment Project,"*CHIPS*, January-March 2015, http://www.doncio.navy.mil/CHIPS/ArticleDetails.aspx?ID=5976.

(17) "SOF Truths," U.S. Army Special Operations Command, http://www.soc.mil/USASOCHQ/SOFTruths.html.

(18) Cass R. Sunstein, "Prophets, Psychics and Phools: The Year in Behavioral Science," Bloomberg.com, December 14, 2015, https://www.bloomberg.com/view/articles/2015-12-14/prophets-psychics-and-phools-the-year-in-behavioral-science.

(19) David Brooks, "Forecasting Fox," *New York Times*, March 21, 2013, http://www.nytimes.com/2013/03/22/opinion/brooks-forecasting-fox.html.

(20) Ibid.

(21) Philip E. Tetlock and Paul J. H. Shoemaker,"Superforecasting: How to Upgrade Your Company's Judgment," *Harvard Business Review*, May 2016, https://hbr.org/2016/05/superforecasting-how-to-upgrade-your-companys-judgment.

(22) Michelle Eckert, "Help Wharton Forecast the Future of Electric Vehicles," Mack Institute for Innovation Management, April 21, 2016, https://mackinstitute.wharton.upenn.edu/2016/electric-vehicles-forecasting-challenge/.

(23) Chris Anderson, "The End of Theory: The Data Deluge Makes the Scientific Method Obsolete," *Wired*, June 23, 2008, http://www.wired.com/2008/06/pb-theory/.

(24) Luciano Floridi, *The Fourth Revolution: How the Infosphere Is Reshaping Human Reality* (Oxford: Oxford University Press, 2014), 129-130.（邦訳：ルチアーノ・フロリディ著『第四の革命――情報圏（インフォスフィア）が現実をつくりかえる』春木良且、犬束敦史監訳、先端社会科学技術研究所訳、新曜社、2017年）

(25) Gary Marcus and Ernest Davis, "Eight (No, Nine!) Problems with Big Data," *New York Times*, April 6,

2014, http://www.nytimes.com/2014/04/07/opinion/eight-no-nine-problems-with-big-data.html.
(26) Dan Charles, "Should Farmers Give John Deere and Monsanto Their Data?," NPR, January 22, 2014, http://www.npr.org/sections/thesalt/2014/01/21/264577744/should-farmers-give-john-deere-and-monsanto-their-data.
(27) Anderson, "The End of Theory."
(28) Jeremy Bernstein, "A.I.," *The New Yorker*, December 14, 1981, http://www.newyorker.com/magazine/1981/12/14/a-i. *today's technology*: M. Mitchell Waldrop, "Computing's Johnny Appleseed," *MIT Technology Review*, January 1, 2000, https://www.technologyreview.com/s/400633/computings-johnny-appleseed/.
(29) 著者のアンソニー・ゴールドブルームへの電話インタビュー（2016年4月4日）。
(30) Tomio Geron, "GE Uses Crowdsourcing to Solve Air Travel Delays and Healthcare," *Forbes*, November 29, 2012, http://www.forbes.com/sites/tomiogeron/2012/11/29/ge-launches-crowdsourcing-quests-to-solve-air-travel-delays-and-healthcare/#14cd4dfe87b2.
(31) "Now There's an App for That," *Economist*, September 19, 2015, http://www.economist.com/news/science-and-technology/21664943-computers-can-recognise-complication-diabetes-can-lead-blindness-now.
(32) The Hewlett Foundation, "Hewlett Foundation Sponsors Prize to Improve Automated Scoring of Student Essays: Prize to Drive Better Tests, Deeper Learning," news release, January 9, 2012, http://www.hewlett.org/newsroom/press-release/hewlett-foundation-sponsors-prize-improve-automated-scoring-student-essays.
(33) "Hewlett Foundation Awards $100K to Winners of Short Answer Scoring Competition," Getting Smart, October 4, 2012, http://gettingsmart.com/2012/10/the-hewlett-foundation-announces-asap-competition-winners-automated-essay-scoring/.
(34) Sarah Buhr, "Palantir Has Raised $880 Million at a $20 Billion Valuation," TechCrunch, December 23, 2015, https://techcrunch.com/2015/12/23/palantir-has-raised-880-million-at-a-20-billion-valuation/.
(35) Andrea Peterson, "Can You Really Use Anti-Terrorist Technology to Choose Better Wine?," *Washington Post*, September 13, 2013, https://www.washingtonpost.com/news/the-switch/wp/2013/09/03/can-you-really-use-anti-terrorist-technology-to-choose-better-wine/.
(36) Hannah Lang, "Palantir Wins $222M Contract to Provide Software Licenses to SOCOM," Washington Technology, May 26, 2016, https://washingtontechnology.com/articles/2016/05/26/palantir-socom.aspx.
(37) Shyam Sankar, "The Rise of Human-Computer Cooperation," speech, TEDGlobal 2012, Glasgow, Scotland, June 2012, https://www.ted.com/talks/shyam_sankar_the_rise_of_human_computer_cooperation.
(38) Megan Smith, D. J. Patil, and Cecilia Munoz, "Big Risks, Big Opportunities: The Intersection of Big Data and Civil Rights," *White House Blog*, May 4, 2016, https://www.whitehouse.gov/blog/2016/05/04/big-risks-big-opportunities-intersection-big-data-and-civil-rights.distorted by many factors: "Predictive Policing," interview with Kristian Lum, *Data Skeptic* (podcast), June 24, 2016, http://dataskeptic.com/epnotes/predictive-policing.php.
(39) Bureau of Justice Statistics, "Nearly 3.4 Million Violent Crimes per Year Went Unreported to Police

from 2006 to 2010," news release, August 9, 2012, http://www.bjs.gov/content/pub/press/vnrp0610pr.cfm.

(40) "Predictive Policing," interview with Kristian Lum; "Policing," Human Rights Data Analysis Group, https://hrdag.org/policing/. 次の文章も参照のこと：「クリスチャン（・ルム）とウィリアム・アイザックは予測警備において先入観《バイアス》がどう働くかを示す統計モデルを協力してつくり上げた。2人が再び採用したのは、この技術《テクノロジー》を警察に販売して人気を博している業者のアルゴリズムだ。分析によると、この予測モデルは既に警察が入手している犯罪データベースに基づいているため、現在の警備体制をいかに強化しているかがよくわかる……ウィリアム（・アイザック）が最近スタンフォード法律シンポジウムで述べたように、予測警備を用いることで、我々は犯罪のパターンではなく、警察の記録のパターンを読み取ることができる。そして、パトリック（・ボール）は、データ社会研究所で最近行った講演で、テクノロジーと大量のサンプルは、選択バイアスを縮小せず、逆に増幅させる傾向がある、と指摘した」。

(41) Kristian Lum and William Isaac, "To Predict and Serve?," *Significance* 13, no. 5 (2016): 14–19, doi:10.1111/j.1740-9713.2016.00960.x.

(42) Ibid.

(43) *The War on Marijuana in Black and White*, report, American Civil Liberties Union (ACLU), June 2013, https://www.aclu.org/files/assets/aclu-thewaronmarijuana-rel2.pdf.

(44) Smith, Patil, and Muñoz, "Big Risks, Big Opportunities.

(45) Vivian Ho, "Seeking a Better Bail System, SF Turns to Computer Algorithm," *San Francisco Chronicle*, August 1, 2016, http://www.sfchronicle.com/crime/article/Seeking-a-better-bail-system-SF-turns-to-8899654.php.

(46) Om Malik, "Uber, Data Darwinism and the Future of Work," Gigaom, March 17, 2013, https://gigaom.com/2013/03/17/uber-data-darwinism-and-the-future-of-work/.

(47) Cathy O'Neil, *Weapons of Math Destruction* (New York: Allen Lane, 2016).(邦訳キャシー・オニール著『あなたを支配し、社会を破壊する、AI・ビッグデータの罠』久保尚子訳、インターシフト、2018年)。

(48) Cathy O'Neil, "Weapons of Math Destruction," YouTube video, speech, Personal Democracy Forum, New York, June 7, 2015, https://www.youtube.com/watch?v=gdCJYsKlX_Y.

(49) "Predictive Models on Random Data," interview, *Data Skeptic* (podcast)、July 22, 2016, http://dataskeptic.com/epnotes/predictive-models-on-random-data.php.

(50) Claudia Perlich, "All the Data and Still Not Enough," YouTube video, lecture, Data Skeptics, New York, March 18, 2015, https://www.youtube.com/watch?v=dSOrc5kWGe8.

(51) Claudia Perlich, Prem Melville, Yan Liu, Grzegorz Swirszcz, Richard Lawrence, and Saharon Rosset, *Winner's Report: KDD CUP Breast Cancer Identification*, report, 2008, http://www.prem-melville.com/publications/cup-kdd08.pdf.

(52) O'Neil, *Weapons of Math Destruction* (『あなたを支配し、社会を破壊する、AI・ビッグデータの罠』)、218.

(53) Jeff Chu, "Most Creative People 2013: 99-100.Hilary Mason, Leslie Bradshaw," *Fast Company*, May 13, 2013, http://www.fastcompany.com/3009220/most-creative-people-2013/99-100-hilary-mason-leslie-bradshaw.

(54) Leslie Bradshaw, Beyond Data Science: Advancing Data Literacy," *Medium* (blog), December 17, 2014, https://medium.com/the-many/moving-from-data-science-to-data-literacy-a2f181ba4167# .bwiz7hc1g.

(55) Jeremy W. Peters, "The Birth of 'Just Do It' and Other Magic Words," *New York Times*, August 19, 2009, http://www.nytimes .com/2009/08/20/business/media/20adco.html?_r=0.

(56) Bradshaw, "Beyond Data Science."

(57) National Association of Colleges and Employers (NACE), "Employers Seek for Evidence of Leadership, Teamwork Skills on Resumes," news release, November 6, 2015, http://www.naceweb.org/about-us/press/employers-seek-leadership-teamwork-skills.aspx.

(58) Hazel Sheffield, "Google Spends Years Figuring Out That the Secret to a Good Working Environment Is Just to Be Nice," *Independent*, March 7, 2016, http://www.independent.co.uk/news/business/news/google-workplace-wellbeing-perks-benefits-human-behavioural-psychology-safety-a6917296.html.

(59) A. W. Woolley, C. F. Chabris, A. Pentland, N. Hashmi, and T. W. Malone, "Evidence for a Collective Intelligence Factor in the Performance of Human Groups," Science 330, no. 6004 (2010): 686-88, doi:10.1126/science.1193147.

(60) Charles Duhigg, "What Google Learned from Its Quest to Build the Perfect Team," *New York Times*, February 25, 2016, http://www.nytimes.com/2016/02/28/magazine/what-google-learned-from-its-quest-to-build-the-perfect-team.html.

(61) David J. Deming, "The Growing Importance of Social Skills in the Labor Market," working paper, Graduate School of Education, Harvard University and NBER, August 2015, http://scholar.harvard.edu/files/ddeming/files/deming_socialskills_august2015.pdf.

第３章　技術ツールの民主化

(1) Tim Fernholz, "SpaceX Just Made Rocket Launches Affordable.Here's How It Could Make Them Downright Cheap," *Quartz*, December 4, 2013, http://qz.com/153969/spacex-just-made-rocket-launches-affordable-heres-how-it-could-make-them-downright-cheap/.

(2) G. W. Bowersock, "Marcus Vipsanius Agrippa," *Encyclopedia Britannica Online*, https://www.britannica.com/biography/Marcus-Vipsanius-Agrippa.

(3) Robert Vamosi, "Big Data Is Stopping Maritime Pirates ... from Space," Forbes, November 11, 2014, http://www.forbes.com/sites/robertvamosi/2014/11/11/big-data-is-stopping-maritime-pirates-from-space/#58993f1265fa.

(4) David E. Sanger and Martin Fackler, "N.S.A.Breached North Korean Networks Before Sony Attack, Officials Say," *New York Times*, January 18, 2015, http://www.nytimes.com/2015/01/19/world/asia/nsa-tapped-into-north-korean-networks-before-sony-attack-officials-say.html.

(5) Associated Press, "US Blacklists Singapore Shipping Firm over North Korean Weapons Smuggling," *Guardian*, July 23, 2015, https://www.theguardian.com/world/2015/jul/24/us-blacklists-singapore-shipping-firm-over-north-korean-weapons-smuggling.

(6) Claudia Rosett, "North Korean Ship Tests the Waters Near America's Shores," *Forbes*, July 13, 2014, http://www.forbes.com/sites/claudiarosett/2014/07/13/north-korean-ship-tests-the-waters-near-

americas-shores/#6ee2923e492a.

(7) Automatic Identification System, § 33 CFR 401.20.1980年以降に有効な海事条約「海上における人命の安全のための国際条約」(SOLAS) に関しては、国際海事機関 (http://www.imo.org/en/OurWork/safety/navigation/pages/ais.aspx) も参照のこと。

(8) Scott A. Snyder, "Behind the *Chong Chon Gang* Affair: North Korea's Shadowy Arms Trade," Council on Foreign Relations, March 19, 2014, http://blogs.cfr.org/asia/2014/03/19/behind-the-chong-chon-gang-affair-north-koreas-shadowy-arms-trade/; "Vessel Details for: CHONG CHON GANG (General Cargo) —IMO 7937317, MMSI 445114000, Call Sign HMZF Registered in DPR Korea | AIS Marine Traffic," MarineTraffic.com, August 29, 2016, http://www.marinetraffic.com/ro/ais/details/ships/445114000.

(9) Sheena Chestnut, "Illicit Activity and Proliferation: North Korean Smuggling Networks," *International Security* 32, no. 1 (2007): 80–111, doi:10.1162/isec.2007.32.1.80.

(10) Anna Fifield, "We Scrutinized North Korean 'Viagra'—and Discovered It Might Actually Work," *Washington Post*, August 10, 2016, https://www.washingtonpost.com/world/asia_pacific/we-scrutinized-north-korean-viagra--and-discovered-it-might-actually-work/2016/08/10/ca181d0c-58d6-11e6-8b48-0cb344221131_story.html.

(11) Tom Burgis, "North Korea: The Secrets of Office 39," *Financial Times*, June 24, 2015, https://www.ft.com/content/4164dfe6-09d5-11e5-b6bd-00144feabdc0.

(12) "Commission Implementing Regulation (EU) 2015/1062," EUR-Lex Access to European Union Law, July 2, 2015, http://eur-lex.europa.eu/legal-content/EN/TXT/?uri=CELEX:32015R1062; U.S. Department of the Treasury, "Treasury Sanctions DPRK Shipping Companies Involved in Illicit Arms Transfers," news release, July 30, 2014, https://www.treasury.gov/press-center/press-releases/Pages/jl2594.aspx.

(13) Oren Dorell, "North Korea Ship Held in Panama Has a Colorful Past," *USA Today*, July 18, 2013, http://www.usatoday.com/story/news/world/2013/07/17/n-korea-ship-checkered-history/2524479/.

(14) Jeffrey Mankoff, and Andrew Bowen, "Putin Doesn't Care if Assad Wins.It's About Russian Power Projection," *Foreign Policy*, September 22, 2015, http://foreignpolicy.com/2015/09/22/putin-russia-syria-assad-iran-islamic-state/.

(15) Edward Delman, "The Link Between Putin's Military Campaigns in Syria and Ukraine," *Atlantic*, October 2, 2015, http://www.theatlantic.com/international/archive/2015/10/navy-base-syria-crimea-putin/408694/; Adam Taylor, "The Syrian War's Death Toll Is Absolutely Staggering.But No One Can Agree on the Number," *Washington Post*, March 15, 2016, https://www.washingtonpost.com/news/worldviews/wp/2016/03/15/the-syrian-wars-death-toll-is-absolutely-staggering-but-no-one-can-agree-on-the-number/.

(16) Dorell, "North Korea Ship Held in Panama."

(17) Rick Gladstone and David E. Sanger, "Panama Seizes Korean Ship, and Sugar-Coated Arms Parts," *New York Times*, July 16, 2013, http://www.nytimes.com/2013/07/17/world/americas/panama-seizes-north-korea-flagged-ship-for-weapons.html.

(18) Juan O. Tamayo."N. Korean Freighter Runs Aground off Mexico After Stop in Havana," *Miami Herald*, July 15, 2014, http://www.miamiherald.com/news/nation-world/world/americas/article1975612 .html.

(19) "Spire Sense," Spire Sense, August 29, 2016, https://spire.com/products/sense/.

(20) Steve Mollman, "Indonesia Has a New Weapon Against Illegal Fishing: Nano-satellites," *Quartz*, April 28, 2016, http://qz.com/672122/indonesia-has-a-new-weapon-against-illegal-fishing-nano-satellites/.

(21) Connie Loizos, "Spire, Maker of Radio-Size Satellites, Tunes Into $40 Million in New Funding," TechCrunch, June 30, 2015, https://techcrunch.com/2015/06/30/spire-maker-of-bottle-size-satellites-tunes-into-40-million-in-new-funding/.

(22) Peter B. de Selding, "The World According to Spire's CEO," SpaceNews.com, July 15, 2015, http://spacenews.com/the-world-according-to-platzer/.

(23) Peter B. de Selding, "Spire Global Aims to Orbit 25 Smallsats in 2015," SpaceNews.com, March 17, 2015, http://spacenews.com/spire-global-aims-to-orbit-25-smallsats-in-2015/. *lower than in the year 2000:* Marc Andreessen, "Why Software Is Eating the World," *Wall Street Journal*, August 20, 2011, http://www.wsj.com /articles/SB10001424053111903480904576512250915629460. 次の文章も参照のこと：「2000年、私のパートナー、ベン・ホロヴィッツが最初のクラウド・コンピューター企業であるラウドクラウド（Loudcloud）のCEOだった時、基本的なインターネット用アプリケーションを運用する顧客側の費用は、1カ月当たり15万ドルだった。今日、アマゾンのクラウドで同じアプリケーションを使うランニングコストは1カ月当たり1500ドルだ」。

(24) Corrie Driebusch, "Twilio Raises More Than Expected in IPO," *Wall Street Journal*, June 22, 2016, http://www.wsj.com/articles/twilio-ipo-tests-markets-appetite-for-tech-companies-1466606076.

(25) Sajith Pai, "If API Technology Is Good Enough for Uber, It's Good Enough for Your Media Company," *Tech Trends* (blog), International News Media Association (INMA), September 16, 2015, http://www.inma.org/blogs/tech-trends/post.cfm/if-api-technology-is-good-enough-for-uber-it-s-good-enough-for-your-media-company.

(26) Peter Yared, "The Rise and Fall of the Full Stack Developer," TechCrunch, November 8, 2014, https://techcrunch.com/2014/11/08/the-rise-and-fall-of-the-full-stack-developer/.

(27) George A. Miller, "The Magical Number Seven, Plus or Minus Two: Some Limits on Our Capacity for Processing Information," *Psychological Review* 63, no. 2 (1956): 81–97, doi:10.1037/h0043158; Pedro Domingos, *The Master Algorithm: How the Quest for the Ultimate Learning Machine Will Remake Our World* (New York: Basic Books, 2015). 225ページの「チャンキング」の部分を参照のこと。

(28) Scott Hartley, "Rise of the Global Entrepreneurial Class," *Forbes*, March 25, 2012, http://www.forbes.com/sites/scotthartley/2012/03/25/conspicuous_creation/#4e5e4cd66683.

(29) Mike Gualtieri, Rowan Curran, Holger Kisker, and Sophia Christakis, *The Forrester Wave: Big Data Predictive Analytics Solutions, Q2 2015,* report, Forrester, April 1, 2015, https://www.forrester.com/report/The Forrester Wave Big Data Predictive Analytics Solutions Q2 2015/-/E-RES115697.

(30) Romain Dillet, "Adobe Acquired Portfolio Service Behance for More Than $150 Million in Cash and Stock," Tech Crunch, December 21, 2012, https://techcrunch.com/2012/12/21/adobe-acquired-portfolio-service-behance-for-more-than-150-million-in-cash-and-stock/.

(31) Scott Belsky, interview by Ryan Essmaker and Tina Essmaker, *Great Discontent*, July 30, 2013, http://thegreatdiscontent.com/interview/scott-belsky.

(32) Carey Dunne, "Behance Cofounder Matias Corea on How He Built a Thriving Hub for Creatives," Co. Design, March 25, 2015, http://www.fastcodesign.com/3044210/behance-cofounder-matias-corea-on-how-he-built-a-thriving-hub-for-creatives.

(33) Anna Escher, "UpLabs Thinks Designers and Developers Should Hang Out More," TechCrunch, March 7, 2016, https://techcrunch.com/2016/03/07/uplabs-thinks-designers-and-developers-should-hang-out-more/

(34) Sarah Kessler, "Shapeways's New 3-D-Printing Factory Brings Manufacturing Jobs into the Tech Scene," *Fast Company*, October 24, 2012, https://www.fastcompany.com/3002303/shapewayss-new-3-d-printing-factory-brings-manufacturing-jobs-tech-scene.

(35) Daniel Cohen, Matthew Sargeant, and Ken Somers, "3-D Printing Takes Shape," *McKinsey Quarterly*, January 2014, http://www.mckinsey.com/business-functions/operations/our-insights/3-d -printing-takes-shape.

(36) Patrick Sisson, "Rent Your Own Assembly Line from a New Manufacturing Startup," Curbed, September 29, 2015, http://www.curbed.com/2015/9/29/9916234/make-time-distributed-manufacturing-machine-design.

(37) Zoe Romano, "A DIY Seizure Alarm Based on Arduino Micro," *Arduino Blog*, August 11, 2015, https://blog.arduino.cc/2015/08/11/a-diy-seizure-alarm-based-on-arduino-micro/.

(38) Chad Hebert, "Arduino Seizure Alarm," *Chad Hebert: Writer, Editor, Designer, Dad* (blog), June 7, 2015, http://hebertchad34.wixsite.com/chad-hebert/single-post/2015/06/07/Arduino-Seizure-Alarm.

(39) Sisson, "Rent Your Own Assembly Line."

(40) Eric Ries, "How DropBox Started as a Minimal Viable Product," TechCrunch, October 19, 2011, https://techcrunch.com/2011/10/19/dropbox-minimal-viable-product/.

(41) Anthony Ha, "NanoSatisfi Raises $1.2M to Disrupt the Aerospace Industry with Small, Affordable Satellites," TechCrunch, February 7, 2013, https://techcrunch.com/2013/02/07/nanosatisfi-funding/.

(42) Eric Ries, The Lean Startup: *How Today's Entrepreneurs Use Continuous Innovation to Create Radically Successful Businesses* (New York: Crown Business, 2011).（邦訳：『リーン・スタートアップ　ムダのない起業プロセスでイノベーションを生みだす』井口耕二訳、日経BP社、2012年）。

(43) Mary Meeker, *2016 Internet Trends Report*, report, Kleiner Perkins, June 1, 2016, http://www.kpcb.com/blog/2016 -internet-trends-report.

(44) "Hours of Video Uploaded to YouTube Every Minute as of July 2015," Statista, 2016, http://www.statista.com/statistics/259477/hours-of-video-uploaded-to-youtube-every-minute/.

(45) 著者のプラタップ・レイナードへのインタビュー（2016年8月25日）。

(46) 著者のサム・セルバンテスへの電子メールによるインタビュー（2016年11月15日）。

(47) Frederic Lardinois, "Apple Launches Swift Playgrounds for iPad to Teach Kids to Code," TechCrunch, June 13, 2016, https://techcrunch.com/2016/06/13/apple-launches-swift-playgrounds-for-ipad-to-teach-kids-to-code/.

(48) George Anders, "Yale's Ex-President Heads West to Become CEO of Coursera," *Forbes*, March 24, 2014, http://www.forbes.com/sites/georgeanders/2014/03/24/yales-ex-president-heads-west-to-become-ceo-of-coursera/#6ef8bd897973.

(49) Harry McCracken, "50 Best Websites 2012," *Time*, September 15, 2012, http://techland.time.com/2012/09/18/50-best-websites-2012/slide/codeacademy/.

(50) "Start Learning at Treehouse for Free," Treehouse, 2016, https://teamtreehouse.com/.

(51) "Nathan Bashaw," LinkedIn, November 10, 2016, https://www.linkedin.com/in/nbashaw.

(52) 著者のマシュー・ブライマーへのインタビュー（2016年4月20日）。

(53) 著者のラフール・シドゥへの電話インタビュー（2016年5月24日）。

(54) 著者のマイク・シャーリングへの電話インタビュー（2016年10月26日）。

第4章　我々に仕えるアルゴリズム——我々を従えるのではなく

(1) Ryan Mac, "Stitch Fix: The $250 Million Startup Playing Fashionista Moneyball," *Forbes*, June 1, 2016, http://www.forbes.com/sites/ryanmac/2016/06/01/fashionista-moneyball-stitch-fix-katrina-lake/#58b1b2d72e2e.

(2) Sophia Stuart, "How a Camping Trip Gone Awry Turned into a Personal Shopping Start-Up," *PC Magazine*, February 11, 2016, http://www.pcmag.com/article2/0,2817,2499142,00 .asp.

(3) Heather Wood Rudulph, "Get That Life: How I Founded an Online Personal Shopping Company," *Cosmopolitan*, May 31, 2016, http://www.cosmopolitan.com/career/a59033/katrina-lake-stitch-fix-get-that-life/.

(4) Mac, "Stitch Fix: The $250 Million Startup."

(5) Ibid.

(6) D. J. Das, "At Stitch Fix, Data Scientists and A.I.Become Personal Stylists | CIO," Big Data Cloud, May 13, 2016, http://www.bigdatacloud.com/at-stitch-fix-data-scientists-and-a-i-become-personal-stylists-cio/.

(7) Jay B. Martin, Eric Colson, and Brad Klingenberg, "Feature Selection and Validation for Human Classifiers," 2015, http://www.humancomputation.com/2015/papers/60_Paper.pdf.

(8) Morgan Quinn, "12 Sneaky Ways Amazon Gets You to Pay More," *Time*, June 17, 2016, http://time.com/money/4373046/how-amazon-gets-you-to-pay-more/.

(9) Mary Meeker, *2016 Internet Trends Report*, report, Kleiner Perkins, June 1, 2016, http://www.kpcb.com/blog/2016-internet-trends-report.

(10) Ibid.

(11) Eric Colson, "Combining Machine Learning with Expert Human Judgment," lecture, Data Driven NYC, AXA Headquarters, New York, March 16, 2016.

(12) Meeker, *2016 Internet Trends Report.*

(13) Mac, "Stitch Fix: The $250 Million Startup."

(14) Bill Gurley, "Benchmark Partner Bill Gurley: Too Much Money Is My Biggest Problem," interview by Kara Swisher, Recode, September 12, 2016, http://www.recode.net/2016/9/12/12882780/bill-

gurley-benchmark-bubble-venture-capital-startups-uber.

(15) Jason Del Ray, "Why Sephora's Digital Boss Joined Stitch Fix, the Personal Stylist Startup That's Growing Like Mad," Recode, March 22, 2015, http://www.recode.net/2015/3/22/11560546/why-sephoras-digital-boss-joined-stitch-fix-the-personal-stylist.

(16) Leigh Gallagher and Leena Rao, "40 Under 40—Katrina Lake, 33," *Fortune*, September 22, 2016, http://fortune.com/40-under-40/katrina-lake-29/.

(17) Jon Cifuentes, "Kayak Founder Launches Lola, an iOS Travel App Backed by $20 Million," VentureBeat, May 12, 2012, http://venturebeat.com/2016/05/12/kayak-founder-launches-lola-an-ios-travel-app-backed-by-20-million/.

(18) Paul English and Tracy Kidder, "How Kayak Co-founder Paul English Got Hit by a 'Truck Full of Money,'" interview by Kara Swisher, Recode, November 14, 2016, http://www.recode.net/2016/11/14/13618488/kayak-paul-english-tracy-kidder-truck-money-biography-podcast.

(19) Ibid.

(20) Michael Wilkerson, "This Startup Wants to Use AI to Schedule Your Meetings," Tech.co, November 20, 2014, http://tech.co/startup-wants-use-ai-schedule-meetings-2014-11.

(21) Ellen Huet, "The Humans Hiding Behind the Chatbots," Bloomberg.com, April 18, 2016, http://www.bloomberg.com/news/articles/2016-04-18/the-humans-hiding-behind-the-chatbots.

(22) Jessi Hempel, "Facebook Launches M, Its Bold Answer to Siri and Cortana," *Wired*, August 26, 2015, http://www.wired .com/2015/08/facebook-launches-m-new-kind-virtual-assistant/.

(23) Nick Bilton, "Is Silicon Valley in Another Bubble...and What Could Burst It?," *Vanity Fair*—Hive, September 1, 2015, http://www.vanityfair.com/news/2015/08/is-silicon-valley-in-another-bubble.

(24) Kara Swisher, quoted in Mark Sullivan, "Inside Munchery's Big 'Plaid Box' Meal-Delivery Expansion," *Fast Company*, May 18, 2016, https://www.fastcompany.com/3057351/inside-muncherys-big-plaid-box-meal-delivery-expansion.

(25) "SIGKDD Awards," 2014 SIGKDD Innovation Award: Pedro Domingos, 2014, http://www.kdd.org/awards/view/2014-sigkdd-innovation-award-pedro-domingos.

(26) Pedro Domingos, *The Master Algorithm: How the Quest for the Ultimate Learning Machine Will Remake Our World* (New York: Basic Books, 2015). 同書258ページの "if computers are like idiot savants." を参照のこと。

(27) Alistair Charlton, "Microsoft 'Makes Adjustments' After Tay AI Twitter Account Tweets Racism and Support for Hitler," International Business Times, March 24, 2016, http://www.ibtimes.co.uk/microsoft-makes-adjustments-after-tay-ai-twitter-account-tweets-racism-support-hitler-1551445.

(28) Sarah Perez, "Microsoft Silences Its New A.I.Bot Tay, After Twitter Users Teach It Racism [Updated]," TechCrunch, March 24, 2016, https://techcrunch.com/2016/03/24/microsoft-silences-its-new-a-i-bot-tay-after-twitter-users-teach-it-racism/.

(29) John West, "Microsoft's Disastrous Tay Experiment Shows the Hidden Dangers of AI," *Quartz*, April 2, 2016, http://qz.com/653084/microsofts-disastrous-tay-experiment-shows-the-hidden-dangers-of-ai/.

(30) Leigh Alexander, "The Tech Industry Wants to Use Women's Voices—They Just Won't Listen to

Them," *Guardian*, March 28, 2016, https://www.theguardian.com/technology/2016/mar/28/tay-bot-microsoft-ai-women-siri-her-ex-machina.

(31) Michael Lewis, *Flash Boys: A Wall Street Revolt* (New York: W. W. Norton, 2014).（邦訳：『フラッシュ・ボーイズ　１０億分の１秒の男たち』東江一紀他訳、文藝春秋、2014 年）

(32) Tom Schoenberg, Suzi Ring, and Janan Hanna, "Flash Crash Trader E-Mails Show Spoofing Strategy, U.S. Says," Bloomberg.com, September 3, 2015, http://www.bloomberg.com/news/articles/2015-09-03/flash-crash-trader-sarao-indicted-by-grand-jury-in-chicago-ie4n4s0s.

(33) Ibid.

(34) Steven Bertoni, "Flashboy Brad Katsuyama on the Future of IEX After Winning SEC Approval," *Forbes*, July 1, 2016, http://www.forbes.com/sites/stevenbertoni/2016/07/01/flashboy-brad-katsuyama-on-the-future-of-iex-after-winning-sec-approval/#da2f1214d0c8.

(35) Jon Keegan, "Blue Feed, Red Feed," *Wall Street Journal*, May 16, 2016, http://graphics.wsj.com/blue-feed-red feed/.

(36) Brian Barrett, "Your Facebook Echo Chamber Just Got a Whole Lot Louder," *Wired*, June 29, 2016, http://www.wired .com/2016/06/facebook-embraces-news-feed-echo-chamber/.

(37) Aaron Timms, "Is Donald Trump's Surprise Win a Failure of Big Data? Not Really," *Fortune*, November 14, 2016, http://fortune.com/2016/11/14/donald-trump-big-data-polls/.

(38) Jessica Guynn, "Naomi Gleit Helps Keep Facebook Growing," *Los Angeles Times*, December 22, 2012, http://articles .latimes.com/2012/dec/22/business/la-fi-himi-gleit-20121223.

(39) 著者のソレイオ・クエルボへの電話インタビュー（2016 年 3 月 29 日）。

(40) Elizabeth Dwoskin, "Lending Startups Look at Borrowers' Phone Usage to Assess Creditworthiness," *Wall Street Journal*, November 30, 2015, http://www.wsj.com/articles/lending-startups-look-at-borrowers-phone-usage-to-assess-creditworthiness-1448933308.

(41) Shivani Siroya, "Helping Developing Entrepreneurs Lift Their Communities Out of Poverty," *Huffington Post* (blog), October 19, 2010, http://www.huffingtonpost.com/shivani-siroya/inventure-empowers-develo_b_767994.html.

(42) John Aglionby, "US Fintech Pioneer's Start-Up in Kenya," *Financial Times*, July 5, 2016, https://www.ft.com/content/05e65d04-3c7a-11e6-9f2c-36b487ebd80a.

(43) Dwoskin, "Lending Startups Look at Borrowers' Phone Usage."

(44) Aglionby, "US Fintech Pioneer's Start-Up."

(45) David Lidsky, "Most Innovative Companies 2015: Inventure," *Fast Company*, February 9, 2015, http://www.fastcompany.com/3039583/most-innovative-companies-2015/inventure.

(46) Dwoskin, "Lending Startups Look at Borrowers' Phone Usage."

(47) "Leveraging Technology Solutions in Credit and Verification," Lenddo, 2016, https://www.lenddo.com/.

(48) Deborah Gage, "Neon Labs Raises $4.1M to Figure Out the Subconscious Appeal of Images," *Venture Capital Dispatch* (blog), *Wall Street Journal*, July 15, 2014, http://blogs.wsj.com/venturecapital/2014/07/15/neon-labs-raises-4-1m-to-figure-out-the-subconscious-appeal-of-images/.

(49) Alexandre N. Tuch, Eva E. Presslaber, Markus Stöcklin, Klaus Opwis, and Javier A. Bargas-Avila, "The

Role of Visual Complexity and Prototypicality Regarding First Impression of Websites: Working Towards Understanding Aesthetic Judgments," *International Journal of Human-Computer Studies 70*, no. 11 (2012): 794–811, doi:10.1016/j.ijhcs.2012.06.003.

(50) Sophie Lebrecht, Moshe Bar, Lisa Feldman Barrett, and Michael J. Tarr, "Micro-Valences: Perceiving Affective Valence in Everyday Objects," *Frontiers in Psychology 3* (2012), doi:10.3389/fpsyg.2012.00107.

(51) Lauren Schwartzberg, "Most Creative People 2015: Sophie Lebrecht," *Fast Company*, May 11, 2015, https://www.fastcompany.com/3043930/most-creative-people-2015/sophie-lebrecht.

(52) "NBCUniversal to Provide Record 6,755 Hours from Rio Olympics," NBC Olympics, June 28, 2016, http://www.nbcolympics.com/news/nbcuniversal-provide-record-6755-hours-rio-olympics.

(53) David Pierce, "Inside the Daunting Job of a Super Bowl Photographer," The Verge, February 3, 2013, http://www.theverge.com/2013/2/3/3947574/inside-the-daunting-job-of-a-super-bowl-photographer; Richard Deitsch, "Inside NBC's Production Truck for Super Bowl XLIX's Wild Finish," *Sports Illustrated*, February 2, 2015, http://www.si.com/nfl/2015/02/02/super-bowl-xlix-broadcast-nbc-patriots-seahawks.

第５章　テクノロジーの道徳性を高める

(1) Donald A. Norman, *The Psychology of Everyday Things* (New York: Basic Books, 1988)（邦訳：『エモーショナル・デザイン――微笑を誘うモノたちのために』岡本明他訳、新曜社、2004 年）同じ著者の次の書籍も参照のこと。*The Design of Everyday Things*（邦訳：『誰のためのデザイン？　―認知科学者のデザイン原論』新曜社、1990 年／〔増補・改訂版〕新曜社、2015 年）

(2) Donald A. Norman, *Turn Signals Are the Facial Expressions of Automobiles* (Reading, MA: Addison-Wesley, 1992).（邦訳：『テクノロジー・ウォッチング―ハイテク社会をフィールドワークする』佐伯胖監訳、新曜社、1993 年）

(3) Will Knight, "10 Breakthrough Technologies 2015: Car-to-Car Communication," *MIT Technology Review*, 2015, https://www.technologyreview.com/s/534981/car-to-car-communication/; Ron Miller, "Volvo Brings Cloud to the Car to Transmit Safety Data Automatically," TechCrunch, March 4, 2015, https://techcrunch.com/2015/03/04/volvo-brings-cloud-to-the-car-to-transmit-safety-data-automatically/.

(4) Brett Berk, "How Nissan's Using Anthropology to Make Autonomous Cars Safe," The Drive, November 24, 2015, http://www.thedrive.com/tech/999/how-nissans-using-anthropology-to-make-autonomous-cars-safe.

(5) Jonah Lehrer, "Steve Jobs: 'Technology Alone Is Not Enough,'" *The New Yorker*, October 7, 2011, http://www.newyorker.com/news/news-desk/steve-jobs-technology-alone-is-not-enough.

(6) Mark Zachry, "An Interview with Donald A. Norman," *Technical Communication Quarterly 14*, no. 4 (2005): 469–87, doi:10.1207/s15427625tcq1404_5.

(7) Edward Tenner, *Why Things Bite Back: Technology and the Revenge of Unintended Consequences* (New York: Knopf, 1996).

(8) Maya Kosoff, "The Amazing Life of Stewart Butterfield, the CEO of One of the Fastest-Growing Busi-

ness Apps Ever," Business Insider, September 1, 2015, https://www.businessinsider.com/amazing-life-of-slack-ceo-stewart-butterfield-2015-9

(9) Josh Constine, "Slack's Growth Is Insane, with Daily User Count up 3.5X in a Year," TechCrunch, April 1, 2016, https://techcrunch.com/2016/04/01/rocketship-emoji/.

(10) James Manyika, Michael Chui, and Hugo Sarrazin, "Social Media's Productivity Payoff," *Harvard Business Review*, August 21, 2012, https://hbr.org/2012/08/social-medias-productivity-pay.

(11) "Silicon Valley's Homogeneous 'Rich Douchebags' Won't Win Forever, Says Investor Chamath Palihapitiya," interview, *Recode Decode* (podcast), March 21, 2016, http://www.recode.net/2016/3/21/11587128/silicon-valleys-homogeneous-rich-douchebags-wont-win-forever-says.

(12) Gentry Underwood, "Beyond Ethnography: How the Design of Social Software Obscures Observation and Intervention," lecture, July 8, 2010, https://www.parc.com/event/1134/beyond-ethnography.html.

(13) Don Norman and Bruce Tognazzini, "How Apple Is Giving Design a Bad Name," FastCo Design, November 10, 2015, https://www.fastcodesign.com/3053406/how-apple-is-giving-design-a-bad-name.

(14) Brian X. Chen, "Simplifying the Bull: How Picasso Helps to Teach Apple's Style," *New York Times*, August 10, 2014, http://www.nytimes.com/2014/08/11/technology/-inside-apples-internal-training-program-.html.

(15) Andrew Cohen, "Leading Political Theorist Joshua Cohen Joins Berkeley Law Faculty," Berkeley Law, March 26, 2015, https://www.law.berkeley.edu/article/leading-political-theorist-joshua-cohen-joins-berkeley-law-faculty/.

(16) John Schwenkler, "The Democratic Beauty of Central Park," *Commonweal* (blog), January 3, 2013, https://www.commonwealmagazine.org/blog/democratic-beauty-central-park.

(17) Tristan Harris, "How Better Tech Could Protect Us from Distraction," lecture, June 2014, https://www.ted.com/talks/tristan_harris_how_better_tech_could_protect_us_from_distraction.

(18) Ibid.

(19) "10 New Gurus You Should Know: BJ Fogg,"*Fortune*, November 8, 2008, http://archive.fortune.com/galleries/2008/fortune/0811/gallery.10_new_gurus.fortune/.

(20) B. J. Fogg, "Mass Interpersonal Persuasion: An Early View of a New Phenomenon," *Persuasive Technology Lecture Notes in Computer Science* (2008): 23–34, doi:10.1007/978-3-540-68504-3_3.

(21) Jordan Larson, "The Invisible, Manipulative Power of Persuasive Technology," *Pacific Standard*, May 14, 2014, https://psmag.com/the-invisible-manipulative-power-of-persuasive-technology-df61a9883cc7.

(22) April Joyner, "30 Under 30 2009: Apture—Tristan Harris, Can Sar, and Jesse Young," Inc.com, 2009, http://www.inc.com/30under30/2009/profile_apture.html.

(23) Brad McCarty, "Google Pays $18 Million to Shutter Apture, CloudFlare Clones It in 12 Hours," The Next Web, December 19, 2011, http://thenextweb.com/insider/2011/12/19/google-pays-18-million-to-shutter-apture-cloudflare-clones-it-in-12-hours/; Amir Efrati, "Google Acquisition Binge Continues with Apture, Katango," *Wall Street Journal*, November 10, 2011, http://www.wsj.com/articles/DJFVW00020111110e7bal79xd.

(24) Jo Confino, "Google Seeks Out Wisdom of Zen Master Thich Nhat Hanh," *Guardian*, September 5, 2013,

https://www.theguardian.com/sustainable-business/global-technology-ceos-wisdom-zen-master-thich-nhat-hanh.

(25) Harris, "How Better Tech Could Protect Us."

(26) Tristan Harris, "How Technology Hijacks People's Minds—from a Magician and Google's Design Ethicist," *Medium* (blog), May 18, 2016, https://medium.com/swlh/how-technology-hijacks-peoples-minds-from-a-magician-and-google-s-design-ethicist-56d62ef5edf3.

(27) Tristan Harris, "Distracted? Let's Demand a New Kind of Design," YouTube video, lecture, April 1, 2015, https://www.youtube.com/watch?v=3OhMJh8IKbE.2015年のカンファレンスを見よ。Wisdom 2.0

(28) "Herbert Simon," *Economist*, March 20, 2009, http://www.economist.com/node/13350892. 次も参照のこと。"The Economist Guide to Management Ideas and Gurus."

(29) Harris, "How Technology Hijacks People's Minds."

(30) Tristan Harris, "Is Technology Amplifying Human Potential, or Amusing Ourselves to Death?" *Tristan Harris* (blog), March 6, 2015, http://www.tristanharris.com/2015/03/is-design-for-amplifying-human-potential-or-amusing-ourselves-to-death/.

(31) Thomas L. Friedman, "The Age of Interruption," *New York Times*, July 5, 2006, http://www.nytimes.com/2006/07/05/opinion/05friedman.html.

(32) Linda Stone, "Continuous Partial Attention," *Linda Stone* (blog), https://lindastone.net/qa/continuous-partial-attention/.

(33) Lisa Eadicicco, "Americans Check Their Phones 8 Billion Times a Day," *Time*, December 15, 2015, http://time.com/4147614/smartphone-usage-us-2015/.

(34) Bob Sullivan and Hugh Thompson, "Brain, Interrupted," *New York Times*, May 3, 2013, http://www.nytimes.com/2013/05/05/opinion/sunday/a-focus-on-distraction.html.

(35) Rachel Emma Silverman, "Workplace Distractions: Here's Why You Won't Finish This Article," *Wall Street Journal*, December 11, 2012, http://www.wsj.com/articles/SB10001424127887324339204578173252223022388.

(36) 著者のグロリア・マークへの電話インタビュー (2016年4月6日)。

(37) Gloria Mark, Shamsi T. Iqbal, Mary Czerwinski, Paul Johns, Akane Sano, and Yuliya Lutchyn, "Email Duration, Batching and Self-interruption," *Proceedings of the 2016 CHI Conference on Human Factors in Computing Systems—CHI '16*, May 7, 2016, doi:10.1145/2858036.2858262.

(38) Kermit Pattison, "Worker, Interrupted: The Cost of Task Switching," *Fast Company*, July 28, 2008, https://www.fastcompany.com/944128/worker-interrupted-cost-task-switching.

(39) Gloria Mark, Daniela Gudith, and Ulrich Klocke, "The Cost of Interrupted Work," *Proceedings of the Twenty-Sixth Annual CHI Conference on Human Factors in Computing Systems—CHI '08*, 2008, doi:10.1145/1357054.1357072.

(40) Nir Eyal, "Want to Hook Your Users? Drive Them Crazy," TechCrunch, March 25, 2012, https://techcrunch.com/2012/03/25/want-to-hook-your-users-drive-them-crazy/.

(41) Natasha Dow Schüll, *Addiction by Design: Machine Gambling in Las Vegas* (Princeton, NJ: Princeton University Press, 2012).

(42) "one-armed bandit," Dictionary.com, http://www.dictionary.com/browse/one-armed-bandit; Christine Ammer, *The American Heritage Dictionary of Idioms* (New York: Houghton Mifflin Harcourt).

(43) Tristan Harris, "Smartphone Addiction: The Slot Machine in Your Pocket," Spiegel Online, July 27, 2016, http://www.spiegel.de/international/zeitgeist/smartphone-addiction-is-part-of-the-design-a-1104237.html.

(44) Harris, "Distracted? Let's Demand a New Kind of Design."

(45) Harris, "How Technology Hijacks People's Minds."

(46) Harris, "Distracted? Let's Demand a New Kind of Design."

(47) Joe Edelman, "Choicemaking and the Interface," *NXHX.org* (blog), 2014, http://nxhx.org/Choicemaking/.

(48) Joe Edelman, "Is Anything Worth Maximizing?," *Medium* (blog), April 12, 2016, https://medium.com/@edelwax/is-anything-worth-maximizing-d11e648eb56f.

(49) Bianca Bosker."The Binge Breaker," *Atlantic*, November 2016, http://www.theatlantic.com/magazine/archive/2016/11/the-binge-breaker/501122/.

(50) Kareem Haggag and Giovanni Paci, "Default Tips," *American Economic Journal: Applied Economics 6*, no. 3 (2014): 1-19, doi:10.1257/app.6.3.1.

(51) Cass Sunstein, "Check Here to Tip Taxi Drivers or Save for 401(k)," Bloomberg.com, April 9, 2013, https://www.bloomberg.com/view/articles/2013-04-09/check-here-to-tip-taxi-drivers-or-save-for-401-k-.

(52) Joe Edelman, "Empowering Design (Ending the Attention Economy, Talk #1)," lecture, 2015,https://vimeo.com/123488311."How Technology Hijacks People's Minds-from a Magician and Google's Design Ethicist." に対するトリスタン・ハリスの解釈も参照のこと。

(53) Norman, *Turn Signals Are the Facial Expressions*. (邦訳：D.A. ノーマン著『テクノロジー・ウォッチング―ハイテク社会をフィールドワークする』佐伯胖監訳、新曜社、1993年)

(54) Daniel S. Venolia and Shinpei Ishikawa, Three Degree of Freedom Graphic Object Controller.US Patent US5313230 A, filed July 24, 1992, and issued May 17, 1994.

(55) Richard H. Thaler and Cass R. Sunstein, *Nudge: Improving Decisions About Health, Wealth, and Happiness* (New Haven, CT: Yale University Press, 2008). (邦訳：ダニエル・カーネマン、キャス・サンスティーン著、『実践 行動経済学』遠藤真美訳、日経BP社、2009年)。

(56) Damon Horowitz, "From Technologist to Philosopher," *Chronicle of Higher Education*, July 17, 2011, http://www.chronicle.com/article/From-Technologist-to/128231/.

(57) Michael Arrington, "Google Acquires Aardvark for $50 Million (Confirmed)," TechCrunch, February 11, 2010, https://techcrunch.com/2010/02/11/google-acquires-aardvark-for-50-million/.

(58) 著者のシーン・ダフィーへのインタビュー (2016年4月11日)。

(59) Christina DesMarais, "How Self-Tracking Can Benefit Business," Inc.com, March 14, 2011, http://www.inc.com/managing/articles/201103/how-self-tracking-can-benefit-business.html.

(60) Diabetes Prevention Program Research Group,"Reduction in the Incidence of Type 2 Diabetes with Lifestyle Intervention or Metformin," *New England Journal of Medicine* 346, no. 6 (2002): 393-403,

doi:10.1056/nejmoa012512.

(61) Ibid.

(62) *The Power of Prevention: Chronic Disease...the Public Health Challenge of the 21st Century*, report, National Center for Chronic Disease Prevention and Health Promotion, Centers for Disease Control (CDC), 2009, http://www.cdc.gov/chronicdisease/pdf/2009-power-of-prevention.pdf.

(63) 著者のシーン・ダフィーへのインタビュー（2016 年 4 月 11 日）。

(64) Steven Johnson, "Recognising the True Potential of Technology to Change Behaviour," *Guardian*, December 13, 2013, https://www.theguardian.com/sustainable-business/behavioural-insights/true-potential-technology-change-behaviour.

(65) Talkspace, 2016, https://www.talkspace.com/.

(66) Teresa Novellino, "Talkspace Raises $9.5M to Let Users Text Their Therapists," *New York Business Journal*, May 13, 2015, http://www.bizjournals.com/newyork/news/2015/05/13/therapy-via-text-startup-raises-9-5-m-series-a.html.

(67) Ibid.

(68) Joseph Rauch, "How Much Does Therapy Cost? (And Why Is It So Expensive?)," *Talkspace* (blog), October 29, 2015, https://www.talkspace.com/blog/2015/10/how-much-does-therapy-cost-and-why-is-it-crazy-expensive/.

(69) Sara Ashley O'Brien, "Frat Brothers Get Free Text Therapy," CNN, September 22, 2016, http://money.cnn.com/2016/09/22/technology/text-therapy-talkspace-ato-fraternity/.

(70) 著者のオーレン・フランクへの電子メールによるインタビュー（2016 年 9 月 26 日）。

(71) Jordyn Taylor, "We Texted a Therapist from an Inflatable Igloo in Madison Square Park Today," *Observer*, November 5, 2014, http://observer.com/2014/11/we-texted-a-therapist-from-an-inflatable-igloo-in-madison-square-park-today/.

(72) Talkspace, "Talkspace #ReflectReality Funhouse Mirror," YouTube (video blog), October 5, 2015, https://www.youtube.com/watch?t=5&v=NsLfu4Sk00U.

(73) Natt Garun, "Talkspace Wants You to Combat Social Media Addiction by Texting a Therapist," The Next Web, September 16, 2015, http://thenextweb.com/apps/2015/09/16/does-this-filter-make-me-look-skinny/#gref.

(74) Norman, *Turn Signals Are the Facial Expressions.*（邦訳：D.A. ノーマン著『テクノロジー・ウォッチング——ハイテク社会をフィールドワークする』佐伯胖監訳、新曜社、1993 年）

第 6 章　「学び方」を高める

(1) Jim Wilson, "Old-School in Silicon Valley,"*New York Times*, October 22, 2011, http://www.nytimes.com/slideshow/2011/10/22/business/20111023-WALDORF-4.html. カリフォルニア州ロスアルトスにあるウォルドルフ・スクールでは 75 %の保護者がハイテク産業との関係が深い事実に注目されたい。

(2) Matt Richtel, "A Silicon Valley School That Doesn't Compute," *New York Times*, October 22, 2011, http://www.nytimes.com/2011/10/23/technology/at-waldorf-school-in-silicon-valley-technology-can-wait.html.

(3) "Waldorf Education: An Introduction," Association of Waldorf Schools of North America—Waldorf Education, https://waldorfeducation.org/waldorf_education.

(4) Claire Cain Miller, "Why What You Learned in Preschool Is Crucial at Work," *New York Times*, October 16, 2015, accessed August 2016, http://www.nytimes.com/2015/10/18/upshot/how-the-modern-workplace-has-become-more-like-preschool.html?_r=0.

(5) David J. Deming, "The Growing Importance of Social Skills in the Labor Market," working paper, Graduate School of Education, Harvard University and NBER, August 2015, http://scholar.harvard.edu/files/ddeming/files/deming_socialskills_august2015 .pdf.

(6) Valerie Strauss, "Teacher: What Third-Graders Are Being Asked to Do on 2016 Common Core Test," *Washington Post*, April 12, 2016, https://www.washingtonpost.com/news/answer-sheet/wp/2016/04/12/teacher-what-third-graders-are-being-asked-to-do-on-2016-common-core-test/.

(7) 著者のデイビッド・デミングへの電話インタビュー（2016年8月16日）。「暗黒物質《ダークマター》」は、デミングがソフトスキルの教育における位置づけを宇宙論にたとえた比喩。

(8) Tom Wolfe, *The Right Stuff* (New York: Farrar, Straus and Giroux, 1979).（邦訳：トム・ウルフ著『ザ・ライト・スタッフ——七人の宇宙飛行士』中野圭二、加藤弘和訳、中央公論社、1983年）。

(9) *Following EdTech Money*, report, 2016, https://www.edsurge.com/research/special-reports/state-of-edtech-2016/funding.

(10) Eric Ries, "Why Vanity Metrics Are Dangerous,"*Startup Lessons Learned* (blog), December 23, 2009, http://www.startuplessonslearned.com/2009/12/why-vanity-metrics-are-dangerous.html.

(11) Motoko Rich, "Online School Enriches Affiliated Companies If Not Its Students," *New York Times*, May 18, 2016, http://www.nytimes.com/2016/05/19/us/online-charter-schools-electronic-classroom-of-tomorrow.html.

(12) "U.S. High School Graduation Rate Hits New Record High," *Homeroom: U.S. Department of Education* (blog), 2015, http://blog.ed.gov/2015/12/u-s-high-school-graduation-rate-hits-new-record-high/; *2016 Building a Grad Nation Report*, report, America's Promise Alliance, May 9, 2016, http://www.gradnation.org/report/2016-building-grad-nation-report.

(13) Helena de Bertodano, "Khan Academy: The Man Who Wants to Teach the World," *Telegraph*, September 28, 2012, http://www.telegraph.co.uk/education/educationnews/9568850/Khan-Academy-The-man-who-wants-to-teach-the-world.html.

(14) Esther Wojcicki and Lance T. Izumi, *Moonshots in Education: Launching Blended Learning in the Classroom* (San Francisco: Pacific Research Institute, 2014).

(15) Heather Staker, *The Rise of K-12 Blended Learning: Profiles of Emerging Models*, report, Innosight Institute, May 2011, http://www.christenseninstitute.org/wp-content/uploads/2013/04/The-rise-of-K-12-blended-learning.emerging-models.pdf.

(16) Nellie Bowles, "Tech Celebs Join Esther Wojcicki as New Media Center Opens at Palo Alto High," Recode, October 20, 2014, http://www.recode.net/2014/10/20/11632026/tech-celebs-join-esther-wojcicki-as-new-media-center-opens-at-palo.

(17) "Esther Wojcicki," Creative Commons, 2016, https://creativecommons.org/author/estherwojcicki/.

(18) Rhode Island School of Design (RISD), "Writer Hilton Als to Deliver Keynote Address at Rhode Island School of Design's 2016 Commencement," news release, May 11, 2016, http://www.risd.edu/press-releases/2016/Writer-Hilton-Als-to-Deliver-Keynote-Address-at-Rhode-Island-School-of-Design's-2016-Commencement/.

(19) Bowles, "Tech Celebs Join Esther Wojcicki."

(20) 著者のエスター・ウォシッキーへのインタビュー（2015年10月23日）。

(21) Barbara Means, Yukie Toyama, Robert Murphy, Marianne Bakia, and Karla Jones, *Evaluation of Evidence-Based Practices in Online Learning: A Meta-Analysis and Review of Online Learning Studies*, report, U.S. Department of Education, September 2010, https://www2.ed.gov/rschstat/eval/tech/evidence-based-practices/finalreport.pdf.

(22) Proof Points: Blended Learning Success in School Districts," Christensen Institute, September 2015, http://www.christenseninstitute.org/publications/proof-points/; Emily Deruy, "New Data Backs Blended Learning," *Atlantic*, September 23, 2015, http://www.theatlantic.com/politics/archive/2015/09/new-data-backs-blended-learning/432894/.

(23) Karen E. Willcox, Sanjay Sarma, and Philip H. Lippel, *Online Education: A Catalyst for Higher Education Reforms*, report, Online Education Policy Initiative, Massachusetts Institute of Technology (MIT), April 2016, https://oepi.mit.edu/files/2016/09/MIT-Online-Education-Policy-Initiative-April-2016.pdf.

(24) "Moonshots in Education," *EdTechTeam* (blog), https://www.edtechteam.com/moonshots/.Google Apps for Education Summits の https://www.gafesummit.com/ を見よ。

(25) 著者のジェームズ・サンダースへの電話インタビュー（2016年5月16日）。

(26) James Sanders, "Chromebooks in the Classroom," YouTube video, September 9, 2012, https://www.youtube.com/watch?v=rlLME325S-g.

(27) White House, Office of the Press Secretary, "FACT SHEET: ConnectED: Two Years of Delivering Opportunity to K-12 Schools & Libraries," news release, June 25, 2015, https://www.whitehouse.gov/the-press-office/2015/06/25/fact-sheet-connected-two-years-delivering-opportunity-k-12-schools; "Presidential Innovation Fellows," White House, 2016, https://www.whitehouse.gov/innovationfellows.

(28) Greg Toppo, "Low-Tech 'Breakout EDU' Looks to Invigorate Education One Wooden Box at a Time," *USA Today*, July 1, 2016, http://www.usatoday.com/story/tech/2016/06/30/low-tech-breakout-edu-looks-invigorate-education-one-wooden-box-time/86580464/.

(29) "Games," Breakout EDU, September 2016, http://www.breakoutedu.com/games/.

(30) Mitchel Resnick, "Technologies for Lifelong Kindergarten," *Educational Technology Research and Development 46*, no. 4 (1998): 43–55, doi:10.1007/bf02299672.

(31) Lucy Tobin, "Slumdog Professor," *Guardian*, March 2, 2009, https://www.theguardian.com/education/2009/mar/03/professor-sugata-mitra.

(32) Nathan J. Matias, "Is Education Obsolete? Sugata Mitra at the MIT Media Lab," *MIT Center for Civic Media* (blog), May 16, 2012, https://civic.mit.edu/blog/natematias/is-education-obsolete-sugata-mitra-at-the-mit-media-lab; Sugata Mitra, "Build a School in the Cloud," speech, February 2013, https://www.ted.com/talks/sugata_mitra_build_a_school_in_the_cloud.

(33) Mitra, "Build a School in the Cloud."

(34) Ibid.

(35) Sugata Mitra, "Meet an Education Innovator Who Says Knowledge Is Becoming Obsolete," interview by Paul Solman, *PBS Newshour*, November 13, 2015, http://www.pbs.org/newshour/making-sense/meet-an-education-innovator-who-says-knowledge-is-becoming-obsolete/.

(36) Michał Paradowski, "Classrooms in the Cloud or Castles in the Air?," *IATEFL Voices 239* (July/August 2014): 8–10, http://www.academia.edu/7475327/Classrooms_in_the_cloud_or _castles_in_the_air.

(37) Katrina Schwartz, "Messy Works: How to Apply Self-Organized Learning in the Classroom," MindShift, October 7, 2015, https://ww2.kqed.org/mindshift/2015/10/07/messy-works-how-to-apply-self-organized-learning-in-the-classroom/. スガタ・ミトラが開発した次の SOLE ツールキットも参照せよ。http://ww2.kqed.org/mindshift/2013/12/11/ready-to-ignite-students-curiosity-heres-your-toolkit/

(38) Schwartz, "Messy Works."

(39) David Osborne, "The Schools of the Future," *U.S. News and World Report*, January 19, 2016, http://www.usnews.com/opinion/knowledge-bank/articles/2016-01-19/californias-summit-public-schools-are-the-schools-of-the-future.

(40) Nichole Dobo, "Despite Its High-Tech Profile, Summit Charter Network Makes Teachers, Not Computers, the Heart of Personalized Learning," The Hechinger Report, March 1, 2016, http://hechingerreport.org/despite-its-high-tech-profile-summit-charter-network-makes-teachers-not-computers-the-heart-of-personalized -learning/.

(41) Osborne, "The Schools of the Future."

(42) Ibid.

(43) Nichole Dobo, "How This Bay Area Charter School Network Is Reinventing Education," *Los Angeles Times*, March 1, 2016, http://www.latimes.com/local/education/la-me-silicon-school -20160229-story.html.

(44) Osborne, "The Schools of the Future."

(45) Ibid.

(46) Chris Cox, "Introducing Facebook and Summit's K-12 Education Project," *Facebook Newsroom* (blog), September 3, 2015, http://newsroom.fb.com/news/2015/09/introducing-facebook-and-summits-k-12-education-project/; Vindu Goel and Motoko Rich, "Facebook Takes a Step into Education Software," *New York Times*, September 3, 2015, http://www.nytimes.com/2015/09/04/technology/facebook-education-initiative-aims-to-help-children-learn-at-their-own-pace.html.

(47) Summit Basecamp, 2016, http://summitbasecamp.org/explore-basecamp/.

(48) Strauss, "Teacher: What Third-Graders Are Being Asked to Do"; Osborne, "The Schools of the Future." *admitted to four-year colleges*: Osborne, "The Schools of the Future."

(49) "Our Approach—Our Results," Summit Public Schools, 2016, http://summitps.org/approach/results.

(50) Ibid.

(51) 著者のレイチェル・ロケットへの電話インタビュー（2016 年 4 月 20 日）。

(52) Jessica Hullinger, "Remind Launches New Slack-Like App for Schools," *Fast Company*, February 17,

2016, https://www.fastcompany.com/3056642/most-creative-people/remind-launches-new-slack-like-app-for-schools; "School Messaging App Remind Lands on a Business Model," FastCo News, August 23, 2016, https://news.fastcompany.com/school-messaging-app-remind-lands-on-a-business-model-4017528.

(53) Peter Bergman, "Peter Bergman—Homepage," Teachers College Columbia University, 2016, http://www.columbia.edu/~psb2101/.

(54) Susan Dynarski, "Helping the Poor in Education: The Power of a Simple Nudge," *New York Times*, January 17, 2015, http://www.nytimes.com/2015/01/18/upshot/helping-the-poor-in-higher-education-the-power-of-a-simple-nudge.html.

(55) Peter Bergman, "Parent-Child Information Frictions and Human Capital Investment: Evidence from a Field Experiment," working paper, Teachers College, Columbia University, June 23, 2015, http://ssrn.com/abstract=2622034.

(56) Benjamin N. York and Susanna Loeb, "One Step at a Time: The Effects of an Early Literacy Text Messaging Program for Parents of Preschoolers," NBER working paper no. 20659, November 2014, http://www.nber.org/papers/w20659.

(57) Betty Hart and Todd R. Risley, *Meaningful Differences in the Everyday Experience of Young American Children* (Baltimore: P. H. Brookes, 1995).

(58) Susanna Loeb and Ben York, "Helping Parents Help Their Children," Brookings, February 18, 2016, https://www.brookings.edu/research/helping-parents-help-their-children/.

(59) Motoko Rich, "To Help Language Skills of Children, a Study Finds, Text Their Parents with Tips," *New York Times*, November 14, 2014, http://www.nytimes.com/2014/11/15/us/to-help-language-skills-of-children-a-study-finds-text-their-parents-with-tips.html.

(60) Paul-Andre White, "Using Remind at Leal Elementary School," telephone interview by author, May 27, 2016.

(61) Richard Pérez-Peña, "Active Role in Class Helps Black and First-Generation College Students, Study Says," *New York Times*, September 2, 2014, http://www.nytimes.com/2014/09/03/education/active-learning-study.html.

(62) S. L. Eddy and K. A. Hogan, "Getting Under the Hood: How and for Whom Does Increasing Course Structure Work?," *CBE—Life Sciences Education 13*, no. 3 (2014): 453–68, doi:10.1187/cbe.14-03-0050.

(63) Henry L. Roediger III, "How Tests Make Us Smarter," *New York Times*, July 18, 2014, http://www.nytimes.com/2014/07/20/opinion/sunday/how-tests-make-us-smarter.html.

(64) J. D. Karpicke and J. R. Blunt, "Retrieval Practice Produces More Learning Than Elaborative Studying with Concept Mapping," *Science* 331, no. 6018 (February 11, 2011): 772–75, doi:10.1126/science.1199327.

第7章　今より素晴らしい世界をつくる

(1) 著者のガボ・アローラへのインタビュー（2016年5月24日）。

(2) "Gabo Arora," VR Days, November 2016, http://vrdays.co/people/gabo-arora/.

(3) Melina Gills, "Gabo Arora on Making VR with Vrse.works and the United Nations," Tribeca, March 31,

2016, https://tribecafilm.com/stories/tribeca-virtual-arcade-my-mothers-wing-gabo-arora-chris-milk-interview.

(4) David Carr, "Unease for What Microsoft's HoloLens Will Mean for Our Screen-Obsessed Lives," *New York Times*, January 25, 2015, http://www.nytimes.com/2015/01/26/business/media/unease-for-what-microsofts-hololens-will-mean-for-our-screen -obsessed-lives.html.

(5) John Gaudiosi, "UN Uses Virtual Reality to Raise Awareness and Money," *Fortune*, April 18, 2016, http://fortune.com/2016/04/18/un-uses-virtual-reality-to-raise-awareness-and-money/.

(6) 著者のガボ・アローラへのインタビュー（2016年5月24日）。

(7) Jennifer Kahn, "The Visionary," *The New Yorker*, July 11, 2011, http://www.newyorker.com/magazine/2011/07/11/the-visionary.

(8) Tom Simonite, "Microsoft's HoloLens Will Put Realistic 3-D People in Your Living Room," *MIT Technology Review*, May 20, 2015, https://www.technologyreview.com/s/537651/microsofts-hololens-will-put-realistic-3-d-people-in-your-living-room/.

(9) Max Chafkin, "Why Facebook's $2 Billion Bet on Oculus Rift Might One Day Connect Everyone on Earth," *Vanity Fair*—Hive, October 2015, http://www.vanityfair.com/news/2015/09/oculus-rift-mark-zuckerberg-cover-story-palmer-luckey.

(10) Dan Primack, "Google-Backed Magic Leap Raising $827 Million," *Fortune*, December 9, 2015, http://fortune.com/2015/ 12/09/google-backed-magic-leap-raising-827-million/.

(11) Monica Kim, "The Good and the Bad of Escaping to Virtual Reality," *Atlantic*, February 18, 2015, http://www.theatlantic.com/health/archive/2015/02/the-good-and-the-bad -of-escaping-to-virtual-reality/385134/.

(12) Donald A. Norman, *Turn Signals Are the Facial Expressions of Automobiles* (Reading, MA: Addison-Wesley, 1992).（『テクノロジー・ウォッチング——ハイテク社会をフィールドワークする』佐伯胖監訳、新曜社、1993年）

(13) Lauren Cassani Davis, "The Flight from Conversation," *Atlantic*, October 7, 2015, http://www.theatlantic.com/technology/archive/2015/10/reclaiming-conversation-sherry-turkle/409273/.

(14) Chris Milk, "How Virtual Reality Can Create the Ultimate Empathy Machine," speech, March 2015, https://www.ted.com/talks/chris_milk_how_virtual_reality_can_create_the_ultimate _empathy_machine.

(15) Sherry Turkle, "Design and Technology in Interpersonal Relationships," lecture, Fitbit Headquarters, San Francisco, May 31, 2016.

(16) Ralph Langner, "Cracking Stuxnet, a 21st-Century Cyber Weapon," speech, March 2011, https://www.ted.com/talks/ralph_langner_cracking_stuxnet_a_21st_century_cyberweapon.

(17) Ellen Nakashima and Joby Warrick, "Stuxnet Was Work of U.S. and Israeli Experts, Officials Say," *Washington Post*, June 2, 2012, https://www.washingtonpost.com/world/national-security/stuxnet-was-work-of-us-and-israeli-experts-officials-say/2012/06/01/gJQAlnEy6U_story.html.

(18) Gwen Ackerman, "Sony Hackers Used a Half-Dozen Recycled Cyber-Weapons," Bloomberg.com, December 19, 2014, http://www.bloomberg.com/news/2014-12-19/sony-hackers-used-a-half-dozen -

recycled-cyber-weapons.html.

(19) Drew Faust, "To Be 'A Speaker of Words and a Doer of Deeds:'Literature and Leadership," speech, United States Military Academy, West Point, March 24, 2016, http://www.harvard.edu/president/speech/2016/to-be-speaker-words-and-doer-deeds-literature-and-leadership.

(20) Karl W. Eikenberry, "The Humanities and Global Engagement," address, March 18, 2013, https://www.amacad.org/content/publications/pubContent.aspx?d=1306.

(21) Katherine Boyle, "For Real 'Monument Woman,' Saving Afghan Treasures Is Unglamorous but Richly Rewarding," *Washington Post*, February 14, 2014, https://www.washingtonpost.com/entertainment/museums/for-realmonument-woman-saving-afghan-treasures-is-unglamorous-but-richly-rewarding/2014/02/13/af543588-9267-11e3-84e1-27626c5ef5fb_story.html.

(22) Faust, "To Be 'A Speaker of Words.'"

(23) Jeffrey Fleishman, "At West Point, Warriors Shaped Through Plutarch and Shakespeare," *Los Angeles Times*, May 11, 2015, http://www.latimes.com/entertainment/great-reads/la-et-c1-literature-of-war-20150511-story.html.

(24) 著者のエミリー・ミラーへの電話インタビュー（2016年5月19日）。

(25) "Stanford H4D—Spring 2016," Stanford University, March 2016, http://hacking4defense.stanford.edu/.

(26) Ibid.

(27) Steve Blank, "The Innovation Insurgency Scales—Hacking for Defense (H4D)," *Steve Blank* (blog), September 19, 2016, https://steveblank.com/2016/09/19/the-innovation-insurgency-scales-hacking-for-defense-h4d/.

(28) "Hacking 4 Diplomacy," Stanford University, accessed June 2016, http://web.stanford.edu/class/msande298/index.html.

(29) Maya Kosoff, "Why Did Leo DiCaprio Join a Garbage Start-Up—Literally?," *Vanity Fair*—Hive, June 2, 2016, http://www.vanityfair.com/news/2016/06/rubicon-trash-disposal-startup.

(30) Robert Safian, "'We Need a New Field Manual for Business': Casey Gerald," *Fast Company*, October 14, 2014, https://www.fastcompany.com/3036583/generation-flux/we-need-a-new-field-manual-for-business-casey-gerald.

(31) Sarah Kessler, "Sama Group Is Redefining What It Means to Be a Not-for-Profit Business," *Fast Company*, February 16, 2016, https://www.fastcompany.com/3056067/most-innovative-companies/sama-group-for-redefining-what-it-means-to-be-a-not-for-profit-bus.

(32) Sam Jones, "World Food Programme Pins Hopes on App to Nourish 20,000 Syrian Children," *Guardian*, November 12, 2015, https://www.theguardian.com/global-development/2015/nov/12/world-food-programme-share-the-meal-app-syrian-children.

(33) Ibid.

(34) Scott Hartley, "How You Can Share Thanksgiving with Syrian Refugees," Inc.com, November 12, 2015, http://www.inc.com/scott-hartley/how-you-can-share-thanksgiving-with-syrian-refugees.html.

(35) "Rural Information Access (Digital Drum)," Stories of UNICEF Innovation, 2012, http://www.unicefstories.org/tech/digital_drum/.

(36) "UNICEF's Digital Drum Chosen as a Time Magazine Best Invention of 2011," UNICEF USA, https://www.unicefusa.org/press/releases/unicef's-digital-drum-chosen-time-magazine-best-invention-2011/8085.

(37) Rahim Kanani, "An Interview with Erica Kochi on UNICEF's Tech Innovation," *Forbes*, September 18, 2011, http://www.forbes.com/sites/rahimkanani/2011/09/18/an-interview-with-erica-kochi-on-unicefs-tech-innovation/#6c5d0bf05049.

(38) Stan Higgins, "UNICEF Eyes Blockchain as Possible Solution to Child Poverty Issues," CoinDesk, February 3, 2016, http://www.coindesk.com/unicef-innovation-chief-blockchain-child-poverty/.

(39) Zachary Bookman and Juan-Pablo Guerrero Amparān, "Two Steps Forward, One Step Back: Assessing the Implementation of Mexico's Freedom of Information Act," *Mexican Law Review 1*, no. 2 (2009): 3–51, http://info8.juridicas.unam.mx/pdf/mlawrns/cont/2/arc/arc1.pdf.

(40) 著者によるザカリー・ブックマンへの電話インタビュー（2016 年 3 月 25 日）。

(41) Zachary Bookman, "Settling Afghan Disputes, Where Custom Holds Sway," *At War: Notes from the Front Lines* (blog), *New York Times*, June 4, 2012, http://atwar.blogs.nytimes.com/author/zachary-bookman/.

(42) T. S. Last, "Updated: Santa Fe Unveils Web Platform for Budget Transparency," *Albuquerque Journal*, August 10, 2016, https://www.abqjournal.com/823796/santa-fe-unveils-new-budget-transparency-web-platform.html.

(43) 著者のチャーリー・フランシスへの電話インタビュー（2016 年 4 月 29 日）。

第 8 章　仕事の未来

(1) Jon Yeomans, "Australia's Mining Boom Turns to Dust as Commodity Prices Collapse," *Telegraph*, February 6, 2016, http://www.telegraph.co.uk/finance/newsbysector/industry/mining/12142813/Australias-mining-boom-turns-to-dust-as-commodity-prices-collapse.html.

(2) Sharon Masige, "Self Driving Mining Truck Capable of 90km Speed," *Australian Mining*, April 15, 2016, https://www.australianmining.com.au/news/self-driving-mining-truck-capable-of-90km-speed/.

(3) Jamie Smyth, "Rio Tinto Shifts to Driverless Trucks in Australia," *Financial Times*, October 19, 2015, https://www.ft.com/content/43f7436a-7632-11e5-a95a-27d368e1ddf7.

(4) Robert Johnson, "This Is What a $42,500 Tire Looks Like," Business Insider, May 31, 2012, http://www.businessinsider.com/this-is-what-a-42500-tire-looks-like-the-5980r63-xdr-2012-5.

(5) "*Mine of the Future*," Rio Tinto, http://www.riotinto.com/documents/Mine_of_The_Future_Brochure.pdf.

(6) Martin Ford, *Rise of the Robots: Technology and the Threat of a Jobless Future* (New York: Basic Books, 2015)（邦訳『ロボットの脅威――人の仕事がなくなる日』松本剛史訳、日本経済新聞出版社、2015 年）.

(7) Carl Benedikt Frey and Michael A. Osborne, "The Future of Employment: How Susceptible Are Jobs to Computer- isation?," publication, Oxford Martin School, Oxford University, September 17, 2013, http://www.oxfordmartin.ox.ac.uk/downloads/academic/The_Future_of_Employment.pdf.

(8) John Maynard Keynes, quoted in Erik Brynjolfsson and Andrew McAfee, *The Second Machine Age:*

Work, Progress, and Prosperity in a Time of Brilliant Technologies (New York: W. W. Norton, 2014), 174.（邦訳エリック・ブリニョルフソン、アンドリュー・マカフィー著『ザ・セカンド・マシン・エイジ』村井章子訳、日経 BP 社、2015 年）。

(9) David Deming, "About Me," http://scholar.harvard .edu/ddeming/biocv.

(10) David J. Deming, "The Growing Importance of Social Skills in the Labor Market," working paper, Graduate School of Education, Harvard University and NBER, August 2015, http://scholar.harvard .edu/files/ddeming/files/deming_socialskills_august2015.pdf.

(11) Kate Davidson, "Employers Find 'Soft Skills' Like Critical Thinking in Short Supply," *Wall Street Journal*, August 30, 2016, http://www.wsj.com/articles/employers-find-soft-skills-like-critical-thinking-in-short-supply-1472549400.

(12) Sara Ashley O'Brien, "Zuckerberg Backs Andela, a Startup More Elite Than Harvard," CNNMoney, June 16, 2016, http://money.cnn.com/2016/06/16/technology/andela-24-million-chan -zuckerberg-foundation/.

(13) Valerie Strauss, "Enough with Trashing the Liberal Arts.Stop Being Stupid, *Washington Post*, March 5, 2016, https://www.washingtonpost.com/news/answer-sheet/wp/2016/03/05/enough-with-trashing-the-liberal-arts-stop-being-stupid/.

(14) Christopher J. Scalia, "Conservatives, Please Stop Trashing the Liberal Arts," *Wall Street Journal*, March 27, 2015, http://www.wsj.com/articles/christopher-scalia-conservatives-please-stop-trashing-the-liberal-arts-1427494073.

(15) Lawrence Katz, "Get a Liberal Arts B.A., Not a Business B.A., for the Coming Artisan Economy," *PBS Newshour*, July 15, 2014, http://www.pbs.org/newshour/making-sense/get-a-liberal-arts-b-a-not-a-business-b-a-for-the-coming-artisan-economy/.

(16) Michael Chui, James Manyika, and Mehdi Miremadi, "Where Machines Could Replace Humans-and Where They Can't (Yet)," McKinsey & Company, July 2016, http://www.mckinsey.com/business-functions/business-technology/our-insights/where-machines-could-replace-humans-and-where-they-cant-yet.

(17) James Manyika, Daniela Rus, Edwin Van Bommel, and John Paul Farmer, "Robots and the Future of Jobs: The Economic Impact of Artificial Intelligence," lecture, Council on Foreign Relations, New York, November 14, 2016.

(18) D. H. Autor, F. Levy, and R. J. Murnane, "The Skill Content of Recent Technological Change: An Empirical Exploration," *Quarterly Journal of Economics* 118, no. 4 (2003): 1279-333, doi:10.1162/003355303322552801.

(19) Daron Acemoglu and David Autor."Skills, Tasks and Technologies: Implications for Employment and Earnings," *Handbook of Labor Economics* 4b (2011): 1043-171, doi:10.1016/s0169 -7218(11)02410-5.

(20) Ben Bland, "China's Robot Revolution," *Financial Times*, June 6, 2016, https://www.ft.com/content/1dbd8c60-0cc6-11e6-ad80-67655613c2d6.

(21) 著者のアンドレアス・クセナキスへの電話インタビュー（2016 年 5 月 25 日）。

(22) David J. Snowden and Mary E. Boone, "A Leader's Framework for Decision Making," *Harvard Business*

Review, November 2007, https://hbr.org/2007/11/a-leaders-framework-for-decision-making.
(23) Chui, Manyika, and Miremadi, "Where Machines Could Replace Humans."
(24) Ibid.
(25) Andreas Koller, quoted in Michael Pooler, "Man and Machine Pair Up for Packing," *Financial Times*, September 6, 2016, https://www.ft.com/content/376f9fa0-33d5-11e6-bda0-04585c31b153.
(26) Manyika et al., "Robots and the Future of Jobs."
(27) Julie Johnsson, "Boeing Sees Need for 30,850 New Pilots a Year as Travel Soars," Bloomberg.com, July 25, 2016, https://www.bloomberg.com/news/articles/2016-07-25/boeing-sees-need-for-30-850-new-pilots-a-year-as-travel-soars
(28) William Langewiesche, "Anatomy of a Miracle,"Vanity Fair, June 2009, http://www.vanityfair.com/culture/2009/06/us_airways200906.
(29) Chesley B. Sullenberger III and Jeffrey Zaslow, *Sully: My Search for What Really Matters* (New York: William Morrow, 2016).（邦訳『機長、究極の決断』十亀洋訳、静山社、2011 年）。
(30) K. Mugunthan, "Human-Level Artificial General Intelligence Still Long Way to Go: David Silver, Google's DeepMind Scientist," *Economic Times*, March 23, 2016, http://economictimes.indiatimes.com/opinion/interviews/human-level-artificial-general-intelligence-still-long-way-to-go-david-silver-googles-deepmind-scientist/articleshow/51522993.cms.
(31) Catherine Shu, "Google Acquires Artificial Intelligence Startup DeepMind for More Than $500M," TechCrunch, January 26, 2014, https://techcrunch.com/2014/01/26/google-deepmind/.
(32) Sam Byford, "DeepMind Founder Demis Hassabis on How AI Will Shape the Future," The Verge, March 10, 2016, http://www.theverge.com/2016/3/10/11192774/demis-hassabis-interview-alphago-google-deepmind-ai.
(33) Cade Metz, "The Sadness and Beauty of Watching Google's AI Play Go," *Wired*, March 11, 2016, http://www.wired.com/2016/03/sadness-beauty-watching-googles-ai-play-go/.
(34) William Hoffman, "Elon Musk Says Google Deepmind's Go Victory Is a 10-Year Jump for A.I.," *Inverse*, March 9, 2016, https://www.inverse.com/article/12620-elon-musk-says-google-deepmind-s-go-victory-is-a-10-year-jump-for-a-i.
(35) Clemency Burton-Hill, "The Superhero of Artificial Intelligence: Can This Genius Keep It in Check?," *Guardian*, February 16, 2016, https://www.theguardian.com/technology/2016/feb/16/demis-hassabis-artificial-intelligence-deepmind-alphago.
(36) "The Dream of AI Is Alive in Go," interview, *Andreessen Horowitz* (podcast), March 11, 2016, http://a16z.com/2016/03/11/artificial-intelligence-alphago/; David Silver and Demis Hassabis, "AlphaGo: Mastering the Ancient Game of Go with Machine Learning," *Google Research Blog*, January 27, 2016, https://research.googleblog.com/2016/01/alphago-mastering-ancient-game-of-go.html.
(37) Michael Polanyi, *The Tacit Dimension* (Garden City, NY: Doubleday, 1966).
(38) Cade Metz, "In Two Moves, AlphaGo and Lee Sedol Redefined the Future," *Wired*, March 16, 2016, http://www.wired.com/2016/03/two-moves-alphago-lee-sedol-redefined-future/.
(39) Cade Metz, "How Google's AI Viewed the Move No Human Could Understand," *Wired*, March 14, 2016,

http://www.wired.com/2016/03/googles-ai-viewed-move-no-human -understand/.
(40) Mugunthan, "Human-Level Artificial General Intelligence."
(41) Paul Sawers, "With 10M Downloads on iOS, Prisma Now Lets Android Users Turn Their Photos into Works of Art," VentureBeat, July 25, 2016, http://venturebeat.com/2016/07/25/with-10-million-downloads-on-ios-prisma-now-lets-android-users-turn-their-photos-into-works-of-art/.
(42) Lindsey J. Smith, "Google's AI Engine Is Reading 2,865 Romance Novels to Be More Conversational," The Verge, May 5, 2016, http://www.theverge.com/2016/5/5/11599068/google-ai-engine-bot-romance-novels.
(43) Hubert L. Dreyfus, *What Computers Can't Do: A Critique of Artificial Reason* (New York: Harper & Row, 1972). (邦訳ヒューバート・ドレイファス著『コンピュータには何ができないか――哲学的人工知能批判』黒崎政男、村若修訳、産業図書、1992年)
(44) Sean Dorrance Kelly and Herbert Dreyfus on limits of AI: Stanley Fish, "Watson Still Can't Think," *New York Times*, February 28, 2011, http://opinionator.blogs.nytimes.com/2011/02/28/watson-still-cant-think/.
(45) Daniel Susskind, "AlphaGo Marks Stark Difference Between AI and Human Intelligence," *Financial Times*, March 21, 2016, https://www.ft.com/content/8474df6a-ed0b-11e5-bb79-2303682345c8; "When Humanity Meets A.I.," interview, *Andreessen Horowitz* (podcast), June 28, 2016, http://a16z.com/2016/06/29/feifei-li-a16z-professor-in-residence/.
(46) Jay Yarow, "Marc Andreessen at the DealBook Conference," Business Insider, December 12, 2012, http://www.businessinsider.com/marc-andreessen-at-the-dealbook-conference-2012-12.
(47) Will Knight, "AI's Language Problem," *MIT Technology Review*, August 9, 2016, https://www.technologyreview.com/s/602094/ais-language-problem/.
(48) Drew Faust, "To Be 'A Speaker of Words and a Doer of Deeds': Literature and Leadership," speech, United States Military Academy, West Point, March 24, 2016, http://www.harvard.edu/president/speech/2016/to-be-speaker-words-and-doer-deeds-literature-and-leadership.

最終章　文理融合の最強タッグ

(1) Scott Hartley, "Why the Way We Use Computers Is About to Change Again," Inc.com, December 10, 2015, http://www.inc.com/scott-hartley/what-tomorrow-s-james-bond-villain-will-look-like.html; Geoffrey A. Fowler, "Siri: Once a Flake, Now Key to Apple's Future," *Wall Street Journal*, June 14, 2016, http://www.wsj.com/articles/siri-once-a-flake-now-key-to-apples-future-1465905601.
(2) Seung Lee, "Why Amazon Echo, Not the iPhone, May Be the Key to Internet's Future," *Newsweek*, June 1, 2016, http://www.newsweek.com/why-amazon-echo-not-iphone-may-be-key-internets-future-465487.
(3) Haje Jan Kamps, "ToyTalk Renames to Pull String, Repositions as Authoring Tool for Bots," TechCrunch, April 26, 2016, https://techcrunch.com/2016/04/26/pullstring-bot-authoring/.
(4) Jon Fingas, "Google AI Builds a Better Cucumber Farm," Engadget, August 31, 2016, https://www.engadget.com/2016/08/31/google-ai-helps-cucumber-farm/.

(5) Kelley Holland, "45 Million Americans Are Living Without a Credit Score," CNBC, May 5, 2015, http://www.cnbc.com/2015/05/05/credit-invisible-26-million-have-no-credit-score.html.

(6) Scott Martin, "PayJoy Picks Up $18M for Smartphone Financing Plans," *Wall Street Journal*, July 11, 2016, http://www.wsj.com/articles/payjoy-picks-up-18m-for-smartphone-financing-plans-1468236609.

(7) C. P. Snow, *The Two Cultures* (Cambridge: Cambridge University Press, 1993).（邦訳『二つの文化と科学革命』松井巻之助訳、みすず書房、1992 年新装版）

(8) Cathy N. Davidson, *Now You See It: How the Brain Science of Attention Will Transform the Way We Live, Work, and Learn* (New York: Viking, 2011).

(9) 著者のトム・ワソーへのインタビュー（2016 年 4 月 20 日）。

(10) Eugene Kim, "This Popular Major at Stanford Produced Some of the Biggest Names in Tech," Business Insider, January 21, 2016, http://www.businessinsider.com/stanford-symbolic-systems-major-alumni-2016-1/#reid-hoffman-is-the-cofounder-and-chairman-of-linkedin-he-graduated-in-1989-with-a-degree-in-symbolic-systems-and-cognitive-science-1.

(11) Melissa Delaney, "Schools Shift from STEM to STEAM," EdTech, April 2, 2014, http://www.edtechmagazine.com/k12/article/2014/04/schools-shift-stem-steam.

(12) "STEAM Hits Capitol Hill," Rhode Island School of Design (RISD) News, February 18, 2013, http://www.risd.edu/about/news/steam_hits_capitol_hill/.

(13) Kurt Vonnegut, *Player Piano* (New York: Delacorte Press, 1952)（邦訳カート・ヴォネガット著『プレイヤー・ピアノ』（浅倉久志訳、早川書房、2005 年）

【著　者】

スコット・ハートリー

スタンフォード大やコロンビア大を卒業後、グーグルやフェイスブック、ハーバード大学バークマン・センターを経て、シリコンバレーのベンチャーキャピタル、サンドヒル・ロード（Sand Hill Road）などでインベストメント・パートナーを務めた。オバマ大統領の元イノベーションフェロー。現在はニューヨーク・ブルックリン在住。

【訳　者】

鈴木立哉

実務翻訳者。一橋大学社会学部卒業。コロンビア大学ビジネススクール修了（MBA）。野村證券勤務などを経て2002年から現職。専門はマクロ経済や金融分野の英文レポートと契約書等の翻訳。著書に『金融英語の基礎と応用 すぐに役立つ表現・文例1300』（講談社）、訳書に『ティール組織—マネジメントの常識を覆す次世代型組織の出現』（英治出版）、『Q思考』（ダイヤモンド社）、『世界でいちばん大切にしたい会社』（翔泳社）など。

FUZZY-TECHIE
イノベーションを生み出す最強タッグ

2019（令和元）年10月4日　初版第1刷発行

著　者　スコット・ハートリー
訳　者　鈴木 立哉
発行者　錦織 圭之介
発行所　株式会社 東洋館出版社
〒113-0021　東京都文京区本駒込5丁目16番7号
営業部　電話 03-3823-9206 ／ FAX 03-3823-9208
編集部　電話 03-3823-9207 ／ FAX 03-3823-9209
振　替　00180-7-96823
U R L　http://www.toyokan.co.jp

カバーデザイン　水戸部 功
校正　東京出版サービスセンター
印刷・製本　藤原印刷株式会社

ISBN 978-4-491-03630-4　Printed in Japan